ABBA NAOR

Mit Helmut Zeller

# Ich sang für die SS

*Mein Weg vom Ghetto zum
israelischen Geheimdienst*

C.H.Beck

Mit 18 Abbildungen

© Verlag C.H.Beck oHG, München 2014
Satz: Druckerei C.H.Beck, Nördlingen
Druck und Bindung: Pustet, Regensburg
Umschlaggestaltung: Geviert, Grafik & Typografie,
Michaela Kneißl
Umschlagabbildung: Abba Naor 1945, Privatbesitz
Gedruckt auf säurefreiem, alterungsbeständigem Papier
(hergestellt aus chlorfrei gebleichtem Zellstoff)
Printed in Germany
ISBN 978 3 406 65983 6

www.beck.de

*Für meine Mutter Chana und meine*
*Brüder Chaim und Berale*

# Inhalt

## Vorwort

Am Anfang dieses Buches stand ein Versprechen, das ein neunjähriger Junge seinem Urgroßvater gab. «Wenn ich groß bin, dann erfinde ich eine Uhr, die rückwärtsgeht und dir deine Mutter und deine Brüder zurückbringt.» Lange gingen Abba Naor die Worte seines Urenkels Michael im Kopf herum. Der sensible Junge spürt den andauernden Schmerz seines Urgroßvaters. Abba Naors jüngerer Bruder Berale wurde im Alter von sechs Jahren zusammen mit ihrer Mutter Chana, damals 39, in Auschwitz vergast. Sein älterer Bruder Chaim war 15 Jahre alt, als die Deutschen ihn in Kaunas erschossen, weil er Brot kaufen wollte. In seinen Koffer packt der bald 86-jährige Abba Naor, ein Pendler zwischen Ländern und Zeiten, stets ein Buch des Historikers Wolfram Wette: *Karl Jäger. Mörder der litauischen Juden.* Am 22. Juni 1941 überfiel die Wehrmacht die Sowjetunion. SS-Einsatzgruppen und einheimische Kollaborateure ermordeten von Juni bis November 133 346 der etwa 200 000 litauischen Juden. Die Jüdische Gemeinde in dem baltischen Land zählt heute ungefähr 4000 Menschen, der Großteil davon ist nach Kriegsende zugewandert. Die wenigen litauischen Juden, die den Massenmord überlebten, sind nach 1945 in die USA oder wie Abba Naor nach Palästina ausgewandert.

Bald wird es keine Augenzeugen der Shoah mehr geben. Auch das jüdische Gedächtnis, das am längsten währt, weil die Nationalsozialisten Kinder wie Abba Naor in die Todeslager deportierten, wird als persönliche Erinnerung erlöschen.

Deshalb hat er mich gebeten, seine Erinnerungen aufzuschreiben. Sie sind sein Vermächtnis. Seit 18 Jahren spricht Abba Naor vor Schülern und Erwachsenen in Bayern. Dennoch kostete ihn die Arbeit an diesem Buch Überwindung. In vielen Gesprächen, die wir in seiner Heimatstadt Rehovot, in München und Dachau führten, stieg Abba Naor tief in seine Erinnerungen hinab, spürte seinen Erfahrungen und Gefühlen von Todesangst, Demütigung und Verlorenheit nach – im Ghetto Kaunas, im Konzentrationslager Stutthof, in den Dachauer KZ-Außenlagern Utting und Kaufering I. Gemeinsam suchten wir die Orte seiner Kindheit in Kaunas auf. Abba Naor, ein schlagfertiger, humorvoller und warmherziger Mann, nahm diese Reise auf sich, wohlwissend, dass ihn die Begegnung mit der Vergangenheit an seine Grenzen bringen würde. Es gab Momente, die nach Schweigen verlangten, dann erzählte er weiter, ohne sich zu schonen, und schöpfte dabei aus einem schon fast fotografischen Gedächtnis. Er sprach mit großer Offenheit über seine Trauer, Selbstzweifel und die Bitterkeit des Überlebens. Aber auch über die Lebensfreude, die er durch seine Frau Lea und seine Kinder wiederfand. «Meine Familie ist mein Sieg über die Nazis», sagt er. Ich hörte meinem Freund zu, fragte nach und schrieb auf, versuchte, ihm so weit wie möglich zu folgen – bis an den Rand jener Zone, die nur er allein betreten kann. Ich bin dankbar für sein Vertrauen und für all die klugen Dinge, die er mich über das Leben gelehrt hat.

Der Kampf ums Überleben, den die Nazis Abba Naor mit 13 Jahren aufzwangen, prägt sein ganzes Leben. Aus dem Läufer des Untergrunds im Ghetto wurde ein Mitglied der Hagana, dann ein Soldat im israelischen Unabhängigkeitskrieg von 1948/49 und schließlich ein Agent des Inlandsgeheimdienstes Shin Bet und des Mossad, und wenn, dann merkt man es in der Regel nicht. Abba Naor hat lange gezögert, gab dann aber doch aus diesem wichtigen Kapitel seines Lebens einiges preis. In den achtziger Jahren beteiligte sich der Shoah-Überlebende an der Rettung von äthiopischen Juden. Mit der Operation Moses im Sudan schloss sich für ihn ein Kreis, konnte er etwas von der Hilfe zurückgeben, die er einst als Verfolgter erhalten hatte. Abba Naor und ich wünschten, dass dieses Buch auch mehr Verständnis für Israel weckt. Das kleine Land ist von Feinden umgeben ist, die nicht auf eine friedliche Lösung des Nahostkonflikts, sondern auf die Zerstörung des Staates Israel aus sind. In Europa wachsen Israelfeindlichkeit und Antisemitismus – eine bittere Erfahrung für einen Überlebenden der Shoah. Ein Schwarz-Weiß-Denken liegt ihm fern. Er hat nicht nur Verständnis für das palästinensische Volk, er verurteilt auch die Hardliner auf der eigenen Seite und wünscht sich eine Zwei-Staaten-Lösung. «Kein Quadratmeter Boden ist das Leben eines Juden oder Arabers wert», sagt er. Aber von der Politik erwartet Abba Naor nicht mehr viel. Auf die Jugend in Deutschland und in Israel setzt er seine ganze Hoffnung, vor allem ihr gilt sein Vermächtnis: Nur das Leben zählt, das nackte Leben ist das Wichtigste. Wir sagen: Ja, klar. Doch wir verstehen es nicht wirklich. Wir sollten ihm zuhören.

Abba Naor und ich möchten uns herzlich bei Wolfgang Beck bedanken, der das Buch in das Programm seines Verlagshauses aufgenommen hat. Großen Dank schulden wir unserer Lektorin Christiane Schmidt, die uns mit viel Verständnis durch schwierige Phasen der Arbeit brachte und die Entstehung des Buches professionell und freundschaftlich begleitete. Die Lektorin Christine Zeile, inzwischen im Ruhestand, hat das Buchprojekt überhaupt erst auf den Weg gebracht. Dafür danken wir ihr.

## Die verwüstete Landschaft
## meiner Kindheit

Ihre Blicke sind auf mich gerichtet. Sie warten. Aber ich bekomme keinen Ton heraus. Mein Hals ist wie zugeschnürt. Das Mädchen, mit dem ich das Duett singen soll, hat Angst. Nechama ist zwölf, ein mageres Ding. Sie wirkt auf der Bühne ganz verloren. Die Halle der ehemaligen Jeschiwa von Slobodka ist voll. Hunderte sind gekommen. Ein Konzert im Ghetto ist ja auch ein besonderes Ereignis. Auf den Stühlen in den vorderen Reihen sitzen Litauer, vor allem aber Deutsche, Mitarbeiter der Zivilverwaltung der Stadt Kaunas, und SS-Männer mit ihren Totenkopfmützen. Einige haben ihre Frauen oder Freundinnen mitgebracht. Wie sich das für einen Konzertbesuch gehört, tragen die Damen festliche Garderobe, die Herren natürlich Uniform. Ich singe gern, aber für dieses Publikum ist es eine Qual. Unsere Leute stecken in abgetragenen Anzügen und schäbigen Mänteln. Ihre Jacken schlottern nach der monatelangen Hungerkur an ihren Schultern. Ich sehe David Levine, meinen Cousin und besten Freund, weit hinten an eine Säule gelehnt. Vor einem Jahr, im Juli 1941, trieb die SS uns über die Vilija ins Ghetto. Nach den Massenerschießungen lebt von den mehr als 30 000 Juden nur noch die Hälfte. Ich muss singen, ich brauche die zusätzliche Ration Brot für meinen kleinen Bruder Berale. Er ist erst drei Jahre alt. Ich schaue zu den Musikern, den Anblick der Deutschen ertrage ich nicht. Das Orchester der jüdischen Ghettopolizei, das einst berühmte Ensemble der Staatsoper in Kaunas, spielt hervorragend. Deshalb erlaubt die SS die Konzerte. Die Deutschen lieben Musik. Die Orchestermitglieder müssen keine Selektion fürchten, vorerst. Aber wie wir alle sind sie zum Tod verurteilt. Dirigent Michael Hofmekler hat eingefallene Wangen und wirkt erschöpft. Er gibt mir ein Zeichen und hebt den Taktstock. Ich singe. Andächtig lauschen die Mörder. Das jiddische Lied erzählt von zwei Brüdern, die sich verlieren und nie mehr im Leben wiedersehen werden.

Chaim, mein älterer Bruder, war 15. Im August vor einem Jahr ist er weggegangen. Es war früh am Morgen und noch dunkel in den Ghettostraßen, als er in der Stadt Brot kaufen wollte. Das war zwar verboten. Doch einem Kind, dachten meine Eltern, würden sogar die Deutschen nichts Böses antun. Auf der Türschwelle wandte er sich noch einmal um. Die karierte Schiebermütze trug er stets schräg auf dem schwarzgelockten Kopf. Das sah verwegen aus. Er lächelte mir zu. Wollte er mir noch etwas sagen? Chaim ist nicht zurückgekehrt. Die Deutschen haben ihn und andere Kinder in der Stadt verhaftet, zum Fort IX gebracht und sofort erschossen. Meine Eltern haben seinen Namen schon lange nicht mehr ausgesprochen. Aber sie denken wie ich, das spüre ich, ständig an Chaim. Ich kämpfe gegen die Tränen an und singe die letzte Strophe. Was sind das für Menschen? Sie erschießen ein Kind und lassen das andere singen. Warum tun sie uns das an? Klar, es gefällt ihnen. Ich habe eine schöne, kräftige Altstimme. Chorleiter Jakob Gerber, ein Mann mit feuerrotem Haar, lobte mich fast nach jedem Auftritt in der großen Synagoge. Ich liebte den Chor. Wir standen oben auf dem Balkon unter dem Dach. Unser vielstimmiger Gesang schwebte auf die Menschen hinab und erfüllte jeden Winkel der prächtig ausgestatteten Synagoge. Das Licht fiel durch bunt bemalte hohe Bogenfenster und ließ den Innenraum in Rot und Gold glänzen. Manchmal ließ Gerber mich sogar dirigieren. Das schmeichelte mir sehr. Mädchen warfen mir vor dem Tor bewundernde Blicke zu oder drückten mir kleine Zettel, auf die sie rasch etwas notiert hatten, verstohlen in die Hand. Aber ich interessierte mich damals nicht für Mädchen, und heute im Ghetto schon gar nicht. Wenn ich von etwas träume, dann vom Essen. Mich einmal, nur einmal richtig satt essen zu dürfen. Wie wunderbar das wäre. Manchmal male ich mir das Wiedersehen mit Chaim aus. Vielleicht hat er doch überlebt, ist zu den Partisanen in die Wälder geflüchtet. Das soll einigen gelungen sein. Die Erwachsenen sprechen über solche Fälle. Vielleicht steht mein Bruder eines Tages plötzlich in der Tür. Er streicht mit einer Hand die schwarzen Locken aus seinem hübschen Gesicht und neckt mich wie früher. «Abke, deine Verehrerinnen stehen vor dem Haus schon wieder Schlange.» Abke ist die Koseform meines Vornamens Abba. Ich stelle mir die Freude meiner Mutter über seine Wiederkehr vor. Lange hat sie schon nicht mehr gelacht. Doch ich weiß genau, das wird nie wahr werden. Chaim ist tot. Vor zwei Monaten bin ich 14 Jahre alt geworden. Aber ich bin kein Kind mehr. Schon lange bin ich das nicht mehr.

Die Zeiger des Weckers stehen auf 5.40 Uhr. Wenn ich in München bin, dann wache ich jeden Tag früh auf, aber nicht, weil es mich wie viele alte Menschen nicht mehr im Bett hält. Ich bin 85. Ich kann nicht mehr schlafen, weil ich hin und her überlege, wie ich den Kindern meine Geschichte, die Geschichte der litauischen Juden erzählen soll. Ich spähe durch die halb geöffnete Jalousie in den dunklen Innenhof des Hotels Schiller 5. In der Rezeption brennt Licht. Über den Dächern der mehrstöckigen Häuser zieht fahles Licht herauf. Das Hotelzimmer ist mein zweites Zuhause geworden. Seit zwölf Jahren komme ich jedes Jahr für vier, fünf Monate nach Bayern. Ich bin ein Zeitzeuge, wie man die Überlebenden der

Shoah hierzulande nennt. Vor Schülern, Studenten, Polizisten und Bundeswehrsoldaten erzähle ich mein Leben. Manchmal fragt mich jemand, wie ich es ertrage, über diese grauenvolle Vergangenheit zu sprechen. Wie viele von uns habe ich mir angewöhnt, darauf eine allgemein akzeptable, nicht verletzende Antwort zu geben: «Für mich ist das wie eine Therapie.» Das ist nicht einmal gelogen. Es ist so. Aber ich würde diese wohlmeinenden Menschen verlegen machen, würde ich ihnen die ganze Wahrheit sagen. Historiker, Pfarrer, Lehrer, Erzieher, Journalisten und Politiker in Deutschland wissen viel über die Shoah, aber die Antwort auf die entscheidende Frage nach dem Warum können sie nicht geben. Man kann über eine Sache viel wissen und sie doch nicht verstehen. Vergangen ist die Geschichte nur für sie. Ich dagegen lebe – wie alle Davongekommenen – jeden Tag mit dieser Vergangenheit. Ich muss mich nicht erinnern.

Nur die Kinder, die meisten jedenfalls, spüren oder ahnen dies; sie sind feinsinniger und aufgeschlossener als Erwachsene. Ich mag Kinder. Wenn ich auf der Straße einen Vater oder eine Mutter sehe, die in hilfloser Wut ihr unfolgsames Kind ohrfeigen oder auf den Hintern schlagen, beginnt mein Herz sofort zu rasen. Es pocht bis zum Hals herauf. Aber meine vier Bypässe, die ich vor 20 Jahren in einem Kölner Krankenhaus gelegt bekam, halten es aus. Ich möchte dann dazwischentreten und meine Hand gegen die Eltern erheben. Wenn ich sage, ich mag Kinder, dann beschreibt dieser Satz nur annähernd mein Verhältnis zu ihnen. Ich fühle mich ihnen näher als den meisten Erwachsenen. Das mag erstaunlich sein für einen, der schon 85 Jahre zählt. Ein Psychologe würde dieses Phänomen vermutlich damit erklären, dass die Nationalsozialisten mir meine Kindheit geraubt haben. Vielleicht. Ich war ja, als ich aus den Lagern befreit wurde, ein Greis, am Ende meines Lebens angekommen. Seitdem läuft mein Leben in der Zeit zurück. Mit jedem Geburtstag werde ich ein Jahr jünger. Dumm ist nur, dass mein Körper, so sehr ich auch auf ihn einrede, das nicht einsehen will. Zur Strafe gibt es dann Tabletten.

Ich habe zu viele Kinderleichen gesehen, erschlagene, erschossene, verhungerte Kinder – und die Welt drehte sich weiter, verschloss Augen und Ohren vor ihrer Agonie. So wie sich die meisten heute abwenden vor dem Leid der Kinder in den Hunger- und Kriegsgebieten. Einmal wurde kritisiert, dass ich die Schüler überfordere und erschrecke, weil ich ihnen Fotos von toten Juden zeige. Pädagogen lehnen das Zeigen solcher Bilder als «Schockpädagogik» ab. Ich vermute, sie wollen sich nur selbst schonen und projizieren die eigene Abwehr auf die Kinder. Irgendwann kommt der Tag, an dem Lehrer und Historiker über den Massenmord reden – und seine Opfer werden unsichtbar sein. An den Resten eines Schienenstrangs zum ehemaligen Konzentrationslager Dachau, der heute durch ein schmuckes Wohngebiet führt, sollten historische Aufnahmen der Häftlinge ausgestellt werden, die in den letzten Kriegstagen mit einem Zug aus Buchenwald kamen. Amerikanische Soldaten hatten die Toten in den Viehwaggons fotografiert. Die Anwohner protestierten dagegen, angeblich zum Schutz ihrer Kinder; Experten gaben ihnen Recht, und die Politiker zogen das Projekt zurück. Etwas mehr Ehrlichkeit wäre wohltuend gewesen.

Wenn ich vor einer Schulklasse erzähle, dann bilden wir für zwei Stunden eine verschworene Gemeinschaft. Ich verschrecke die Kinder nicht – ich erzähle ihnen die Wahrheit. Und Kinder, wohlgemerkt spreche ich hier nicht von Kindern unter 15 Jahren, haben die Kraft zur Wahrheit. Ja, sie wollen sie hören und wenden sich nicht wie viele Erwachsene ab. Ich passe meine Erzählung dem jeweiligen Alter der Schüler an – und kein Mädchen oder Junge, die mir zuhören, verliert durch mich seine Lebensfreude oder seinen Lebensmut.

Im Gegenteil, sie wollen ernstgenommen werden und reagieren unverkrampft und mitfühlend. «Ihre Mahnung, Freundschaften zu suchen, zu finden und zu pflegen und sie zu erhalten, hat uns dazu veranlasst, unsere zwischenmenschlichen Beziehungen zu stärken, zu vertiefen und bewusster zu erleben», schrieben mir Katharina, Judith und Carmen vom Maristen-Gymnasium in Furth. Es geht um den Verlust des Mitgefühls, der Verfolgung und Mord erst möglich macht. Zu dem Ergebnis, und das ist der Lohn meiner Arbeit als Zeitzeuge, sind auch Maxi, Friedrich, Alex und Dominik, ebenfalls Schüler einer 9. Klasse, gekommen. «Statt mit Hass sollte man mit Liebe, Vergebung und Glaube leben», schreiben sie in einem Dankesbrief an mich.

Von der Kraft der Kinder werde ich später noch erzählen, von den bewunderungswürdigen Kindern im Ghetto Kaunas und den Konzentrationslagern Stutthof, Kaufering und Dachau. Mit mir blicken die Schüler aus der Perspektive der Opfer auf die Verbrechen. Die Kinder sollen das Leben, und zwar das nackte Leben eines jeden Menschen, als das Wichtigste begreifen lernen. Eineinhalb Millionen jüdische Kinder, erschlagen, erschossen oder vergast: «... und wer auch nur ein Leben rettet, der rettet die ganze Welt», steht im Talmud zu lesen. Ein gescheites Mädchen in den USA hat einmal geschrieben: «Hitler wollte den Menschen abschaffen.» So sind Kinder. Ihnen erzähle ich meine Geschichte, und ich möchte daran glauben, dass diese Kinder die Welt besser machen werden. Tun sie es nicht, wird sie in einem neuen Weltbrand untergehen. So sehe ich es. Denn der Hass und die Verachtung menschlichen Lebens bestimmen auch heute das Denken und Handeln der Menschen mehr als Liebe und Toleranz. Da viele von uns Kinder waren, als wir in die Lager deportiert wurden, währt das jüdische Gedächtnis am längsten. Ich bin es den Toten schuldig, die Erinnerung an sie zu bewahren. Aber der Massenmord an den Juden geht alle an. Die Todesfabriken gingen aus der europäischen Zivilisation hervor – der Antijudaismus der Kirchen, der Antisemitismus in den Gesellschaften und schließlich die industrielle Vernichtung des europäischen Judentums im Nationalsozialismus.

Aber ich müsste nicht immer wieder von Israel nach Bayern fliegen, hätten die Deutschen mir nicht meine Mutter Chana und meine zwei Brüder genommen, insgesamt fast einhundert Verwandte unserer Familie ermordet. Der Schmerz darüber hat sich in meine Seele eingenistet und lässt mich nicht mehr los. Im Alter ist es noch schlimmer. Jeden Morgen beim Aufwachen, schieben sich die Bilder von damals zwischen mich und die Welt. Meine Mutter Chana. Sie dreht sich mit einem Tanzschritt in der Küche, und ich höre ihr fröhliches Lachen. Dann sehe ich sie hinter dem Stacheldrahtzaun im Konzentrationslager Stutthof. Eine lange Reihe von Frauen und Kindern geht schweigend zu einem Zug nach Auschwitz-Birkenau. Meine Mutter trägt Berale auf dem Arm. Vielleicht muss ich über meine Toten auch deshalb reden, damit ich sie nicht verliere; denn wenn ich sie verliere, dann stürze ich den Abgrund mit hinunter. Wirklich verstehen können das nur diejenigen, die das Ghetto und die Lager erlebt haben. Einer unserer Schriftsteller, Amos Oz, hat einmal geschrieben: «Die Enkel der Mörder tragen natürlich kein Kainsmal, aber die Enkel der Ermordeten sind zumeist Menschen mit verletzter Seele.» Mein Urenkel Michael, elf ist er heute, hat mich vor zwei Jahren beim Abendessen sehr ernst angeschaut und gesagt: «Wenn ich groß bin, dann erfinde ich eine Uhr, die rückwärtsgeht und dir deine Eltern und Brüder zurückbringt. Dann lerne ich auch meine Uronkel und Urgroßeltern kennen.» Wie kommt der Junge darauf? Säure schießt meine Speiseröhre hoch. Seit ein paar Monaten vergeht kein Tag, an dem ich nicht dieses Sodbrennen habe. Ich gehe nicht zum Arzt; dass etwas mit meinem Magen nicht stimmt, weiß ich selbst. Ich habe Angst vor der Diagnose. Aber so weit ist es noch nicht. Ich habe Michael versprochen, dass ich in zwei Jahren bei seiner Bar-Mizwa dabei sein werde. Nicht nur das. Ich werde dann – mit 87 Jahren – meine eigene Bar-Mizwa feiern. Eigentlich begeht ein Junge im Alter von 13 Jahren dieses wichtigste Fest in seinem Leben, mit dem er die religiöse Volljährigkeit erlangt. Aber als es bei mir so weit war, überfiel die deutsche Wehrmacht die Sowjetunion und Litauen. Und nach dem Ghetto und den Konzentrationslagern glaubte ich an eines bestimmt nicht mehr: an Gott.

In meinem zweiten Leben, das am 2. Mai 1945 begann, habe ich den Namen Naor angenommen. Geboren wurde ich aber als Abba Nauchowicz am 21. März 1928 in Kaunas, damals die Hauptstadt Litauens. Ich ließ meinen Familiennamen in Europa zurück, an ihm hafteten doch nur Tod und Zerstörung. Ich war 17 und wollte vergessen. Was hätte ich in Palästina auch mit einem Namen anfangen sollen, der jedem sofort meine Herkunft verraten hätte. Es war ja nicht so, dass meine Glaubensbrüder, deren Glauben ich ohnehin nicht teilte, uns Überlebende mit ausgebreiteten Armen empfangen hätten. Opfer erwecken vielleicht Mitgefühl, aber häufiger noch Ablehnung, vor allem unter Menschen, die sich anschicken, eine Nation und einen Staat aufzubauen. Niemand wollte die Geschichten derjenigen hören, die gerade der Vernichtung entronnen waren. Das änderte sich erst viele Jahre später. Aber es gibt in Israel noch heute viele Überlebende, die nie mehr Fuß fassen konnten im Leben. Sie sind immer noch in den Lagern. Ich erkenne sie schon an ihrem Blick. Viele konnten keine neue Familie gründen und vereinsamten. Sie leben und sind doch eigentlich tot. 1200 Holocaust-Überlebende sitzen heute in Israel in Anstalten für Geisteskranke – versunken in die unbeschreibliche Qual ihrer Erinnerungen.

In meinem ersten Leben glaubte ich, Kaunas sei die herrlichste Stadt der Welt. Palästina hingegen war für mich ein fernes, exotisches Land. Mein Vater, Hirsch Nauchowicz, gab mir einmal ein Buch mit Zeichnungen von Orientreisenden des 19. Jahrhunderts. Palästina bekam für mich einen verlockenden Klang. Aber meine Gedanken galten weniger der Rückkehr nach Jerusalem; ich schwärmte viel mehr für die Lehrerin, die jedes Jahr in das Gelobte Land reiste. Sie war eine modisch gekleidete Frau, um die 30 vielleicht, mit langem, braunem Haar. Auch die anderen Jungs meiner Klasse waren von ihr fasziniert. Sie behandelte uns im Unterricht immer nett, fast wie Erwachsene und lud uns manchmal zu sich nach Hause ein. Dann reichte sie uns Tee und erzählte begeistert von der angestammten Heimat aller Juden. Ich lauschte gerne ihrer Stimme und blickte dabei verstohlen auf ihre Füße in zarten Lederschuhen, die unter dem Saum ihres langen Rockes hervorschauten. Im Grunde wollte sie uns Kinder für den Zionismus begeistern, aber verheißungsvoller noch als ein Judenstaat erschien mir die kultivierte, hübsche Lehrerin mit ihren perfekten Manieren. Ich musste sie unbedingt beeindrucken. Immerhin schenkte sie mir manchmal ein betörendes Lächeln, weil ich perfekt Hebräisch sprach. Ich habe ihren Namen vergessen, obwohl sie mir viel bedeutete, und nie erfahren, was im Krieg aus ihr geworden ist.

Mein Bruder Chaim entsprach dem Bild eines Kibbuzniks mehr als ich. Er war 16 Monate älter als ich, groß und muskulös, mit getönter Haut. Mit seinem schwarzen, gelockten Haar sah er verwegen aus. Ich ging nach Möglichkeit allen Raufereien mit anderen Schülern aus dem Weg. Aber an mich wagte sich ohnehin kein Junge auf der Straße oder in der Schule heran, wenn mein Bruder in der Nähe war. Er verstand sich als mein Beschützer, und ich verehrte ihn. Berale wurde 1938, zehn Jahre nach mir, geboren. Der unerwartete Nachzügler war das Licht der Familie. Alle waren in ihn vernarrt, aber ich war nicht die Spur eifersüchtig. Ich saß stundenlang an seiner Wiege, hielt ihn auf meinem Schoß und bestaunte diesen kleinen Menschen, der mit seinen winzigen Fingern meinen Daumen zu umklammern versuchte. Ein Wunder. Was wäre aus Berale geworden? Wie oft habe ich mich das schon gefragt. Viele Jahre später, in Israel, versuchte ich mir beim Abendessen vorzustellen, wie es wohl wäre, wenn meine Mutter und meine Brüder mit mir und meiner Familie am Tisch sitzen würden. Wenn ich heute in meinem Gedächtnis nach Begebenheiten und Bildern aus meiner Kindheit forsche, dann habe ich es nicht nur mit den normalen Erinnerungslücken jedes Menschen zu tun. Ich wandere durch eine fremde Landschaft. Die unbeschwerte, glückliche Kindheit, die ich hatte, endet an einem unüberbrückbaren Abgrund. Denn um zu überleben, im Ghetto und mehr noch in den Konzentrationslagern, musste ich wie jeder andere einen Strich unter mein bisheriges Leben ziehen. Die Chance zu überleben verringerte sich durch Selbstmitleid und schwermütige Träumerei. Jene, die sich an ihr geraubtes Glück klammerten, hatten schlechte Aussichten. Damit will ich nicht behaupten, man hätte sein Schicksal in der eigenen Hand gehabt. Das Überleben hing vor allem vom Zufall ab. Natürlich löschten Angst und Hunger nicht die Erinnerung an früher völlig aus. Aber ich musste meine Aufmerksamkeit ganz auf dieses eine zusätzliche Stück Brot richten, das einen weiteren Tag Leben bedeutete. Und darauf, dem Blick eines SS-Mannes oder eines Kapos auszuweichen, der mich aus einer Laune heraus zu Tode prügeln oder erschießen konnte. Später dann kam die Erinnerung wieder, aber die Kindheit ist für mich ein fernes, fast verschwundenes Land.

An den Geruch und Geschmack der Speisen erinnere ich mich jedoch nicht nur, ich habe ihn noch heute im Mund.

Am Sabbat war die Wohnung erfüllt vom Duft der Apfel-
kuchen und Mohnkuchen. Meine Mutter Chana, sie war
1905 geboren, putzte, buk und kochte schon seit dem frühen
Morgen. In den kalten und dunklen Monaten des litauischen Winters freute ich mich am meisten auf Sabbat. Ich
saß in der einlullenden Wärme der großen Küche, dem Mittelpunkt unserer Wohnung, und im Herd krachten die Holz-
scheite im Feuer. Vor Mittag schickte Mutter mich zum
Bäcker in unserer Straße, der Italios, um den Tscholent zu
holen. Ich machte das gerne und stapfte, meine Mütze tief
über die Ohren gezogen, vergnügt durch den Schnee. Die
Italios lag in der Altstadt und führte leicht bergauf an Holzhäusern mit kleinen Gärten vorbei. Am unteren Ende lag
hinter dicken Mauern ein Kloster der Benediktiner. Autos
fuhren nur selten durch unsere Straße, und jeden Freitag
war sie mit Beginn des Sabbats menschenleer und still. Die
Fenster der Häuser waren dann von warmem Kerzenlicht
erleuchtet. Jetzt eilten noch Frauen und Kinder durch die
Italianska und trugen in großen Töpfen den Tscholent, wie
im Ostjiddischen das Eintopfgericht zum Sabbat heißt, nach
Hause. Der Eintopf, der Samstagmittag gegessen wurde,
hatte über Nacht im Gemeinschaftsofen des Bäckerladens
gegart. Er enthielt Bohnen, Gerste, Kartoffeln, Fleisch – und
in unserer Familie manchmal auch köstliche Pflaumen. Auf
der Straße hallte das «Gut Shabes» wider, das sich die Menschen zuriefen. Wenn sich die Abenddämmerung auf unsere Straße legte, kam ich mit dem Topf aus der Kälte in
die warme Wohnung, roch das frische Kraut und die Gans
im Ofen. Ich konnte es kaum mehr erwarten, bis meine Mutter die Kerzen auf dem Tisch im Wohnzimmer entzündete.
Mein Vater sprach den Segen. Wir wurden nicht streng
religiös erzogen, mein Vater trug keine Kippa, meine Mutter keine Perücke oder ein Kopftuch, wenn sie außer Haus
ging. Aber beide achteten die jüdischen Traditionen, wenn-

gleich mein Vater auch an Sabbat und an hohen Feiertagen arbeitete.

Als Fotograf hatte er keine Wahl. Er erwarb die begehrte Konzession, die ihn allein berechtigte, im Stadtpark Aufnahmen zu machen. Vor dem klassizistischen Gebäude der Oper mit seinen riesigen Säulen oder am Brunnen ließen sich die Hochzeitspaare und Jubilare am liebsten fotografieren. Er war gut im Geschäft. Wir sahen ihn kaum zu Hause. Im Wohnzimmer hing eine gerahmte Fotografie meines Vaters in der Uniform eines Unteroffiziers der litauischen Armee. Er mochte die Aufnahme, die einen gut aussehenden Mann zeigte. Im Frontkämpferverband der Veteranen, die 1920 für Litauen gegen Polen gekämpft hatten, wollte er stets an der Spitze stehen und die Reden halten. Vor den Zusammenkünften der Verbandsmitglieder verwandte er viel Sorgfalt und Zeit darauf. Chaim und ich zwinkerten uns zu und unterdrückten ein Lachen, wenn er noch spät am Abend angestrengt an seinem Text feilte. Dann musste absolute Ruhe im Haus sein. Wir hätten nie gewagt, uns offen über ihn lustig zu machen.

Auch Mutter, glaube ich mich zu erinnern, lächelte wohlwollend spöttisch, wenn sie ihn über den Küchentisch gebeugt sitzen sah, die Stirn in Falten gelegt. Das Vereinshaus, ein roter Backsteinbau im Zentrum der Stadt, steht noch heute. Aber keine Tafel erinnert an die Geschichte des Hauses, ganz zu schweigen an meinen Vater, der in diesem Gebäude viel Applaus für seine patriotischen Reden erhielt. Mein Vater wurde am 21. Januar 1901 in Kaunas geboren. Er war stolz auf seine litauische Heimat und, was ich erst später begriff, im Judentum tief verwurzelt. Er war jedoch ein Freidenker, der eigenwillige Ansichten vertrat und die Grenzen der Konvention überschritt. Vater war nicht besonders streng, nur manchmal, meistens war es jedoch nicht nötig, tadelte er mich oder Chaim. Unsere Erziehung war Sache der

*Ein Teil meiner großen Familie der Nauchowicz in Kaunas. Das Bild entstand vor dem Einmarsch der deutschen Wehrmacht in Litauen.*

Mutter. Nie gab es Schläge, auch kein einziges böses oder strenges Wort. Ich mochte meinen Vater, aber meine Mutter liebte ich über alles. Sie war vier Jahre jünger als er und, wie das bei den meisten jüdischen Familien der Fall ist, der Mittelpunkt des Familienlebens. Meine Eltern hatten am 2. Mai 1926 in Aleksotas, einem Stadtteil von Kaunas, geheiratet. Meine Mutter war eine schöne, fröhliche Frau, die immer Witze erzählte. Bei Familienfesten hingen die Gäste an ihren Lippen. Sie organisierte in meiner Schule als Mitglied des Vorstandes ein Pausenessen für ärmere Schüler, bereitete Schulbälle vor und war im Viertel die erste Adresse, wenn es darum ging, Menschen zu helfen, die in Not geraten waren. Meine Enkeltochter Dana ist heute in ihrem Alter. Ein Mädchen noch, so jung war meine Mutter damals. Für mich war sie alles, was ein Kind sich nur wünschen kann. Ich kann ihr Aussehen nicht beschreiben. Ich könnte schon. Aber ihr

Blick, ihr Lachen, ihre Stimme, ihre Hände – wenn ich mir ihr Gesicht ins Gedächtnis rufe, dann bricht die Wunde auf. Manchmal in letzter Zeit, und das geschieht gar nicht so selten, kommt sie zu mir. Ich spreche gerade mit jemandem oder lese in einem Buch, schaue auf, und da steht sie drei, vier Meter vor mir. Sie schweigt. Wie aus dem Nichts erscheint ihre Gestalt und verschwindet nach einigen Augenblicken wieder lautlos.

David Levine und ich treten aus dem Kino Metropol in der Nähe des Stadtgartens und tauchen in den Lärm des Boulevards ein. Es ist Sommer 1938. Wir haben die ganzen Ferien noch vor uns. Der Kinofilm, ein Western über Jesse James, der in Kaunas gerade sehr populär ist, fasziniert uns. Die Figur des Outlaws, der schneller als jeder andere zieht und mit dem Colt in der Hand alle Gefahren im Wilden Westen übersteht, fasziniert uns. Mich begeistert Kino überhaupt, noch mehr als David. Wir schlendern zum Ufer der Memel und schauen auf die Schiffe, die in der Hitze des Tages träge vorbeigleiten. Schließlich breche ich unser Schweigen und vertraue David meinen sehnlichsten Wunsch an. Vor seiner Reaktion fürchte ich mich ein wenig, weil er doch mein bester Freund ist. Ich will Schauspieler werden. Er sagt zuerst nichts, schaut mich forschend an, bevor er antwortet. David enttäuscht mich nicht. «Dann gehe ich mit Dir nach Amerika.» Also ist es abgemacht. Mehr brauchen wir im Moment nicht zu besprechen. Wir schauen einem Lastkahn nach, der das gegenüberliegende Ufer mit seinen Lagerhallen ansteuert. In weiter Ferne, dort, wo Land und Himmel zu einer Linie verschmelzen, versinkt die Sonne. Ich bin zufrieden mit mir und der Welt. Gestern hat mich mein Musiklehrer Jakob Gerber zur Seite genommen. Ein Arm ist kürzer als der andere, seine Haare sind feuerrot. Aber darüber macht sich kein Kind lustig, wir mögen ihn sehr. «Du wirst einmal ein großer Schauspieler werden», sagte er mit ernstem

Gesichtsausdruck. Ich blickte ihn überrascht an. Hatte er etwa meinen geheimsten Wunsch erraten? Nein, Gerber ist von mir nur angetan, weil ich eine schöne Altstimme habe. Ich singe für mein Leben gern und in fast jeder Schulaufführung bekomme ich die Hauptrolle. Nach Gerber hat nun auch David meinen größten Wunsch gutgeheißen. Mit meinen Eltern kann ich immer noch später sprechen.

Vielleicht entstand mein Lebenstraum in dem Jahr, in dem ich schwer erkrankte. Das muss 1935 gewesen sein. Die Diphtherie fesselte mich ein ganzes Jahr lang ans Bett. Ich hatte lange hohes Fieber, am ganzen Körper Schmerzen und konnte kaum atmen. Mein linkes Bein und mein linker Arm waren wie gelähmt. Damals gab es keine Impfung gegen diese Krankheit. Mein einziger Freund in dieser schlimmen Zeit war unser Mischlingshund Mipsik. Der kleine, treue Freund wich fast nie von meiner Seite, lag stundenlang neben meinem Bett. Er sah mich aus großen Augen an und wachte über mich. Ich las gerne und in diesem Jahr verschlang ich die Bücher geradezu, Abenteuergeschichten, Berichte von Expeditionen, alles, was ein Junge dieses Alters eben gerne liest. Wegen meiner Erkrankung verlor ich ein ganzes Schuljahr. Meine Eltern wollten mich nicht in ein Krankenhaus geben, sie hatten bei den damaligen hygienischen Verhältnissen nicht zu Unrecht Angst um mich. Viele Kinder starben in jenem Jahr in Kaunas an der Epidemie. Mein Vater engagierte eine Krankenschwester, die jeden Morgen um sieben kam und mir eine Spritze gab. Zwei- oder dreimal die Woche kam auch ein Arzt auf Besuch, ein großgewachsener Mann mit Brille, der sehr nett zu mir war. Eine befreundete Familie hatte ihn uns vermittelt. Meine Eltern konnten schon bald die Kosten für die private Behandlung nicht mehr bezahlen. Da kam meine Mutter auf eine Idee. Sie richtete im Wohnzimmer unserer Wohnung ein Restaurant mit ein paar kleinen Tischen ein und bot Mittagsmenüs an. Tatsächlich kamen zahlende Kunden, sicherlich deshalb, weil meine Mutter hervorragend kochte und die Gäste sich bei ihren lustigen Geschichten auch noch blendend unterhielten. Ich lag im Schlafzimmer meiner Eltern und überstand die Diphtherie – an der Erkrankung sollen einige Geschwister Adolf Hitlers gestorben sein. Er leider nicht.

Mit der Ausbildung zum Schauspieler war es mir sehr ernst. Ich besuchte zur Vorbereitung darauf jede Aufführung des jüdischen Theaters. Die Darsteller und ihre Bewegungen, Monologe und Dialoge, die Kostüme und Requisiten – alles faszinierte mich. Vor allem im Sommer war ich ständiger Gast der Freilichtbühne im Stadtpark. Manche Stücke schaute ich mir mehrmals an, bis ich die Texte der Schauspieler auswendig aufsagen konnte. Für das Sommertheater musste ich keinen Eintritt bezahlen, da mein Vater doch die Konzession für Fotoaufnahmen im Stadtpark besaß. Zu Hause spielte ich die Szenen nach und schlüpfte in die verschiedenen Rollen des Stücks. Meine Vorbilder waren Benzion Wittler und Abram Perlmann, der nach dem Zweiten Weltkrieg in Italien berühmt werden sollte. Ein Schauspieler für Bühne oder Film bin ich dann nicht geworden. Aber in gewisser Weise hatte ich doch auch in meinem späteren Beruf sehr viel mit Schauspielerei zu tun.

An den hohen jüdischen Feiertagen wie zu Pessach oder Chanukka versammelte sich in unserer Wohnung viel Verwandtschaft. Allein schon die fünf Tanten und fünf Onkel mit ihrer Kinderschar waren kaum unterzubringen. Das tat der fröhlichen Stimmung aber keinen Abbruch. Wir rückten einfach alle zusammen. Von den Familien meiner Eltern, ungefähr einhundert Menschen, haben sieben den Massenmord überlebt. Ich habe nur ein Foto, das einen ganz kleinen Teil der Großfamilie zeigt; meine Brüder sind nicht darunter. Alle Erinnerungsstücke sind verloren gegangen. Besonders gern hatte ich Onkel Israel, ein Malermeister und Bruder meiner Mutter. Seine Frau bekam ein Mädchen, er wünschte sich aber so sehr einen Jungen. Deshalb verbrachte er bei seinen Besuchen die meiste Zeit mit uns. Auf seine Späße warteten wir jedes Mal begierig. Die Familie meines Großvaters Leibbe väterlicherseits stammte aus dem Kaukasus. Er wohnte nur eine Querstraße weiter und kam fast jeden Tag, um sich von mir rasieren zu lassen. Ich mochte den Seifenschaum, den ich auf seine Wangen auftrug, und stellte mich mit dem Rasiermesser sehr geschickt an.

Leibbes Großvater soll in Buchara mit Teppichen gehandelt haben. An die Großmutter habe ich keine Erinnerung mehr. Opa war für mich ein alter Mann, dabei war er damals erst Mitte 50. Meine Mutter entstammte einer Familie Wolfsohn, über die ich fast nichts weiß. Ich kann mich nicht erinnern, dass es zwischen den Verwandten jemals zu einem Streit oder gar einem Bruch gekommen ist. Ich entsinne mich auch keiner abfälligen Worte über einen Verwandten. Die einen hatten mehr als die anderen, aber Neid spielte keine Rolle. Einmal erging es dem schlecht, dann einem anderen, man half sich gegenseitig so gut es eben ging. Ich will das Zusammenleben nicht idealisieren, aber das Gefühl der Zusammengehörigkeit stand über allem. Meine Eltern waren nicht reich, wir lebten in einer bescheidenen Wohnung, die ich aber als gemütlich empfand. In einem Zimmer stand eine große Couch, auf der Chaim und ich schliefen, sowie später ein kleines Bett für Berale. Die Hausaufgaben machten wir in der Küche. Damals kleidete man sich nicht nach der Mode, sondern nach den Jahreszeiten. An Ostern hängte die Mutter die Winterkleidung in den Schrank und holte die Sommerbekleidung hervor. Zu meinem Leidwesen musste ich kurze Hosen tragen. Ich verabscheute sie. Für die Schule hatten wir steife, hohe Krägen wie die Priester und Mützen, deren Farbe mit der Klasse wechselte. Das Leben spielte sich mehr Zu-

hause ab, nicht wie heute in Restaurants oder auf irgend-
welchen Veranstaltungen.

Keines der Häuser in unserer Straße hatte fließendes Wasser. Eine Wasserträgerin brachte täglich zwei Eimer voll in
die Wohnung. Sie trug die Eimer an einem Stock über ihrer
Schulter. Im Sommer wuschen wir uns am Teich, der hinter
dem Haus lag, im Winter suchten wir ein öffentliches Bad
auf. Die Toiletten standen im Garten. Der Gang zu den kleinen, zugigen Holzkabinen war in den harten Wintern mit
Temperaturen von minus 20 Grad Celsius nicht gerade ein
Vergnügen. In unserem Haus wohnten fünf Parteien: der
Hauseigentümer; ein Apotheker mit seiner Frau, eine Zahn-
ärztin; ein Cousin meines Vaters mit seiner Familie; ein
Schneidermeister im Parterre und gegenüber seiner Wohnung ein nichtjüdisches Ehepaar, der Mann arbeitete in
einer Fabrik. Seine Frau, die ein mondrundes Gesicht hatte
und die Haare rechteckig geschnitten trug, gab sich immer
sehr freundlich. Ich hielt mich von ihr fern, weil sie mich einmal zum Spaß betrunken gemacht hatte. Mir war noch zwei
Tage danach schlecht gewesen. Diese Nachbarin war es, die
nach dem Einmarsch der deutschen Wehrmacht wie verwan-

*Meine Mutter Chana Naucho-*
*wicz, mein Vater Hirsch und*
*mein Großvater Leibbe in den*
*zwanziger Jahren in Kaunas*

delt war. Blanker Hass auf die Juden brach aus ihr heraus. Ihr Mann dagegen war wirklich nett. Jemand erzählte uns, dass er gesagt haben soll, er hätte seinen rechten Arm dafür gegeben, wenn er meine Familie retten hätte können. Aber vielleicht war das auch nur so dahingesagt. Es würde mich interessieren, ob es zumindest einen litauischen Christen gab, dem das Schicksal meiner Familie nicht gleichgültig war. Das wäre noch heute ein tröstliches Gefühl. Das werde ich aber nie erfahren.

## Rückkehr nach Kaunas

In den neunziger Jahren reiste ich mit meiner Frau Lea und einer Reisegruppe nach Litauen. Für ein, zwei Tage. Die Orte meiner Kindheit in Kaunas suchte ich damals nicht auf. Nun aber bin ich zurückgekommen. August 2012, ein Samstag, 12.55 Uhr, landet das Flugzeug von Wien in Vilnius, der Hauptstadt des traurigsten Landes der Welt, wie jemand einmal sagte. Simon Davidovitch, ich habe ihn von Israel aus engagiert, erwartet mich im Flughafen. Er ist einer von 400 Juden, die heute in Kaunas leben. Nur ein Drittel davon stammt von litauischen Juden ab. Seine Familie kam, soweit ich das verstanden habe, nach dem Zweiten Weltkrieg aus Russland in die Stadt. Einen besseren Begleiter auf meiner Reise in die Vergangenheit hätte ich nicht finden können. Der 50-jährige Simon, ein intelligenter Mann mit einer Vorliebe für gutes Essen, kennt sich aus wie kein Zweiter – in der Geschichte wie in der Gegenwart des Landes. Er wird mir noch eine Überraschung bereiten, für die ich ihn immer dankbar sein werde. Für Simon Davidovitch ist der Tag zu kurz. Er ist immer unterwegs, hetzt von einem Ort zum anderen, arbeitet gleichzeitig an mehreren Projekten und hat die Ausstellung eines besonderen Museums in Kaunas kuratiert. Das Sugihara House wurde von der Stiftung «Diplomaten für das Leben» im Jahr 2000 im früheren Konsulatsgebäude in der Vaizganto Straße 30 eröffnet. Der japanische Diplomat Chiune Sugihara missachtete die Anweisungen seiner Regierung und stellte Tausenden Juden, die nach dem deutschen Überfall auf Polen 1939 nach Kaunas geflüchtet waren, Transitvisa für Japan aus. Er und der holländische Honorarkonsul Jan Zwartendijk retteten das Leben vieler Juden, die nach Kaunas geflüchtet waren oder aus der Stadt und dem Land stammten.

Das Wiedersehen mit meiner ehemaligen Heimat beginnt mit einer Geduldsprobe. Die Fahrt nach Kaunas endet schon an der Stadtgrenze von Vilnius. Vom Parkplatz eines Supermarkts, Simon zufolge dem größten in den baltischen Ländern, rollt eine endlose Kolonne von Autos. Wir stecken eine Stunde lang im Stau fest. Vilnius ist eine aufstrebende, lebendige Stadt mit 530 000 Einwohnern. «Mit Kaunas dagegen», sagt Simon traurig, «geht es bergab». Das ist mir, wenn ich ehrlich bin, ziemlich egal. Ich werde doch nicht der Stadt nachtrauern, die sich von einem Tag auf den anderen als unser ärgster Feind entpuppte. Geplant und geleitet haben die Deutschen den Holocaust – aber ohne die Hilfe der zahllosen Kollaborateure in den besetzten oder verbündeten Ländern Europas hätten die Nationalsozialisten den Massenmord nicht bewerkstelligen können. Gerade in Litauen fanden sie fanatische Helfer. Sie und SS-Einheiten töteten zwischen 1941 und 1944 ungefähr 95 Prozent der mehr als 200 000 Juden in Litauen. Von den 23 000 Mördern, deren Namen auf einer Liste festgehalten wurden, ist kein einziger verurteilt worden. Noch 2012 erklärte Außenminister Audronius Azubalis, dass der einzige Unterschied zwischen Hitler und Stalin in ihren Schnurrbärten liege. Simon ist ein herzensguter Mensch. Nur hat er für meinen Geschmack etwas zu viel Verständnis für die Litauer, die sich als Opfer der Sowjetunion sehen und ihre Verbrechen an den Juden gerne vergessen machen. Auf die Litauer werde zu viel Druck zur Wiedergutmachung ausgeübt, sagt Simon. Dabei hätten sie doch selbst nichts. 15 Prozent sind arbeitslos, die Jugend geht

34

weg, nach Irland, England oder in andere westeuropäische Länder. 100 000 haben Litauen schon verlassen, weil man bei einem durchschnittlichen Einkommen von 450 Euro im Monat nur schwer leben oder gar eine Familie gründen kann. Doch wer fährt dann die vielen großen Autos westlicher Marken, wer sitzt in den stets vollen Lokalen und Restaurants? Simon ist mehr Litauer als Jude. Ich verstehe ihn. Er hat das Morden nicht selbst erlebt, und es geht auch um seine Zukunft. Ein Paradies hätte man aus diesem Land machen können. Die Autobahn durchschneidet weite Wälder. Birken, Kiefern, Tannen wachsen fast in die Fahrbahn hinein. Die Bäume boten uns Schutz vor Jagdfliegerangriffen, als meine Eltern und wir Kinder im Juni 1941 nach Vilnius flüchteten. Massen von Menschen waren auf der Straße unterwegs, überall lagen Tote. Simon Davidovitch spricht Englisch, Litauisch, Russisch und Jiddisch – manchmal packt er alle vier Sprachen in einen Satz. Nach zwei Tagen wird er mit der unschönen Wahrheit über meine frühere Heimat herausrücken: dass ein Jude es nach wie vor sehr schwer hat in Litauen. Noch heute wirkt das Klischee von den Juden als den Verrätern Litauens an die Kommunisten nach. Vielleicht hassen sie uns nicht mehr, obwohl ich das bezweifle. Doch mögen tun sie uns auf keinen Fall.

Mein erster Weg nach der Ankunft führt zum Laisves Boulevard im Herzen der Stadt, der nur ein paar Schritte vom Hotel entfernt liegt. Wie damals spazieren Familien mit Kindern auf beiden Seiten der einstigen Prachtstraße auf und ab, in deren Mitte sich eine Allee von Bäumen erstreckt. Ich sitze in der milden Abendluft in einem Straßencafe, trinke Tee und esse übersüßten Kuchen. Es ist eigenartig. Ich erkenne alles wieder. Wenn ich jetzt den Boulevard überquerte, stünde ich am Eingang zum Stadtpark mit seinen hohen Bäumen und dem weiß schimmernden Gebäude des Nationaltheaters am hinteren Ende des Gartens. Links steht ein Kiosk mit Süßigkeiten genau an der Stelle, an der mein Vater seinen kleinen Fotoladen hatte. Ich sehe meinen Cousin David vor mir. Wir sind auf dem Heimweg von der Schule und haben im Park wieder einmal getrödelt. Am Zaun des Cafés Konrad, eines der vornehmsten Sommer-Lokale der Stadt, beobachten wir die Reichen. Sie trinken im Garten Mixgetränke in grellen Farben mit einem Strohhalm, was damals als unerhört modern und schick galt. Auf der Parkbank sitzt der verrückte Offizier, zumindest nennen wir den Mann so. Er bellt ein Kommando, und wir müssen stehenbleiben. Erst nachdem wir lange stramm salutiert haben, lässt er uns gehen. Das Kino Metropol, die Bank, in deren Gebäude heute die Post untergebracht ist, die vielen Geschäfte auf dem Boulevard – das meiste davon war einmal in jüdischem Besitz. Der Stadtpark war mein Garten, und doch ruft sein nahezu unveränderter Anblick kein vertrautes Gefühl in mir hervor. Am Nebentisch sitzen drei Mädchen und zwei Jungen. Sie sind siebzehn, achtzehn Jahre alt und lachen viel. Ich würde so gerne an den Tisch dieser sympathischen jungen Leute treten. Ich möchte ihnen sagen, dass ich ein Jude bin, in ihrer Stadt geboren wurde und nach 70 Jahren auf Besuch gekommen bin. Mich würde interessieren, was sie darüber denken würden. Aber ich traue mich nicht. Wie friedlich es hier ist. Die jungen Menschen, die vorbeischlendern, wirken zufrieden. Sogar die Männer. War es nicht schon einmal so in Kaunas? Wäre es möglich, dass sie von einem Tag auf den anderen – wie damals – versuchen würden, mich zu ermorden?

Unser Haus in der Italios 5 steht nicht mehr. Auf dem Grundstück wurden zwei moderne Häuser mit tiefroten Fassaden und Terrassen errichtet. Durch das rundum verglaste oberste Stockwerk haben die Bewohner einen schönen Panoramablick auf die Stadt. Ein bitteres Gefühl steigt aus meiner Magengrube auf. Da lässt es sich leicht bauen, wenn man den Grund umsonst bekommen hat. Hier leben keine Juden mehr. Wie auch. Mehr als 200 000 Juden lebten 1939 in Litauen, heute sind es noch 4000 bis 5000, und die Mehrzahl davon sind russische Juden, die nach Kriegsende eingewandert sind. Die Straße ist mir fremd, als hätte ich meine Kindheit nicht in ihr verbracht. Viele Häuser sind neu gebaut, Autos parken auf beiden Seiten. Nur hie und da stehen zerfallende und windschiefe Holzhäuser, die aus meiner Kindheit stammen könnten. Der Garten des alten Hauses Nummer 3 hat sich kaum verändert. Das Gras ist hochgewachsen, die Bäume tragen immer noch Früchte. David und ich pflückten gelegentlich Birnen oder Äpfel, immer auf der Hut, dass uns der Besitzer nicht erwischte. Was habe ich denn erwartet? Ich hätte nicht kommen sollen, nachdem ich vor 72 Jahren aus dieser Straße meiner Kindheit fortrannte, und um mein Leben lief. Die spitzen Schreie der Nachbarin mit dem Mondgesicht verfolgten mich die Straße hinab. «Die Juden sind schon wieder da!»

Aber nicht die ganze Vergangenheit ist überbaut worden. Die alte Synagoge in der Italios steht noch. Im Garten liegen verrostete Eisenrohre, Autoreifen und Betonplatten. Das Haus ist heruntergekommen, die morsche Eingangstür aus Holz hängt schief in ihren Angeln und die Schnitzereien sind verwittert. Durch eine blind gewordene Fensterscheibe erhasche ich einen verschwommenen Blick in das Innere. Ein leerer Raum voller Staub. David und ich lauschten manchmal den Gottesdiensten. Leise und vorsichtig schlichen wir uns an die frommen Männer heran, die in ihr Gebet vertieft waren. Wir banden die Schnürsenkel ihrer Schuhe zusammen, ohne dass sie es bemerkten. Wenn die Männer dann weggehen wollten, strauchelten sie und fielen zu unserem Vergnügen fast um. Das Klostergebäude gegenüber hat überdauert und ist inzwischen renoviert worden. Eine hohe Mauer schirmt es zur Straße hin ab. Lange hatte ich gezögert, ob ich nach Kaunas reisen sollte, wusste ich doch, dass es keine Heimkehr werden würde. Als ich die Straße weiter hinab gehe, komme ich zu dem großen Platz, auf dem früher Markt gehalten wurde. Heute wird er ununterbrochen von Autos umkreist, bevor der Verkehrsstrom sich in die abzweigenden Straßen zu den verschiedenen Stadtteilen ergießt. Es trifft mich wie ein Schlag: In der Mitte steht der Brunnen noch. Oft saß ich abends mit David dort, dessen Familie auch in der Italios wohnte. Seine Mutter war eine Schwester meines Vaters. Am Brunnen, im beruhigenden Rauschen des Wassers, zählten wir die Sterne am Nachthimmel. David erklärte mir die Sternbilder. Tränen treten in meine Augen. Ich kann nichts dagegen tun. Das ist mein Kaunas.

Normalerweise lebten Christen und Juden nicht im selben Haus. Kaunas, seit 1920 die Hauptstadt des Landes, zählte ungefähr 320 000 Einwohner, darunter etwa 40 000 Juden. Unsere Familie war seit vielen Generationen in der Stadt ansässig. Als Händler, Handwerker und Bauern waren sie in sagenumwobener Zeit nach Litauen gekommen. Unter meinen Vorfahren sollen auch Zirkusleute gewesen sein. Ich war stolz auf mein Vaterland. Denn in der Schule hatte ich in meinem Lieblingsfach Geschichte viel über die ruhmreiche Vergangenheit Litauens gelernt. Im 14. und 15. Jahrhundert, als das Großfürstentum Litauen eine europäische Großmacht war, erstreckte sich das Staatsterritorium von der Ostsee bis zum Schwarzen Meer. In jener Zeit holte der Herrscher Vytautas der Große viele Juden ins Land. Die meiste Zeit verbrachte ich in Kaunas. In den Sommerferien fuhren wir 25 oder 30 Kilometer hinaus zu unserer Ferienwohnung in Kalatouva, das inmitten von Wäldern an einem großen Teich lag. Ein Pferdewagen, auf den wir Matratzen und allen möglichen Hausrat aufgeladen hatten, brachte uns dorthin. Wir Kinder blieben mit unserer Mutter für zwei Monate. Vater musste arbeiten und kam, wenn er es einrichten konnte, auf Besuch. Vor Kalatouva waren Chaim und ich schon jedes

Mal gespannt, ob der Grammaphon-Mann wieder da sein würde. Der Mann, der offenbar geistig verwirrt war, lief jeden Tag unter der strahlenden Sonne in einem dicken Wintermantel durch den Kurort. Unter den Arm hatte er ein Grammaphon mit großem Horn geklemmt, das er von Hand aufzog, wenn die Platte abgespielt war. Er bettelte um Geld, das ihm die Menschen schon deshalb gaben, weil er furchtbar stank und sie rasch seiner Geruchswolke entkommen wollten. Wie Kinder so sind, machten wir uns öfters mit dem Armen einen Spaß. Er schlief nachmittags immer ein, zwei Stunden auf dem Boden am Waldrand. Wir schlichen zu ihm, demontierten das Horn von seinem Musikapparat und versteckten es. Wenn er erwachte und den Verlust bemerkte, lief er, seltsame Schreie ausstoßend, von Baum zu Baum. Wenn er das Horn schließlich fand, wiegte er es wie ein Kind im Arm. Denke ich heute daran, wie wir diesen Mann quälten, finde ich es gar nicht mehr lustig – aber als Kind begriff ich das nicht. Ich war Tage vor der Abreise aufgeregt und voller Vorfreude auf die wunderschöne Zeit, die wir dort verbringen durften. Wenn die Abende kühler wurden, nahte der Aufbruch. Ich freute mich aber auch jedes Mal auf die Rückkehr nach Kaunas, der schönsten Stadt der Welt. Dass man später einmal schreiben würde, hier blühte das jüdische Leben, das war mir eine Selbstverständlichkeit, über die ich nicht weiter nachdachte. Natürlich mochten die meisten Litauer die Juden nicht. Vor allem in den dreißiger Jahren wuchsen Ablehnung und Feindschaft. Doch kam es zu keinen Übergriffen auf den Straßen. Juden waren jedoch seit den späten zwanziger Jahren von manchen Berufen ausgeschlossen. Ich hatte nicht viel Berührung mit christlichen Kindern, manchmal riefen sie uns Schimpfworte wie «dreckiger Jude» zu. Aber wir gaben es ihnen zurück, und ich fühlte ich mich nie bedroht oder als Außenseiter. Es gab viele hebräische und jiddische Schulen, an der Universität lehrten jüdische Professoren, es gab drei jüdische Theater, sechs Tageszeitungen und viele Kultur-, Bildungs- und Sportgemeinschaften der jüdischen Gemeinde. Ich ging gerne mit David im Fluss schwimmen, aber sonst hatte ich nicht viel übrig für Sport. Ich widmete mich mit großem Ernst einer anderen Sache: dem Gesang, Theater und Film. Wir lernten Hebräisch in der Schule, sprachen aber hauptsächlich Jiddisch oder Russisch zu Hause. Auch auf Litauisch konnte ich mich verständigen. Aber mit meiner Mutter unterhielt ich mich nur in hebräischer Sprache. Ich konnte nicht ahnen, dass mir das später einmal einen großen Vorteil verschaffen würde.

Ich kann es kaum abwarten, nach Hause zu kommen und schleiche mich durch den Garten zum hinteren Eingang. Würde ich durch die Tür auf der Straßenseite kommen, wäre unser Kindermädchen gewarnt. Ich will sie überraschen, weil ich mir sicher bin, dass sie Berale wieder vernachlässigt. Obendrein isst sie die Bananen, die für meinen kleinen Bruder bestimmt sind. Da kann die Rothaarige einfach nicht widerstehen. Sie hat Berale ins Bett gelegt und es sich gemütlich gemacht, sie kümmert sich nicht um sein Weinen und Schluchzen. Das macht mich noch wütender auf das Mädchen, das aus einem Dorf in der Nähe von Kaunas stammt. Sie ist ungefähr 17 und ziemlich dreist. Dieses Mal, das nehme ich mir fest vor, muss ich meine Mutter überzeugen. Ich habe ihr schon mehrmals damit in den Ohren gelegen, dass sie das Kindermädchen entlassen soll. Als Mutter eintrifft, erzähle ich ihr von den Bananen, und endlich schickt sie das Mädchen weg. Ich hebe Berale hoch und setze ihn auf meinen Schoß. «Die wird dir deine Bananen nicht mehr wegessen», sage ich zu ihm. Ganze Nachmittage verbringe ich mit meinem Bruder, der vor einem Jahr geboren wurde. In der Schule mache ich während der Pausen rasch meine Hausaufgaben, damit ich nach Unterrichtsende viel

Zeit für ihn habe. Wie Chaim bin ich ein guter Schüler und muss mich beim Lernen nicht anstrengen. Am liebsten spiele ich mit Berale. Wenn ich ihm Lieder vorsinge, lauscht er ganz still und wendet mir seinen Kopf mit dem hellen Haarflaum zu. Seine dunklen Augen glänzen und sein kleiner Mund lächelt.

Der Schnee knirscht unter meinen Schuhen. Ich bin auf dem Heimweg von der Synagoge, in der unser Chor gesungen hat, und freue mich auf Chanukka, das erste Lichterfest mit Berale. Plötzlich kommt mir Weinstein, der Bräutigam, entgegen, einer der Verrückten des Viertels. Es gibt vier oder fünf solcher Männer, die unbehelligt in der jüdischen Gemeinde leben, mal hier, mal dort schlafen und sich dank der Almosen über Wasser halten können. Weinstein läuft im Frack, eine weiße Nelke im Knopfloch, durch die frostige Kälte. Seinen kleinen Handkoffer hat er unter den Arm geklemmt. Man erzählt sich eine traurige Geschichte über ihn. Vor Jahren hat sein Vater, ein reicher Spediteur, ihm die Heirat mit einer jungen Frau verboten, weil sie kein Geld in die Ehe mitbringen konnte. Weinstein liebte sie aber so sehr, dass er Schmuck und Geld seiner Eltern in einen Handkoffer warf und zu ihr eilte, um mit ihr zu flüchten. Doch sie hatte sich in ihrer Verzweiflung umgebracht. Ich weiß nicht, ob diese Geschichte wahr ist, aber Sommer wie Winter läuft der Bräutigam durch die Straßen und hält mit einem unverständlichen Wortschwall Passantinnen auf. Der Mann tut mir leid, aber mir gruselt auch vor ihm, und ich weiche flink aus, als er an mir vorbeirennt. Zu Hause sind schon alle Gäste da. Über mein Lieblingsgericht mit den süßen Pflaumen vergesse ich die Begegnung mit dem armen Hochzeiter. In dieser Nacht gehe ich glücklich zu Bett und träume vor dem Einschlafen wie so oft von meinem zukünftigen Leben als Schauspieler in Hollywood. Großartige Abenteuer warten dort auf mich. Da bin ich mir sicher.

Wenn ich heute zurückdenke, dann erscheinen mir meine Kinderjahre eingebettet in eine Geborgenheit, die ich nie mehr erfahren durfte, aber später meiner eigenen Familie zu geben versucht habe. Meine Kindheit war glücklich. Aber viel zu kurz. Jeder Tag mit meinen Brüdern und meinen Eltern war ein Geschenk, dessen Wert ich damals natürlich nicht zu begreifen vermochte. Aus Deutschland erreichen uns bedrohliche Nachrichten, die Erwachsenen sprechen über brennende Synagogen, ausgeraubte und zerstörte Läden von Juden. Aber für mich liegt das alles in weiter Ferne, ich fühle mich in Kaunas sicher. Mein Vater, der die Deutschen aus der Zeit der Besatzung Litauens im Ersten Weltkrieg kennt, spricht von ihnen als einem Volk mit hoher Kultur und von großer Anständigkeit. Gelegentlich machen unsere Eltern einen Ausflug. Wir fahren mit einem Dampfschiff auf der Memel bis zu einem deutschen Dorf, das Heydekrug heißt. Wir kehren im Gasthaus ein, und ich bin jedes Mal wieder verblüfft, wie höflich die Töchter der Wirtin uns und andere Gäste begrüßen. Ich frage meine Mutter, warum die beiden Mädchen, die ihr Haar zu Zöpfen gebunden haben, so zuvorkommend sind. Sie antwortet mit einem Augenzwinkern, dass deutsche Kinder eben viel, viel besser erzogen seien als zum Beispiel Chaim und ich. Der gute Eindruck, der in Litauen von den Deutschen herrscht, sollte bei uns Juden nicht lange anhalten. Nach dem 1. September 1939, dem Tag des Überfalls auf Polen, flüchten viele Juden aus Warschau und anderen Städten des besetzten Nachbarlandes nach Kaunas. Sie berichten von entsetzlichen Gewalttaten. Auch aus dem Memelland, das die Deutschen an sich reißen, kommen Juden in panischer Angst nach Litauen. Politik ist an unserem Tisch, zumindest wenn wir Kinder anwesend sind, eigentlich kein Thema. Meine Eltern sind nicht zionistisch eingestellt und planen keine Auswanderung nach Palästina wie viele andere. Aber mit dem Beginn des Zweiten

Weltkriegs ändert sich das grundlegend. Der Gedanke aus-
zuwandern kommt jetzt auch bei uns zur Sprache. Davor war
Kaunas unsere Heimat, und wir konnten uns keine andere
vorstellen. Seit 1920 ist Kaunas die Landeshauptstadt, nachdem die Polen Vilnius erobert und ihrem Staatsgebiet einverleibt hatten. Die Stadt mit ihren vielen Thoraschulen ist ein
Zentrum aufgeklärter, rationalistischer Talmudgelehrsam-
keit. Die Frömmigkeit des Chassidismus und andere Erwe-
ckungsbewegungen im Judentum finden hier keine Anhän-
ger. Auch wenn wir nicht assimiliert sind, fühlen mein Vater
und wir Brüder uns als Litauer. Die Judenfeindschaft nimmt
zwar spürbar zu, doch mein Vater und meine Onkel sehen
das als ein Übel an, das vergehen wird. Ich bemerke eigentlich wenig davon, gehe meinen Beschäftigungen nach und
verfalle aus einer Laune heraus dem Gedanken, ich müsse
jetzt ein religiöses Leben führen. Wahrscheinlich deshalb,
weil ich mich gerade mit dem Enkelsohn eines Rabbiners
angefreundet habe. Fast ein Jahr lang trage ich eine Kippa,
besuche die Synagoge nicht nur als Mitglied des Chors und
schlüpfe sogar in das Hemd der orthodoxen Juden mit Zipfel-
quasten. Meine Eltern lassen mich gewähren, tolerant wie sie
sind. David steht während dieser Eskapade treu zu mir. Es
scheint ihm egal zu sein, ob ich seiner Sterndeuterei am
Brunnen mit oder ohne Kippa lausche. Schließlich habe ich
eines Tages genug von den Strapazen eines streng religiösen
Lebens. Mein Versuch, mich im Glauben zu beweisen, hätte
ohnehin bald schon ein Ende gefunden. Es sollte nicht mehr
lange dauern, bis mein ganzes Leben erschüttert und zerstört
sein würde.

Der 15. Juni ist ein heißer Tag. Für Gershon Furman,
einen Klassenkameraden meines Bruders Chaim, ist er ein
ganz besonderer Tag. Er begeht heute seine Bar-Mizwa. Bevor
die Feier richtig losgeht, rudern wir in einem kleinen Boot
auf der Memel. Wir sind gerade unter der Aleksoto-Brücke,

als das Bauwerk über unseren Köpfen erzittert. Über unseren Köpfen rollen große Lastwagen und machen einen Höllenlärm. Neugierig rufen wir Litauern in einem Boot neben unserem zu, was denn da los sei. «Die Deutschen sind da», rufen sie und amüsieren sich über unsere erschrockenen Gesichter. Wir rudern rasch ans Ufer und rennen in das Stadtzentrum. Es sind nicht die Deutschen. Eine Masse Menschen ist unterwegs zum Leisves Boulevard. Soldaten der Roten Armee marschieren in endlosen Reihen durch die Prachtstraße von Kaunas. Rote Fahnen mit Hammer und Sichel wehen an allen Ecken der Stadt. Wir schauen uns immer wieder verblüfft an. So viele Soldaten, Lastwagen und Panzer haben wir noch nie gesehen. Eine aggressive Stimmung liegt in der Luft. Die Litauer beobachten den Aufmarsch mit grimmigen Gesichtern. David und ich sind beunruhigt. Was wird mit uns geschehen? Wir wissen nichts vom Hitler-Stalin-Pakt vom 23. August 1939, in dem das Deutsche Reich und die Sowjetunion sich verbündet haben. Nach dem Überfall der Deutschen auf Polen besetzte die Rote Armee Mitte September 1939 die ostpolnischen Gebiete und okkupierte schließlich auch Litauen. Moskau gibt die frühere Hauptstadt Vilnius, die nach dem Ersten Weltkrieg an Polen gefallen war, den Litauern zurück. Die Mehrheit der Litauer ist antisowjetisch eingestellt. Nur eine Minderheit unter den Intellektuellen fühlt sich von den sozialistischen Ideen angezogen. Vor allem die jüngeren Juden hoffen nun auf eine Gleichbehandlung mit den christlichen Litauern. Denn unter der autoritären Regierung des Präsidenten Antanas Smetona von 1926 bis 1940 waren Juden faktisch von allen Stellen in Staat und Verwaltung ausgeschlossen. Dass sie jetzt in Behörden und Ämtern Arbeit finden, stachelt die Judenfeindschaft der Litauer an. In leitende Positionen kommen zwar nur Russen und Litauer, aber das Volk fühlt sich benachteiligt und sollte später an den Juden entsetzliche Rache üben. Dabei sind auch sie – sofern sie zur Bourgeoisie gehören oder Zionisten sind – von Verfolgung, Enteignung und Deportation betroffen. Die meisten Fabriken und Unternehmen gehören jüdischen Geschäftsleuten, 57 Prozent der Betriebe der Großindustrie und 87 Prozent der Handelsfirmen. Sie werden enteignet. Als die Sowjets im Juni 1941 ungefähr 20 000 litauische Staatsbürger nach Sibirien deportieren, sind proportional gesehen genau so viele Juden wie Litauer darunter. Dennoch glauben die Christen, die Juden hätten Litauen an die Bolschewisten verraten. Sie wollen es glauben.

An jenem Sommertag des Jahres 1940, als russische Panzer mit rasselnden Ketten vor dem Präsidentenpalast in der Nähe unserer Straße auffahren und drohend die Geschütztürme schwenken, erschrecken auch die jüdischen Bewohner von Kaunas. Zionisten und Antikommunisten fürchten Repressionen und Verfolgung nicht ohne Grund. Die neuen Machthaber schließen jüdische Schulen, Theater und Zeitungen. Sie verbieten alle zionistischen Vereine und den Gebrauch der hebräischen Sprache. Aber die Mehrheit sieht in den Sowjets das kleinere Übel. Viel mehr fürchten meine Eltern die Deutschen. Von Plünderungen, Demütigungen und Gewalttaten erzählen die geflüchteten Juden aus Warschau und anderen polnischen Städten. Meine Eltern hoffen, dass die Rote Armee im Falle eines deutschen Angriffs das Land verteidigen wird. Krieg und Politik sind nun auch in unserem Zuhause zu einem Gesprächsthema geworden. Kommen wir Kinder dazu, bedeuten meine Eltern zwar Onkeln und Tanten zu schweigen. Doch Chaim und ich spüren, wie besorgt sie sind. Dennoch war es fast so, als hätte das alles im Alltag eines Jungen, wie ich es war, keine große Rolle gespielt. Meine Schule, die hinter dem Stadtpark lag, wurde zwar sofort geschlossen. Doch die Russen tasteten unsere Familie und Bekannten nicht an. Sehr schnell begannen sie damit, die Kinder ab dem zwölften Lebensjahr zu organisieren und zu Parteigängern des Kommunismus zu erziehen. Ich war in der linkszionistischen Jugendorganisation Hashomer Hatzair (Der junge Wächter). Jetzt war ich begierig darauf, alle nötigen Prüfungen abzulegen, damit ich rasch bei den Pionieren aufgenommen werden konnte. Jedes Mitglied dieser Jugendorganisation bekam ein rotes Halstuch, das von einem silberfarbenen Ring zusammengehalten wurde. Darauf standen eingraviert die Worte: «Sei allzeit bereit.» Das Tuch trugen David und ich wie eine Auszeichnung, und ich glaubte, auch in den Augen meines Bruders Chaim Anerkennung aufblitzen zu sehen. Von dem wachsenden Hass der Litauer auf uns Juden merkte ich nichts. Sie trugen ihre feindlichen Gefühle ja nicht offen zur Schau, zu stark war ihre Furcht vor den Kommunisten, die zumindest offiziell Antisemitismus nicht duldeten. Das neue Leben brachte viele Aufregungen für mich. Ich mochte die Zusammenkünfte der Pioniere, den Unterricht, die Lagerfeuer, die Lieder und die Vision von einer gerechten Weltordnung. Das schmeckte alles nach einem großen Abenteuer. Unser Chor trat in Fabriken und Maschinenhallen auf, um die Arbeiter zu unterhalten. Diese Bühne gefiel mir. Ich lernte russische Volkslieder und Lieder der Oktoberrevolution. Gerber, der nicht überall sein konnte, ließ mich dirigieren. Mein Vater war stolz auf mich. Bei Versammlungen, auf denen ich zufällig zugegen war, schob er mich nach vorne, wenn jemand nach Musik rief. Ich widerstrebte, weil ich mich schämte. Aber er ließ nicht locker und sagte: «Geh, geh, Du wirst sehen, es gefällt ihnen.» Und so war es dann auch. Litauische Arbeiter, russische Soldaten, alle verstummten, wenn ich zu singen begann, und spendeten begeistert Applaus. Das Geschäft meines Vaters lief hervorragend. Viele russische Soldaten ließen sich fotografieren und zahlten für ein Passbild drei Rubel. Vater legte das Geld zuhause in eine kleine Kiste im Geschirrschrank. Einmal konnte ich nicht widerstehen. Ich nahm ein paar Münzen heraus, um mir auf dem Laisves Boulevard ein Eis zu kaufen. Mein schlechtes Gewissen verdarb mir den Genuss.

Am 21. März 1941 feierte ich meinen 13. Geburtstag. Ich habe keine Erinnerung mehr daran, obwohl es sicherlich ein großes, schönes Fest gewesen sein musste, allein schon wegen der Vorfreude auf meine Bar-Mizwa. Aber der Tag ist aus meinem Gedächtnis gestrichen. Wahrscheinlich deshalb, weil drei Monate später mein Leben sich in einen Albtraum verwandelte. Am 22. Juni zieht ein klarer Morgen über die Stadt herauf. Er verspricht einen schönen Tag, wenn da nicht dieser Lärm von Sirenen und Motoren wäre. Die deutsche Luftwaffe bombardiert seit vier Uhr einen Flugplatz der Roten Armee, später auch Häuser und Straßen in Kaunas. Ich erinnere mich nicht mehr, ob ich an diesem Tag das rote Halstuch der Pioniere, auf das ich so stolz war, trug. «Sei allzeit bereit.» Auf das, was dann kam, war keiner von uns vorbereitet. Wir wissen nicht einmal, dass der Krieg begonnen hat. Deutschland überfällt die Sowjetunion ohne Kriegserklärung und ohne jede Vorwarnung. Mein Vater ist Mitglied der Freiwilligen Feuerwehr und hilft, die Brände in der Stadt zu löschen. Plötzlich ist er wieder da, stürmt in die Wohnung. So aufgeregt und fassungslos habe ich ihn noch nie erlebt. Er schreit meine Mutter an: «Pack, schnell, pack, vergiss das Geld nicht. Wir müssen hier raus, wir gehen zur Feuerwehrzentrale.» Er glaubt, in dem stabilen Gebäude wären wir vor den Bomben sicher. Meine Mutter bereitet gerade das Frühstück für uns. Sie stellt rasch Tassen mit heißem Kakao vor Chaim und mich auf den Tisch und füttert Berale, der mit großen Augen in die Runde schaut. Ich mag den Kakao nicht. Das Getränk ekelt mich an, ist mir zu fett. Jeden Morgen ist es das gleiche Theater mit mir, denn ich weigere mich immer, den Kakao zu trinken. Aber diesmal gehorche ich wortlos. Ich habe noch Mutters Worte im Ohr: «Trink

Junge, trink, wer weiß, ob es nicht das Letzte ist, was du be-
kommst.» Als ahnte sie, was uns bevorsteht. Dann rennen
wir aufgeregt aus unserer Wohnung, Vater trägt Berale auf
dem Arm. Mutter, Chaim und ich schnallen Rucksäcke auf
unsere Rücken und schleppen schwere Taschen von Hand.
Ich habe Angst und mir ist übel wegen des Kakaos, den ich
hastig hinuntergestürzt habe. Wir sollten unser Heim nie
mehr wiedersehen.

Zwei Tage später, am späten Nachmittag des 24. Juni, hat
das II. deutsche Armeekorps Kaunas eingenommen. Die
Stadt wurde fast kampflos geräumt, nur einzelne Einheiten
der Roten Armee kämpften gegen die Deutschen. Aber davon wussten wir nichts, da waren wir wie so viele andere vor
dem Krieg auf der Flucht. Nach einer Nacht in der Feuerwehrzentrale sind wir zu Fuß losgegangen. Erst zwei, drei Wochen
später, nach unserer Rückkehr, erfuhren wir, was mit den Juden in der Stadt geschehen war. Sofort nach dem Einmarsch
der deutschen Truppen begann die Jagd auf sie. In Kaunas
wurden in den ersten drei Tagen ungefähr 6000 Juden auf
offener Straße erschossen oder erschlagen. In einer Orgie des
Hasses verfolgten litauische Nationalisten, sogenannte Partisanen mit weißen Armbinden, im ganzen Land die Juden.
Nicht nur in den Städten, auch in den Dörfern fielen Litauer
über ihre jahrelangen jüdischen Nachbarn her, raubten und
mordeten. In der Italianska gab es einen Schneidermeister,
den ich gut kannte. Er war ein netter Mann, der gerne lachte.
Einmal rettete er seinem litauischen Gesellen das Leben. Der
Mann hatte bei der Arbeit eine Nähnadel verschluckt, und
nur die geistesgegenwärtige Reaktion seines Meisters bewahrte ihn vor dem Tod. Und genau dieser Mann brach nun
mit anderen Litauern in die Wohnung des Schneiders ein,
zerrte ihn heraus, beschimpfte ihn und schlug ihn zu Boden.
Er prügelte auf ihn ein, bis er tot war. Die anderen sahen zu
und lachten.

Natürlich hatte ich und wohl auch die meisten Erwachsenen keine Ahnung davon, dass die antisemitischen Exillitauer in Berlin schon 1940 und 1941 Pläne zur Vernichtung des «jüdischen Bolschewismus» in ihrer Heimat schmiedeten. Alle Judenfeinde waren in Hitlers Reichskanzlei gern gesehene Gäste. Am 28. November 1941 empfing er den Großmufti von Jerusalem, Amin al-Husseini, um über die Vernichtung der Juden in Palästina zu beraten. In diesen Tagen saß SS-Standartenführer Karl Jäger in meiner Heimatstadt gerade über seinem Bericht, in dem er die Zahlen der ermordeten litauischen Juden penibel auflistete. Die letzten zwei Eintragungen unter dem Datum des 29. November 1941 beziehen sich auf die Erschießung von 2034 Juden in Fort IX in Kaunas. Hitlers arabischer Freund hätte seine Freude an Jägers Bericht vom 1. Dezember 1941 – «Litauen ist praktisch judenfrei» – gehabt. Warum ich den von den Palästinensern als Held verehrten Großmufti, der 1974 in Beirut beerdigt wurde, überhaupt erwähne, hat einen anderen Grund: Sein politischer Ziehsohn und Verwandter, der seinen Kampf weiterführte, hieß Jassir Arafat, der inzwischen verstorbene Anführer der früher terroristischen PLO. Auch auf diese Weise lebt die Vergangenheit in der Gegenwart fort.

# Die Juden sind schon wieder da

Wir sind auf der Landstraße nach Vilnius. Mein Vater zieht einen kleinen Leiterwagen mit unseren Habseligkeiten. Obenauf sitzt Berale, eingehüllt in eine Decke, obwohl die Sonne auf uns herabbrennt. Von David Granat, einem weiteren guten Freund, habe ich mich im Feuerwehrhaus, in dem auch seine Familie untergeschlüpft war, traurig verabschiedet. Unsere Väter beschlossen, dass jede Familie sich allein auf den Weg machen sollte. Wir wollen über Vilnius zur russischen Grenze. Aber nicht nur wir. Eine endlose Kolonne an Menschen ist auf der Straße unterwegs. Pferdewagen, Motorräder, Militärfahrzeuge und Fahrräder kommen in der Menge Zivilisten, fast nur Juden, und sowjetischer Soldaten auf dem Rückzug kaum voran. Der Staub steht wie eine Wolke über der Straße. Manchmal hängt Vater den Leiterwagen an ein Pferdefuhrwerk, um seine Kräfte zu sparen. Es scheinen immer mehr Menschen zu werden. Als ich bemerke, wie unruhig Vater und Mutter sind, wird mir ganz bang zumute. Ich gehe neben Chaim und schaue immer wieder in sein verschlossenes, ernstes Gesicht. Als er meinen Blick bemerkt, fährt er mir lächelnd mit der Hand über das Haar, ohne seinen Schritt zu verlangsamen. «Hab keine Angst, Papa wird uns sicher über die Grenze bringen.» Nur ein paar Stunden sind vielleicht vergangen, seitdem wir Kaunas verlassen haben, als wir in einen Fliegerangriff geraten. Das Komische daran ist, dass ich die Flugzeuge gar nicht bemerkt habe. Plötzlich zerreißt ein furchtbarer Knall den blauen Himmel. Dann folgen pausenlos Detonationen und Einschläge. Steine und Erde spritzen durch die Luft. Ich presse mich an den Boden, bekomme kaum Luft zum Atmen, und ich höre fast nichts mehr, das Rauschen in meinen Ohren übertönt allen Lärm. Aber das dauert nur kurz, dann höre ich die Schreie der Menschen, die in Panik auseinanderlaufen, unter den Bäumen in den Wäldern rechts und links der Straße Schutz suchen. Mit einem grellen Pfeifen schießen die Stukas wieder und wieder aus dem Himmel auf uns herab. Ich weiß nicht, wie oft sie uns angreifen, plötzlich ist es vorbei. Ich stehe mühsam auf und sehe um mich. Tote und blutende Menschen. Sie schreien vor Schmerzen, stöhnen und wimmern, rufen nach Hilfe. Vor mir liegt ein zerborstenes Fuhrwerk, in der Mitte auseinandergerissen. Das Pferd hängt tot im Geschirr. Auf der Straße liegen verstreut Kleider, Koffer, Schuhe, Decken und Bündel. Wo sind Chaim und Berale? Wo meine Eltern? Ich schreie ihre Namen hinaus, bis mir schwarz vor Augen wird. In diesem Moment werde ich von Händen gepackt. Meine Mutter presst mich an sich. Ich blicke hoch in ihr schmutziges Gesicht und weine schluchzend.

Die nächsten Tage schauen wir immer wieder ängstlich in den Himmel hoch. Die deutschen Tiefflieger greifen den Flüchtlingstreck noch mehrere Male an. Auch die sowjetischen Soldaten sind in panischer Flucht, viele haben ihre Waffen weggeworfen. Einmal rasten wir mit einer Gruppe Soldaten am Straßenrand. Die erschöpften Männer sinken ins Gras. Seit Tagen haben sie nichts gegessen. Meine Mutter nimmt einen Laib Brot aus unserem Proviantsack und verteilt Brotscheiben. Nachts suchen wir unter Bäumen Schutz. Ich blicke lange zum Sternenhimmel hoch und flüstere Chaim zu, ob er nicht auch zurück in unser Haus wolle. Mein Bruder fordert mich mit tränenerstickter Stimme auf zu schlafen.

Chaim weint. Das erschüttert mich mehr als alles andere. Ein Lastwagen hält neben uns. Der Fahrer, ein russischer Offizier wechselt mit meinem Vater einige Worte und nimmt uns mit. Ich weiß nicht, was den Mann bewegt, seine eigenen Soldaten stehenzulassen, uns fünf aber mitzunehmen. Vielleicht war er Jude. Als wir am Abend am Stadtrand von Vilnius stehen, schauen wir auf ein Inferno. Überall in der Stadt brennt es. Die Flammen schlagen aus Fenstern und Dächern der Häuser. Ich flehe meine Mutter an, dass wir doch umkehren sollen. Sie sieht mich nur an und sagt kein Wort. Meine Eltern entscheiden anders. Wir kämpfen uns durch Schutt und über Steinhaufen durch die menschenleeren Straßen, bis wir einen Keller entdecken. Unser Versteck für die erste Nacht. Am Morgen sehen wir die ersten deutschen Soldaten. Sie fahren auf lauten Motorrädern an uns vorbei. Sofort laufen wir die Treppe hinunter in den Keller zurück. Sie haben uns nicht bemerkt. In dieser Stadt kennen meine Eltern niemanden. Aber unser Vater findet, gegen gute Bezahlung versteht sich, immer wieder einen Unterschlupf für eine oder zwei Nächte.

Vilnius war im Grunde eine polnische Stadt. Nur wenige Litauer lebten dort und deshalb kam es auch nicht zu Pogromen wie sonst im ganzen Land. Man konnte sich als Jude noch mehr oder weniger frei auf der Straße bewegen. Aber ratsam war es nicht. Wir blieben ein, zwei Wochen, in denen wir nach einem Ausweg suchten. Aber wohin sollten wir mit dem kleinen Berale nur gehen? Der Weg zur rettenden russischen Grenze, so viel hatten meine Eltern in Erfahrung gebracht, war nicht mehr passierbar. Täglich suchten wir nach einem neuen sicheren Unterschlupf. Die Ungewissheit unseres Straßenlebens ertrugen wir nicht mehr. Also beschlossen meine Eltern schweren Herzens, nach Kaunas zurückzukehren.

An zwei, drei Erlebnisse auf dem Rückweg von Vilnius erinnere ich mich noch gut. Mein Vater hatte für viel Geld

einen Bauern überreden können, uns mit seinem Pferdewagen nach Kaunas zu bringen. Ein junges jüdisches Ehepaar schloss sich uns an. In einem Wald begegneten wir bald
schon drei Wehrmachtsoffizieren. Sie waren jung und sehr
freundlich. Ihr Auto, ein kleiner Kastenwagen, steckte im
Schlamm fest. Wir halfen ihnen, den Wagen rauszuschieben.
Meine Mutter fragte einen der Offiziere, ob sie nach Kaunas
fahren würden. Als der bejahte, bat sie ihn fast weinend,
meinen Vater mitzunehmen. «Selbstverständlich», sagte der
hochgewachsene Soldat und beugte sich mit einem liebens-
würdigen Lächeln zu meiner Mutter hinab: «Ach weinen Sie
doch nicht, liebe Frau, in zwei Wochen sind wir in Moskau,
und dann ist der Krieg zu Ende». Ich verstand die Bitte
meiner Mutter nicht. Das alles ängstigte mich noch mehr.
Wenn ich heute darüber nachdenke, mussten die Offiziere
doch zumindest geahnt haben, dass wir Juden sind. Denn
von den Litauern verstand zu dieser Zeit kaum jemand
Deutsch. Vater fuhr mit den Offizieren weg. Wir kletterten
wieder auf das Fuhrwerk des litauischen Bauern. Das junge
Ehepaar hat uns sehr rasch verlassen. Ich weiß nicht, was aus
ihnen geworden ist.

Wir kamen zu einem Dorf zwischen Vilnius und Kaunas,
und hier weigerte sich der Bauer weiterzufahren. Er setzte
uns einfach ab. Das Geld hatte er ja schon in der Tasche, und
was hätte eine Frau mit drei Kindern auf der Flucht gegen
ihn ausrichten können. Aber wir hatten großes Glück. In
dem Bauernhof, an dessen Tür wir zögernd klopften, lebte
eine anständige litauische Familie. Sie nahm uns auf, lud uns
an ihren Tisch ein und ließ uns eine Woche lang in der
Scheune schlafen. Nach ein paar Tagen kamen die Söhne, die
in Kaunas studierten, heim. Ich verstand mich mit ihnen gut.
Wir spielten Karten und häufig sang ich für die ganze Familie. Chaim und ich arbeiteten auf dem Bauernhof mit, miste-
ten den Stall aus und lernten, wie man Butter herstellt. Zum

ersten Mal kostete ich von einem Stück Speck. Es schmeckte vorzüglich. Die Bäuerin bat meine Mutter inständig, mich auf dem Bauernhof zu lassen. Sie wollten mich verstecken, bis der Krieg vorbei wäre. Meine Mutter lehnte entschieden ab. Ich hätte sie und meine Brüder auch nicht verlassen wollen. Schließlich, uns drängte es zu unserem Vater, erklärte der Bauer, wir sollten uns keine Sorgen machen. «Ich bring euch heil nach Kaunas.» Vielleicht wusste meine Mutter, welcher Gefahr dieser Mann sich aussetzte, um uns zu helfen. Der Bauer spannte zwei Pferde vor den Wagen und trieb das Gespann in großer Eile über die Straßen und durch Dörfer, in denen wir immer wieder auf viele Männer mit Gewehren stießen. Es waren litauische Nationalisten. Wir konnten ja nicht wissen, dass die Juden in all diesen Orten schon ermordet worden waren, von den Männern, die unseren Wagen aufhielten. Unser Helfer sprang jedes Mal sofort vom Bock und ging schnell zu den Mördern, bevor sie uns zu genau mustern konnten. Was er ihnen sagte, das weiß ich nicht. Aber sie ließen uns immer weiterziehen. So gelang es uns, in eine Vorstadt von Kaunas zu kommen, in der eine jüdische Familie lebte, mit der der Bauer gut bekannt war. Sie nahm uns erst einmal auf.

Weiter in die Stadt hinein ging es nicht. Das wäre lebensgefährlich gewesen. In Kaunas wagte sich nach den Pogromen kein jüdischer Mann mehr auf die Straße, da er sofort aufgegriffen und getötet worden wäre. Nun erst erfuhren wir von dem ganzen Ausmaß des Mordens. Auf dem Land, in den Dörfern waren in den zwei Wochen unserer Flucht alle Juden erschossen oder erschlagen worden. Die wenigen, die sich retten konnten, hatten sich in Vilnius, Schaulen oder Kaunas versteckt. In diesen drei größten Städten Litauens lebte, obwohl auch hier der litauische Mob und die Einsatzkommandos der Deutschen Jagd auf Juden machten, noch eine größere Menge von uns. Wir beratschlagten, wie wir Va-

ter von unserer Ankunft verständigen könnten. Wir vermute-
ten ihn in unserer Wohnung. Meine Mutter schickte schließlich mich los, denn mein Bruder Chaim war ein dunkler Typ,
der den Litauern sofort als Jude aufgefallen wäre. Ich bekam
eine Tasche. Auf dem Boden lagen Geldscheine, darauf legte
meine Mutter schmutzige Wäsche von Berale. Ich zog mir einen Hut, den Kühe als Sonnenschutz auf der Weide tragen,
tief über die Ohren und ging los. Es war ein langer und ge-
fährlicher Weg. Doch ich musste meinen Vater finden. Bewaffnete Litauer hielten mich öfters an und kontrollierten
meine Tasche. Aber meine Mutter hatte in ihrer Gewitztheit
vorgesorgt. Sobald die Männer die Tasche öffneten und die
Schmutzwäsche sahen, gaben sie sie mir sofort zurück und
schickten mich angeekelt fort. In der Innenstadt begegnete
ich einem Mann, der mich verstohlen zu sich winkte. Er war
Jude und gab mir einen gelben Davidstern. «Hör mal mein
Junge, wenn du den nicht trägst, wirst du sofort erschossen.»
Ich hatte Angst, mich als jüdisches Kind zu erkennen zu geben. Als der Mann nicht aufhörte, auf mich einzureden, hef-
tete ich den Davidstern an meine Jacke, hielt aber beim Gehen die Tasche vor meine Brust, damit ihn niemand sehen
konnte.

«Die Juden sind schon wieder da», schreit die Nachbarin,
als sie mich erblickt. Ich hatte sie schon gesehen, wie sie weiße
Betttücher von der Leine nahm, und mich gefreut. Ich bin zu
Hause. Bei ihrem ersten Schrei bleibe ich wie erstarrt stehen.
Sie steht in einem geblümten Kleid im Garten, den wir uns
viele Jahre lang geteilt haben, und hält den Wäschekorb in
den Händen. In unsere Wohnung kann ich jetzt nicht mehr.
Dort werde ich auch meinen Vater nicht finden, das ist mir
sofort klar. Die Frau geht zwei, drei Schritte auf das Garten-
tor zu, den Korb an ihren Bauch gepresst, und schreit unentwegt. Fast hysterisch ist sie, als sähe sie etwas ganz Schreck-
liches. Mich, den Juden. Vor drei Wochen noch hatte meine

Mutter mich zu ihr in den ersten Stock hinaufgeschickt, um ihr einen Becher Mehl zu bringen. Sie schenkte mir einen Apfel. Warum war sie jetzt so aufgebracht, warum schaute sie mit Hass und Abscheu auf mich. Jeden Moment können andere Nachbarn, von ihrem Schreien angelockt, aus dem Haus kommen. Ich muss weg, schnell weg. Als ich die leere Straße hinunterlaufe, höre ich sie noch immer schreien. Ich renne durch die Stadt, bis ich keine Luft mehr bekomme. Die letzten Meter zur Wohnung meiner Tante schleppe ich mich keuchend dahin. Es scheint ewig zu dauern, bis auf mein heftiges Klopfen hin die Türe geöffnet wird. Im Wohnzimmer sind acht Menschen versammelt. Sie starren mich an. Golda und Mosche, Geschwister meines Vaters, verstecken sich mit ihren Familien vor den Mördern in der Drei-Zimmer-Wohnung. Endlich kann ich meinen Vater umarmen. Er ist erleichtert, mich zu sehen, und bestürmt mich mit Fragen nach Mutter und meinen Brüdern. In dieser Nacht schlafe ich in der Badewanne, dem letzten freien Platz in der Wohnung. Die bildhübsche Elke, meine Tante, ist um die 28. Sie geht für alle einkaufen. Den Judenstern lässt sie zuhause und vertraut darauf, dass man sie wegen ihres blonden Haars für eine Christin halten wird. Die Männer trauen sich nicht mehr hinaus. Die litauischen Partisanen töteten allein im ersten Pogrom in der Nacht vom 25. auf 26. Juni in Kaunas mehr als 1500 Juden. Sie zerstörten Synagogen und brannten 60 Häuser in dem jüdischen Wohnviertel Slobodka, in dem bald das Ghetto errichtet werden sollte, nieder. Mein Vater sagt schweren Herzens zu mir: «Jetzt musst Du zurück und Mama und deine Brüder holen.» Er gibt mir Geld, ich soll einen Fiaker nehmen. Man muss bedenken, dass ich doch erst ein Kind, 13 Jahre alt war. Aber ich zögere nicht, gehe sofort zu einem Kutscher, der am Straßenrand auf dem Kutschbock döst. Ich spreche ihn an, als wäre das die normalste Sache der Welt: «Hör mal zu, ich muss meine Familie holen und hierherbringen. Ich zahle Dir so viel Du willst.» Der Mann versteht sofort und fordert mich auf, rasch einzusteigen. Ich sitze noch nicht richtig, da schließt er schon das Dach über dem Wagen. Offenbar hat er nichts gegen Juden. Oder nichts gegen ihr Geld. So bringe ich meine Mutter und Brüder nach Kaunas zurück. Bei meiner Tante bleiben wir nur kurze Zeit, denn die deutsche Zivilverwaltung ordnet an, dass alle Juden bis zum 15. August 1941 in das Ghetto umziehen müssen. In unsere Wohnung trauten wir uns nicht mehr zurück.

Wir fassten wieder Mut, denn die Deutschen taten so, als würde das Ghetto zum Schutz der Juden errichtet. Zu diesem Zeitpunkt hatten wir vor allem Angst vor den litauischen Partisanen und Nachbarn, die mordend und raubend über uns herfielen. Dass SS und Einsatzkommandos hinter den Pogromen standen, war ja nicht offensichtlich. Die Deutschen, die von den Litauern mit ungestümem Jubel als Befreier von den Sowjets begrüßt worden waren, galten immer noch als ein Volk von großer Kultur. Auch wenn einige von uns sich über die wahren Absichten der Besatzer nicht mehr täuschen ließen, waren die meisten doch erleichtert. Denn im Ghetto würde man zumindest vor den Übergriffen der Litauer sicher sein. Dachten sie. So begann die zweite Etappe der Vernichtung der litauischen Juden, die von langer Hand vorbereitet war. Die Deutschen errichteten zwei Ghettos, ein großes und ein kleines, im Stadtteil Vilijampole. Dort hatten vielleicht 5000 Juden schon vorher gewohnt. Zu dieser Zeit lebten in Kaunas einschließlich derjenigen, die vom Land in die Stadt geflüchtet waren, ungefähr 30 000 Juden. Das Großghetto nahm 27 000, das Kleinghetto 3 000 Menschen auf. In den ersten sechs, acht Wochen seit dem Einmarsch der Deutschen hatten die Litauer und Einsatzkommandos schon Tausende von Juden ermordet. Karl Jäger schrieb in seinem Report am 1. Dezember 1941 an seine Vorgesetzten, dass 133 346 Juden vernichtet seien. Am 9. Februar 1942 hatte sich die Zahl der Opfer weiter erhöht. Jäger schrieb in seinen Aufzeichnungen von 138 272 Opfern.

Gleich nach der Vilijampole-Brücke, die unter einem wolkenverhangenen Himmel über die Vilija führt, biegen wir rechts in die Krisciukaicio ein. So hieß die Straße auch damals, als sie durch das Ghetto führte. Das Haus mit dem schmiedeeisern, winzigen Balkon steht noch. In meiner Erinnerung war es aber viel größer. Der Putz blättert von der Fassade ab. Menschen wohnen darin. In den Fenstern hängen Gardinen, und auf einem Fensterbrett steht eine kümmerliche Topfpflanze. Hier, am Haupttor des Ghettos, war das jüdische Arbeitsamt untergebracht. Die Glücklicheren unter uns erhielten die begehrten Jordan-Scheine. Die Zettel mit der Aufschrift «Ausweis für jüdische Handwerker» entschieden über Tod und Leben. Am 15. September 1941 ließ SA-Hauptsturmführer Fritz Jordan, Gebietskommissar in Kauen, 5000 dieser Ausweise über den Ältestenrat verteilen. Die Arbeitskommandos rückten im Morgengrauen aus. Durch das mit Stacheldraht gesicherte Tor gingen sie an diesem Haus vorbei. Ukrainer, Litauer und SS-Männer standen Wache. Sie durchsuchten die Menschen, wenn sie spät am Abend zurückkehrten, da jeder versuchte, Lebensmitteln ins Ghetto zu schmuggeln. Auch Männer der jüdischen Polizei mit ihren weißen Armbinden standen in dem Gedränge am Haupttor herum. Lastwagen brachten die Erzeugnisse der Ghettowerkstätten zum Bahnhof hinaus – oder auch die Kinder und Alten, die in den Tod gingen. Mein Magen krampft sich zusammen. Vor dem Haus steht ein schmaler Gedenkstein, der an die Opfer des Ghettos im Stadtteil Vilijampole erinnert. Den Gedanken, einen der Hausbewohner herauszuläuten, lasse ich sofort wieder fallen. Er würde mich wahrscheinlich unwirsch vertreiben oder auch nur anstarren, als sähe er ein Gespenst. In gewisser Weise bin ich das auch. Ich kehre aus der Vergangenheit zurück, von der die meisten

Litauer nichts wissen wollen. Morgen, wenn wir tiefer in das ehemalige Ghetto hineinfahren, wird Simon Davidovitch mich davor warnen, aus dem Auto auszusteigen. «Manche Bewohner reagieren auf Fremde sehr aggressiv.» Sie ahnen natürlich, wer die Besucher sind, die vor ihren Gartenzäunen stehen, umherschauen und fotografieren. Wer sonst als ein Überlebender würde sich in diesen Stadtteil verirren. Sie werden uns, versteckt hinter ihren Gardinen, misstrauisch und feindselig beobachten. Für heute ist es schon genug. Das ist alles zu schwer. Ich sehe den Jungen, der ich einmal war, die Krisciukaicio hinauflaufen, ein mageres Bürschchen mit Schiebermütze und zerschlissener Jacke. Ich weiß, wohin er will. Doch er wird nicht ankommen. Spät in der Nacht, wenn ich schlaflos im Bett meines Hotelzimmers liege, taucht er aus dem Gewirr der Ghettogassen wieder auf. Er schaut mich mit traurigen Augen an und wartet. So ist es immer und überall. In München und zu Hause in Rehovot. Er tut mir weh, aber er kann nichts dafür. Dann gehen wir wieder, ich weiß nicht mehr, wie viele Male schon, den ganzen Weg von Anfang bis zum Ende.

*Im Ghetto*

Es muss in der ersten Augustwoche 1941 gewesen sein.
Eine endlose Kolonne Menschen zieht durch die Straßen
von Kaunas auf die Holzbrücke über die Vilija. Der Fluss, der
in Weißrussland entspringt und an Vilnius vorbeifließt,
trennt Vilijampole vom Zentrum und mündet auf dem Stadt-
gebiet in die Memel. Bauern, Arbeiter, Handwerker, Rechtsanwälte, Mediziner – der erzwungene Auszug bringt Angehörige aller gesellschaftlichen Schichten, die im normalen
Leben keinen Kontakt pflegten, zusammen. Wir sind nun
alle gleich. An Jacken und Mänteln tragen wir auf dem Rücken und der linken Brust den gelben Stern. Manche sind
mit hoch beladenen Pferdefuhrwerken unterwegs, die sie von
Litauern für teures Geld gemietet haben. Viele ziehen nur
Leiterwagen mit ihrer Habe hinter sich her. Andere schleppen schwere Koffer mit der Hand und prall gefüllte Säcke auf
dem Rücken. Nur das Notwendigste können sie mitnehmen,
ihr ganzes Besitztum bleibt wie ihr früheres Leben in der
Stadt zurück. Der Umzug aller Juden muss bis 15. August
abgeschlossen sein. Wer danach noch in der Stadt angetrof-
fen wird, wird sofort erschossen. Meine Familie hat nur
wenig zu tragen, ein paar Taschen und Pakete, mehr ist uns
nicht geblieben, weil wir uns nach unserer Flucht nach Vilnius nicht mehr in unsere Wohnung trauten. Wir gehen mit
einigen unserer Verwandten. Da sind meine Eltern, Mutter
trägt den kleinen Berale, Vater schleppt in jeder Hand eine

Tasche. Mein Bruder Chaim, der seine unbekümmerte Selbstsicherheit verloren hat. Mein Onkel Mosche, ein Bruder meines Vaters, Sara mit ihrer sechs Jahre alten Tochter Zelda. Ihr Mann ist in den ersten Tagen des Einmarschs der Deutschen verschwunden, wahrscheinlich ermordet worden. Wir haben nie mehr etwas von ihm gehört. Eine Cousine mit Kind, ihr Bruder mit seiner Frau und ihrem Kind, zwei Cousins meines Vaters mit einem Kind und ihrer Großmutter und viele mehr. Wir drängen uns eng aneinander. Denn auf beiden Seiten der Straße stehen Litauer. Sie beschimpfen und drohen uns mit Fäusten oder verspotten uns. Für sie ist unsere Demütigung ein herrliches Schauspiel. Immer wieder stürmen junge Männer auf die Kolonne zu, reißen Möbel, Kisten oder Koffer von den fahrenden Wagen herunter und rauben sie. Niemand wagt es, zu protestieren oder die Diebe davonzujagen. Der Pöbel steht unter dem Schutz der Männer in SS-Uniform. Gleichgültig aber aufmerksam beobachten sie vom Straßenrand aus den Zug der Elenden unter der sengenden Sonne. Die Szenerie gleicht, im Rückblick sehe ich das so, dem apokalyptischen Gemälde eines Goya. Die Familie trennt sich in zwei Gruppen, jede muss selbst eine Bleibe in diesem ärmlichen Viertel von Kaunas finden. Wir haben Glück. Nachdem wir in das Gewirr aus Gassen und zerfallenden Holzhäusern eingetaucht sind, gelangen wir, fast am Ende des Ghettos, in der Miskinio Straße zu einem Häuschen mit zwei Zimmern und Küche. Die Russen haben erst vor ein paar Monaten ein paar Reihen kleiner Häuser für Arbeiter errichtet und die Wohnungen sogar mit Toiletten ausgestattet. Das ist damals in Litauen eher die Ausnahme.

Der Platz reicht zwar bei weitem nicht aus, aber wir haben kaum Möbel. In jedem Zimmer wohnen mehr als zehn Menschen, nachts schlafen alle auf dem Boden. Man kann sich vielleicht vorstellen, was es heißt, derart eingeschränkt, ohne jede Rückzugsmöglichkeit leben zu müssen – und nicht zu wissen, wann und ob das jemals enden wird. In Slobodka, wie der Stadtteil im Jiddischen heißt, lebten vor dem Krieg ungefähr 5000 Juden. Viele wurden von ihren litauischen Nachbarn gleich nach dem Einmarsch der deutschen Wehrmacht in Kaunas ermordet. Der Mob brannte Häuser nieder und plünderte Geschäfte und Synagogen. Die ungefähr 7000 nichtjüdischen Bewohner von Vilijampole mussten ausziehen. Aber in der Stadt stehen genug Wohnungen leer, aus denen die Juden nach und nach vertrieben werden. Innerhalb von vier Wochen ziehen weitere 30 000 Juden aus Kaunas und den umliegenden Dörfern in das Ghetto. Mehrere Familien müssen auf engstem Raum miteinander auskommen. Ungefähr 1,7 Quadratmeter Wohnfläche kommen auf jeden einzelnen Bewohner. Fremde Menschen sind in einem Raum zusammengepfercht. Sie unterteilen die Zimmer mit Decken, die sie über Wäscheleinen hängen, um zumindest in der Nacht den Blicken der Mitbewohner nicht ausgesetzt zu sein. Das Zentrum mit seinen krummen Holzhäusern und winzigen Hinterhöfen ist verfallen und schmutzig. Es fehlen Geschäfte, es gibt keine Kanalisation oder Wasserleitungen – der Ältestenrat befürchtet, dass schon bald Seuchen ausbrechen könnten. Von der Italianska, der Straße meiner Kindheit, dauert es zu Fuß nur eine Stunde nach Slobodka. Aber für mich ist es wie der Auszug in eine andere, bedrohliche Welt. Meine Mutter blickt sich stumm in unserem neuen Heim um und seufzt. «Wie sollen wir hier nur leben können?» Wir teilen das Zimmer mit ungefähr sieben Verwandten. In der ersten Nacht finde ich kaum Schlaf. Als ich mich einmal umdrehe, sehe ich im Mondlicht, das durch kleine Fenster hereinfällt, Großvater auf seinem Lager neben mir. Er stützt sich auf seinen Ellenbogen und schaut zu mir herüber. Er lächelt, als er mich wach sieht, und flüstert mir zu. Etwas Aufmunterndes, nehme ich an. Ich kann mich nicht mehr erinnern, nur sein Gesicht im Dämmerlicht ist mir im Gedächtnis geblieben.

«Wie lange müssen wir hierbleiben?», frage ich meinen Vater am nächsten Tag. «Hier sind wir auf jeden Fall sicher», antwortet er. Vielleicht weiß er es nicht besser. Oder will er mir nur meine Angst nehmen? Weiß mein Vater, dass es kein Entkommen geben wird? Seit unserer Flucht nach Vilnius sind vielleicht sechs Wochen vergangen. Aber mir erscheint es viel länger. Ich bin, nach den schrecklichen Erlebnissen, froh unter meinesgleichen zu sein. Ich fühle mich immerhin sicher vor den mordenden Litauern. Das stellt sich aber rasch als ein Irrtum heraus. Juden durften, als sie noch in Kaunas waren, nicht die Gehsteige oder öffentliche Verkehrsmittel benutzen. Eine der Anordnungen, die an Hausfassaden und Pfosten angeschlagen waren, brachte Chaim und mich zum Lachen. Wir durften auf der Straße nicht unsere Hände in die Hosentaschen stecken. Das Ufer der Vilija, die das Ghetto im Westen begrenzt, ist uns jetzt verboten. Wir dürfen tausend Sachen nicht, nicht einmal sterben, wie es jedem bestimmt ist. Darüber entscheiden die Deutschen. Wir haben alles verloren. Aber wir sind am Leben. Ich bin mit meinen Eltern, Chaim und Berale zusammen. Nur das zählt. Zeitzeugen wie ich werden häufig nach einer universellen Lehre aus dem Judenmord gefragt. Gibt es sie? Verteidigung der Demokratie und Freiheit, Kampf gegen Vorurteile, Toleranz antworten die meisten von uns. Das sehe ich genauso. Aber die eigentliche Lehre ist schwer annehmbar: dass es nur das nackte Leben gibt und nichts anderes wirklich von Wert ist. Das ist nur schwer anzunehmen. Menschen jagen allem Möglichen nach: Anerkennung, Geld, Liebe – das nackte Leben achten sie gering, bis es ihnen genommen wird.

Am 8. August, sieben Tage bevor das Ghetto abgeriegelt wird, versuchen wir noch, in der Stadt Lebensmittel zu ergattern. Das ist verboten und gefährlich. Deshalb verfallen meine Eltern wie auch andere Erwachsene auf den Gedanken, die Kinder zum Einkaufen zu schicken. Denn wer würde schon ein Kind von 14 oder 16 Jahren bestrafen oder gar töten, nur weil es Brot holt. Am frühen Morgen geht Chaim los. Ich mache mich mit meiner Tante Elke zwei Stunden später auf den Weg. Wir sind schon außerhalb des Ghettos, als wir Juden treffen, die ins Ghetto zurückeilen und uns warnen. Sie erzählen meiner Tante, dass in der Stadt jeder Jude auf offener Straße geschlagen und verhaftet wird. Meine Tante zieht mich an der Hand zurück, weil ich mich weigere und zu Chaim will. Ich bin wütend auf meinen Cousin David, der ein Jahr jünger als ich ist. Er erzählt uns, dass mein Bruder unter den Verhafteten sein soll. 26 Jugendliche sind von litauischen Nationalisten und der Gestapo auf dem Schwarzmarkt erwischt worden. Wir wollen das nicht glauben. Meine Eltern und ich warten schrecklich lange Stunden auf Chaim. Als meine Mutter uns Suppe und Brot zum Abendessen reicht, bekomme ich kaum einen Bissen hinunter. Sie ist bleich, hat den ganzen Tag kein Wort mehr gesagt, und sieht immer wieder zu meinem Vater, der in sich gekehrt am Fenster sitzt. Er weicht ihrem Blick aus. Nach dem Essen, das wir schweigsam einnehmen, halten wir es nicht mehr aus. Mein Vater und ich laufen ziellos durch die menschenleeren Gassen des Ghettos. Wir sprechen nicht miteinander, aber ich weiß auch so, dass er sich wie ich an einen einzigen Gedanken klammert. Chaim würde gleich um die nächste Ecke biegen oder aus dem Schatten eines der schiefen Häuser heraustreten. «Vater, wir finden Chaim doch?», frage ich und blicke zu ihm hoch. Er sieht mich mit furchtbar traurigem Blick an. Dann umarmt er mich. Mit rauer Stimme sagt er: «Wir suchen jede Straße nach deinem Bruder ab.» Wir gehen zur Holzbrücke, die über die Paneriu-Straße in das kleine Ghetto führt. Chaim ist nirgendwo. Auf dem Rückweg, in

*Nach so vielen Jahren finde ich 2012 im Archiv in Vilnius Dokumente zu meiner Familiengeschichte.*

der Linkuvos, kommt uns ein erschöpfter Mann in einem schmutzigen Anzug entgegen. Mein Vater kennt ihn. Sie wechseln nur ein paar Worte, während ich auf die blutbefleckten Hände des Fremden starre. «Ich komme gerade vom IX. Fort und musste dort 26 Jugendliche beerdigen.» Um Kaunas lag ein Ring von alten Festungen, die zu Mordstätten wurden. Wir wissen, Chaim ist darunter, aber wir können das nicht akzeptieren. Am nächsten Tag lässt die SS im Ghetto Plakate aufhängen; darauf steht geschrieben, dass 26 Juden beim Schwarzhandel gefasst und mit dem Tod bestraft wurden. Noch Monate lang können wir es nicht glauben. «Er wird zurückkommen. Er war nicht unter den 26», sagt mein Vater immer wieder, wenn wir über Chaim sprechen. Dann, irgendwann, hören wir auf, seinen Namen zu erwähnen.

Bis heute wusste ich das Geburtsdatum meines Bruders Chaim nicht. Bis zwei Stunden vor dem Rückflug von Vilnius nach Wien. Die Mitarbeiterin des Litauischen Histo-

66

rischen Archivs in der aufblühenden Hauptstadt Litauens ist eine energische Frau Mitte 50, die uns in ihrem kleinen, mit Akten und Karteikästen vollgepackten Büro empfängt. Eigentlich will ich die Frau, die mir zunächst reserviert begegnet, nicht kennenlernen. Als ich zu einer Erklärung anhebe, was ich suche, schneidet sie mir gleich das Wort ab. Simon bestand auf den Abstecher in die Behörde. Also höre ich geduldig ihren ausschweifenden Vortrag über Dokumente, meine Familie betreffend, an. Sie sagt mir im Grunde nichts Neues, redet über die Schwierigkeiten, nach so langer Zeit Papiere zu finden, in welchen Archiven und Standesämtern vielleicht etwas aufbewahrt sein könnte. Das wird enden wie bei meinem kurzen Ausflug in den neunziger Jahren. Damals bekam ich nur zu hören, dass keine Dokumente über meine Familie existierten.

Dann breitet die Archivarin einen großen Bogen Papier auf ihrem Schreibtisch aus und lächelt. Ich kann es nicht glauben. Auf dem Papier hat sie feinsäuberlich den Stammbaum der Nauchowicz' aufgezeichnet. Sie schiebt mir vier alte schwere Bücher, deren rote und braune Einbände verschlissen sind, zu. Sie enthalten Eintragungen von Standesämtern und Geburtsurkunden bis zurück ins 19. Jahrhundert. Sie lächelt wieder. Simon, der von der erfolgreichen Recherche schon wusste, strahlt über das ganze Gesicht. Er überredet seine Bekannte, dass ich jede handschriftlich verfasste Seite fotografieren darf. Die Überraschung ist gelungen. Mein Herz schlägt bis zum Hals herauf. Ich bin sprachlos. So gut wie nichts ist mir geblieben von meiner Familie, all die Jahrzehnte konnte ich meinen Kindern und Enkelkindern keine Dokumente, nur ein, zwei Fotos zeigen – die Erinnerung an meine Mutter und Brüder, an Onkel und Tanten ist nur in meinem Gedächtnis aufbewahrt. Jetzt bin ich ihnen näher gekommen. Das hätte ich nicht zu erhoffen gewagt, als ich die schwierige Reise nach Litauen antrat. Mein

Vater hatte überlebt. Aber bis zu seinem Tod 1992 hat er
Chaims Namen, auch den meiner Mutter und Berales nie
mehr in den Mund genommen. Er hat nie über die Vergangenheit gesprochen, den Schmerz sein Leben lang in sich
begraben. Als er im Sterben lag, brach es aus ihm heraus.
Sein Geist war schon verwirrt, als er seine deutsche Frau,
eine Seele von Mensch, als Nazi und Mörderin beschimpfte.
«Du Nazi willst mich umbringen!» brüllte er sie immer wieder
an. Jetzt, mit 84, erfahre ich, welchen Platz die Nauchowicz
in Litauen beanspruchen können. Später, als ich auf dem
Rückflug in den Dokumenten lese, bemerke ich erstaunt,
dass mein Großvater Leibbe erst 17 war, als er meinen Vater
zeugte. Aber vielleicht wurde sein Geburtsjahr 1884 falsch
eingetragen. Wenn nicht, dann muss er ein ziemlich früh-
reifes Bürschchen gewesen sein, das ich gar nicht mit dem
alten Mann zusammenbringe, den ich fast jeden Tag rasierte.
Meine Familie stammte aus Zilale, eine Kleinstadt, in der sie
seit dem 17. Jahrhundert sesshaft waren. Bei dieser Herkunft,
scherze ich, werde ich mich noch als Staatspräsident Litauens
bewerben. Aber das geht dann doch zu weit. Die Archivarin
sieht mich irritiert an. Der litauische Nationalstolz verträgt
keinen Humor. Seit ein paar Jahren versuchen einzelne Historiker die geschichtliche Wahrheit über den Judenmord im
Land zu erforschen. Die Mehrheit in Politik und Bevölkerung will davon nichts wissen. Die Litauer kleben zäh an ihrem Mythos, sie seien die Opfer gewesen, zuerst der Russen,
dann der Deutschen und nach Kriegsende wieder der Russen
bis zum Zusammenbruch der Sowjetunion. Kein einziges Mal
haben Regierungsvertreter in den vielen erfolglosen Gesprächen mit der Jewish Claims Conference über eine Entschädi-
gung für das geraubte Eigentum gesagt: Wollt ihr nicht zurückkommen? Das ist doch auch euer Land, helft uns, es wieder aufzubauen. Geld gab es natürlich auch nicht. Mit Geld
sind die Wunden zwar nicht zu heilen. Das ist wahr. Nur

steht es den Nachkommen der Mörder und Räuber nicht zu, sich deshalb davor zu drücken, das Diebesgut zu ersetzen. Noch heute glauben viele, die Juden seien 1940 die Handlanger der Sowjets gewesen. Keiner will daran erinnern, wie die Litauer vom Neid getrieben waren. Nicht selten trugen die Männer ihren gesamten Wochenlohn in die Kneipe, ein jüdischer Familienvater legte dagegen von fünf Litva zwei für schlechte Zeiten zurück. Ich möchte hier nicht mehr leben. Wegen der Mentalität der Menschen, die alles leugnen und noch immer judenfeindlich eingestellt sind.

Chaim wurde am 6. Oktober 1926 geboren. In zwei Monaten wäre er 15 Jahre alt geworden, wenn ihn die Deutschen nicht im IX. Fort erschossen hätten. In seinem akkurat verfassten Bericht über die Ermordung der litauischen Juden hat der SS-Standartenführer Karl Jäger, Chef des Einsatzkommandos 3 (EK 3), unerklärlicherweise die Ermordung der 26 nicht aufgeführt. Unter dem Datum des 8. August schrieb Avraham Tory in sein Ghetto-Tagebuch eine knappe Notiz: Demnach wurde dem Ältestenrat von Fritz Jordan, dem zuständigen SA-Führer in der deutschen Zivilverwaltung, mitgeteilt, dass er die Erschießung von 26 Juden angeordnet habe, da sie auf der Straße Lebensmittel zu kaufen versucht hatten. Für das Vergehen eines Juden würden zehn getötet. Ein Nachbar versucht, uns zu beruhigen. Er erzählt meiner Mutter, dass er Chaim auf einem Lastwagen mit sowjetischen Kriegsgefangenen gesehen habe. Aber mein großer Bruder und Beschützer ist tot. Das ist der Anfang vom Ende. Sieben Tage später, am 15. August, schließen um 16 Uhr die Wachmannschaften das mit Stacheldraht umzäunte Ghetto. Es ist ein Freitag: Sabbat. Wir sitzen in der Falle, und wir ahnen, dass das Morden weitergehen wird. Schon den Tag davor griffen SS-Männer in der Stadt wahllos ungefähr eintausend jüdische Männer und Frauen auf, brachten sie auf Lastwagen zum IV. Fort und erschossen sie. Unter dem Datum des

18. August schreibt Jäger in seinem Bericht: «Kauen-Fort IV 698 Juden, 402 Jüdinnen, 1 Polin.» Am Morgen dieses Tages treibe ich mich am Ghettotor in der Krischcziukaizio umher. Um acht Uhr versammeln sich dort ungefähr 300 Akademiker, 500 hat die Zivilverwaltung aber angefordert. Die Menschen wirken nicht sonderlich nervös, sollen sie doch in den Archiven in Kaunas arbeiten. Da gibt es nun wirklich Schlimmeres. Ich weiß nicht mehr, was mich zum Tor geführt hat. Wahrscheinlich halte ich noch immer Ausschau nach Chaim. Da die geforderte Zahl von 500 nicht zusammenkommt, suchen die jüdischen Polizisten weitere Akademiker. Schließlich nehmen sie, um die Deutschen nicht zu verärgern, jeden, der sich gerade in der Nähe aufhält. Aber ich bin mit meinen 13 Jahren zu jung, um mich als Akademiker auszugeben. Ein jüdischer Polizist scheucht mich vom Platz. Widerwillig gehe ich. Eine Arbeit in einem Archiv wäre nicht schlecht gewesen. Am nächsten Tag verbreitet sich im Ghetto die Nachricht vom Tod der 500, die im IV. Fort ermordet wurden. Die Deutschen bedienten sich einer List, um die Intellektuellen zu vernichten. Die Ghettopolizei war darauf hereingefallen.

Ich warte auf die dicke Suppe, die mein Vater jeden Tag aus dem Kriegslazarett in der Stadt mitbringt. Ich brauche nicht viel zu essen. Wenn man wenig isst, dann gewöhnt sich der Magen an kleine Portionen. Die Krankenhaussuppe schmeckt gut. Mitte September 1941 hat Vater im Büro des Ältestenrats einen der lebensrettenden Jordan-Scheine bekommen. Hirsch Nauchowicz hat Glück: Er arbeitet im Militärkrankenhaus. Die meisten, ungefähr 3000 Ausweisinhaber, müssen auf dem Militärflughafen in Aleksotas zwölf Stunden täglich unter den Schlägen ihrer Bewacher schuften. Diese Zwangsarbeit ist gefürchtet, sie zerstört mehr, als dass sie einen und die Familie am Leben erhält. Meine Mutter arbeitet in einer der Ghettowerkstätten, später ist auch sie dann

70

ganze Tage und Nächte außerhalb des Ghettos. Etwas Seltsames ist gleich in den ersten Tagen geschehen. Von heute auf morgen bin ich kein Kind mehr, ich bin ein Freund meiner Eltern geworden. Nie in diesen Jahren schimpfen oder belehren sie mich im Tonfall der Erwachsenen. Wir beschützen einander und tun alles, damit wir nicht getrennt werden. Ich übernehme eine wichtige Rolle, kümmere mich in ihrer Abwesenheit um meinen dreijährigen Bruder Berale, füttere ihn, kleide ihn an, mache ihn sauber und erziehe ihn. Ich sorge dafür, dass Berale nicht vor dem Haus oder auf der Straße herumläuft. Die SS taucht plötzlich tagsüber im Ghetto auf, wenn nur noch Alte und Kranke und Kinder da sind. Auf die haben sie es abgesehen. Mein Bruder weint oder schreit nie, als verstünde er, dass sein Leben davon abhängt, nicht entdeckt zu werden. Jeden Morgen rutscht er vom Bett, das mein Vater inzwischen gezimmert hat, und auf dem alle Mitbewohner abwechselnd schlafen. Berale schlüpft mit seinen kleinen Füßen in meine Schuhe. Dann stakst er durch das Zimmer. Mit diesem Ritual beginnt er den Tag, und dabei strahlt er über das ganze Gesicht. Ich hätte gerne Spielzeug für ihn. In einer Werkstätte stellen unsere Leute Stoffpuppen und Holzautos her. Eine Ladung davon schickt die Zivilverwaltung im November 1942 an Reichsmarschall Hermann Göring - als Weihnachtsgeschenke für deutsche Kinder. Für Berale ist Spielzeug in unerreichbarer Ferne. Bei Selektionen oder sobald die Mörder die Straße herunterkommen und aufs Geratewohl einzelne Wohnungen nach Schmuck oder Geld durchsuchen, verstecke ich Berale sofort in einem engen Hohlraum im Ofen und setze die Kacheln in die Fugen ein. Der grüne Kachelofen steht im ersten Haus, in dem wir untergeschlüpft sind.

Dieser Junge war einzigartig. Wenn ich heute meine Urenkel, die nur zwei, drei Jahre älter sind, wegen jeder Kleinigkeit weinen und schmollen sehe, muss ich an ihn denken, diesen

Knirps mit den klugen, traurigen Augen. Wie konnte ein Kind in diesem Alter so verständig und reif sein? Andersherum gefragt, was tun wir unseren Kindern heute an, wenn wir sie als unmündige und unselbständige Geschöpfe behandeln, die wir – natürlich nach unseren Vorstellungen – zu Erwachsenen meinen erziehen müssen? Im Judentum werden die Kinder von klein auf ernst genommen, Erwachsene hören ihnen zu, wenn sie zum Beispiel am Sabbat eine Geschichte den am Tisch Versammelten erzählen wollen.

Mit der jüdischen Orthodoxie habe ich gar nichts gemein. Doch eines muss ich anerkennen: Die Kinder lernen sehr früh zu diskutieren und Fragen zu stellen. Nicht umsonst werden wir als das Volk des Buches bezeichnet. Für Juden hat die Welt weder Liebe noch Mitleid übrig. Das war schon von Anbeginn an so, und darin liegt wahrscheinlich auch einer der Gründe, warum wir in der Diaspora von jeher den Zusammenhalt im Glauben hochhielten. In jeder Stadt, in jedem Dorf wurde dem geholfen, der in Not war. Natürlich gab es soziale Unterschiede, beträchtliche sogar, und die Mehrzahl der Juden, gerade in Osteuropa, war entgegen dem noch heute wirkenden antisemitischen Vorurteil bitterarm. Aber die Thora gebot von alters her Mitleid; und es war selbstverständlich, dem Armen zu geben, anonym, damit er sich nicht in seiner Würde verletzt fühlen musste. Nicht von ungefähr wurde die erste Kranken- und Sterbeversicherung in Europa von Juden im 19. Jahrhundert in Prag begründet. Und im Ghetto, auch unter der tagtäglichen Todesgefahr, war das nicht anders. Wir hielten zusammen, zuerst in der Familie, dann in der Gemeinschaft. Stellen Sie sich das einmal vor: 30 000 Menschen auf engstem Raum im Ghetto. Jedem knurrt der Magen, jeder fürchtet um sein Leben, jeder lebt in drangvoller Enge und mit der demütigenden Erfahrung, dass er in den Augen der Deutschen und Litauer, die die Gewehre und die Macht haben, nicht mehr wert ist als der Dreck in

*Auf dem Weg zu einer illegal eingerichteten Schule im Ghetto Kaunas im Winter 1941/42 (Abba 2. v. l.)*

den Ghettogassen. Meine Eltern adoptierten einen Waisenjungen, dessen ganze Familie im IX. Fort ermordet worden war. Ein alter Mann nahm uns, als wir auf der Suche nach einem neuen Dach über dem Kopf waren, in sein Zimmer herein. Das Ghetto wurde fortlaufend verkleinert. Der Mann hing eine Decke auf, richtete sich dahinter ein und verzichtete auf zwei Drittel des Raumes. Die Nächstenliebe würde Gewalt und Verbrechen nicht verhindern, aber die jüdische Ghettopolizei hatte mit solchen Fällen nicht oft zu tun. Es gab sie auch, denn Juden sind ja keine besseren Menschen als Christen. Zwei- oder dreimal, soweit ich mich erinnere, richtete die Ghettopolizei in drei Jahren Männer, die geraubt oder gar gemordet hatten, hin. Das wurde vor den Deutschen geheim gehalten. Natürlich kam es gelegentlich zu Diebstählen aus Verzweiflung; und damit meine ich nicht die Diebstähle bei den Deutschen oder Litauern während des Arbeitseinsatzes. Sie waren unter den herrschenden Umständen ein

Akt des Widerstands und für das Überleben notwendig. Es trifft nicht zu, wie manche meinen, dass die Deutschen einen Keil zwischen uns treiben konnten, etwa durch die Aufstellung einer jüdischen Polizeitruppe. Auch die Bildung von sogenannten Judenräten, die nach dem Krieg immer wieder als Kollaborateure angefeindet wurden, verdient eine differenziertere Betrachtung. Sie waren nicht auf Seiten der Nationalsozialisten und trachteten nicht nach persönlichen Vorteilen. Sie führten Befehle bis zu einer gewissen Grenze aus und hofften, dadurch Juden retten zu können. Manchmal gelang es zumindest für eine begrenzte Zeit. Manchmal täuschten sie sich oder wurden von den Deutschen absichtlich getäuscht. Sie litten an den schweren Entscheidungen, die sie treffen mussten, wenn es etwa darum ging, Juden zur Deportation in Arbeitslager auszuwählen. Der Ältestenrat unter dem Vorsitz von Dr. Elchanan Elkes weigerte sich trotz des Risikos für das Leben seiner Mitglieder, wenn er einer Anordnung misstraute. Natürlich konnten weder wir noch die Mitglieder des Ältestenrats uns lange Zeit vorstellen, dass die gänzliche Vernichtung aller Juden schon beschlossene Sache war. Wir achteten Dr. Elkes, der ein außergewöhnlicher Mann war. Er wurde bei der Liquidation des Ghettos nach Kaufering I verschleppt. Aus Protest gegen das Massensterben im Lager trat der ohnehin schon fast verhungerte Dr. Elkes im Oktober 1944 in einen Hungerstreik. Die SS rührte das natürlich nicht. Sie ließ ihn sterben. Wir wussten also, dass Ghettopolizei und Ältestenrat zwar die Anordnungen der Zivilverwaltung umsetzen mussten, aber gleichzeitig bekamen sie dadurch auch eine gewisse Chance, Menschenleben zu retten. Außerdem waren die unbewaffneten jüdischen Polizisten Mitglieder der Untergrundbewegungen. Ich zumindest erinnere mich an keine Anfeindung gegenüber diesen Männern, die – mit einer Ausnahme, auf die ich später zu sprechen kommen werde – Großartiges geleistet haben. Am Morgen des 27. März 1944 musste die Ghettopolizei antreten und wurde zum IX. Fort getrieben. Die Männer wurden gefoltert, damit sie die Verstecke im Ghetto preisgaben. Die Gestapo tötete 36 von ihnen. Sie hatten nichts verraten. Man kann mir vorwerfen, ich sei Partei, denn ich war Läufer der Ghettopolizei und des Untergrunds. Aber es waren wirklich mutige Menschen darunter. Sie widerlegen das Vorurteil über die Juden, die sich angeblich wie Schafe zur Schlachtbank treiben ließen. Doch das kommt erst später, ich greife der Chronologie der Ereignisse vor. Im Ghetto war die Zeit eingefroren.

Über die Vilija weht ein kalter Wind, der mir in die Ohren beißt. Ich kauere zwischen Büschen und schaue auf den Fluss, der langsam dahinströmt. In meinem Rücken liegen die geduckten Holzhäuser des Ghettos. Am gegenüberliegenden Ufer ragen die Kirchen und Türme der Stadt, die ich so gut kenne und liebe, in den grauen Winterhimmel. Die Stadt ist unwirklich wie ein Traumbild, das sich gleich auflösen wird, wie auch die Bilder aus meiner Kindheit, die mir fremd erscheinen, als gehörten sie zum Leben eines anderen. Auf dem fruchtbaren Streifen Erde zwischen den letzten Häusern und dem Ufer der Vilija bauen die Ghettobewohner Kartoffeln an, ziehen Tomaten, Gurken und Karotten. Das Gemüse bessert die kargen Essensrationen auf. Die kleinen Felder sind schon abgeerntet, und ich suche in der schwarzen, verkrusteten Erde nach einer übrig gebliebenen Kartoffel oder Karotte. Mutter ist bei Berale. Ich bin auf meinem Streifzug, um etwas Essbares aufzutreiben, bis zum Fluss vorgedrungen. Näher wage ich mich nicht an ihn heran, auch wenn weit und breit kein Wachposten zu sehen ist. Doch irgendwo müssen welche sein. Wer am Ufer entlangspaziert, wird sofort erschossen. Ich versinke in die Stille dieses Orts, in der nur die Rufe der Vögel erklingen und das Geräusch des fließenden Wassers. Die Scham steigt wieder auf, brennt in meinem Gesicht. Vor zwei Tagen, ich hatte mich am Haupttor in eine Arbeitsbrigade gedrängt, arbeitete ich im Kloster auf dem Berg über Kaunas. Wir rissen auf den Feldern Karotten aus der Erde. Eine schwere Arbeit, stundenlang mit gebücktem Rücken auf dem riesigen Acker, der kein Ende nehmen will. Ich habe noch Wichtiges vor mir. Am Abend werde ich mich davonstehlen und in der Stadt mit dem Geldschein, den ich in einem Schuh versteckt habe, Brot kaufen. Niemand wird mich aufhalten, da bin ich zuversichtlich und schiebe alle ängstlichen Gedanken weg. Ich werde für Berale und die anderen Essen heimbringen. Als ich in der Bordinowski Straße, in der die litauischen Schwarzmarkthändler auf ihre Kunden warten, den Schuh ausziehe, ist der Geldschein nicht mehr da, zerrieben, nur noch winzige Fetzen kleben im Schuh. Am Abend, nachdem ich mich in die heimkehrende Arbeiterkolonne geschlichen habe, stehe ich zögernd vor der Tür zu unserer Wohnung. Ich schäme mich, ohne Brot zurückzukommen. Doch mein Vater meint nur: «Mach Dir nichts daraus. Du bist hier, und nur das ist wichtig.» Meine Mutter sagt nichts, aber sie lächelt, und ihr zärtlicher Blick streichelt meine Seele. Täglich schießen litauische und deutsche Bewacher auf den Ghettostraßen willkürlich Juden nieder oder verschleppen sie ins IX. Fort. Sie, viele sind betrunken, schießen wahllos durch Fenster, dringen in die Wohnungen ein, prügeln, vergewaltigen, töten und rauben Schmuck, Geld, Möbel, Pelze und Musikinstrumente.

Heute fahren wir in das Ghetto hinein. Ich wünschte, ich könnte mir noch Zeit lassen, aber mein Aufenthalt in Kaunas geht dem Ende zu. Das Mädchen an der Hotelrezeption, viel älter als Anfang zwanzig kann sie nicht sein, tratscht unbekümmert mit einer Kollegin und lässt mich warten. Beide haben knallrot geschminkte Lippen. Sie schaut mich überrascht an, als ich sie auf Litauisch anspreche. «Passen Sie auf, ich kann jedes Wort verstehen. Ich bin in Kaunas geboren und aufgewachsen.» Sie lacht verlegen. Aber die Frage, auf die ich insgeheim hoffe, stellt sie mir nicht. Sie scheint überhaupt nicht neugierig zu sein. Aber vielleicht ist sie ja klüger, als ich sie einschätze, und weiß genau, dass das nur zu einem peinlichen Gespräch über die Vergangenheit und meine Geschichte führen würde. Der Sicherheitsbeauftragte, der wie festgewachsen zu jeder Tages- und Nachtzeit neben dem Empfangstresen steht, scheint ohnehin stumm zu sein. Oder ist das ein anderer als gestern Nacht? Egal, ihre Gesichter zeigen keine Regung. Fürs Reden werden sie schließlich auch nicht bezahlt, auch nicht für ein Lächeln. Es würde auch nichts ändern. In diesem Land fällt mir das Atmen schwer. Aus jeder Ecke kriechen die Erinnerungen hervor, und ich betrachte verblüfft die Menschen, die davon offenbar unbeschwert in den Straßen spazieren und in Cafés sitzen. Simon stoppt den Wagen neben einem Gedenkstein, eine Marmorplatte mit hebräischen Schriftzeichen. Er erinnert an das Ghettospital, das auf diesem Grundstück stand. Heute steht ein dreistöckiges Wohnhaus hier, und ich frage mich, wie seine Bewohner an diesem Ort leben können. Wie können sie tagtäglich auf ihrem Weg ins Haus an dieser Grabplatte vorbeigehen und dann zu Abend essen und Fernsehen schauen? Bin ich ungerecht? Die Menschen müssen jeden Gedanken an das Leid der Opfer wegschieben, sonst könnten sie auf diesem Grundstück doch nicht leben. Aus dem gleichen Grund konnten in Auschwitz SS-Offiziere jüdische Kinder ins Gas schicken, nach Dienstschluss heim gehen, Musik hören und mit ihren Kindern liebevoll spielen und mit ihren Frauen schlafen. Diese Männer waren keine Bestien, sie waren ganz normale Männer, beriefen sich auf Befehle und geltendes Recht. Sie hatten entschieden, dass Juden kein Mitgefühl verdienen. Wie die Mörder am 4. Oktober 1941.

Bilde ich mir das heute nur ein, oder ist an diesem Tag tatsächlich der süßlich-ekelhafte Geruch verbrannten Fleisches durch das Fenster hereingezogen? Es ist früher Nachmittag, ich habe gerade für Berale und mich Suppe aufgewärmt. Im kleinen Ghetto ist ein Brand ausgebrochen. Das Krankenhaus steht in Flammen. In dem dreistöckigen Gebäude, das alle anderen Häuser überragt, war früher die Volksschule untergebracht. Es dauert nicht lange, da stürzt eine Nachbarin ins Zimmer. Die SS verbrenne das Krankenhaus mit allen Patienten, Krankenschwestern und Ärzten, erzählt sie aufgeregt. «Sie brennen das ganze Ghetto nieder. Sie werden uns alle umbringen», schreit die Frau immer wieder. Ganz hysterisch ist sie, und ich würde sie am liebsten hinauswerfen, weil mein einziger Gedanke Berale gilt. Mit ihrem Geschrei wird sie uns noch die SS oder Litauer auf den Hals hetzen. Berale hat sich unter dem Tisch verkrochen. Ich schließe sofort die Tür. Die Straße ist, wie ich noch schnell überprüfe, menschenleer. Was soll ich nur tun? Ich bin zornig auf die Frau und schicke sie weg. Sie hört mich gar nicht, steht nur da und schaut zum Fenster hinaus. Immerhin schreit sie nicht mehr. Nach ein paar Minuten kommt sie zu sich und geht ohne ein weiteres Wort fort. Schwarzer, dichter Rauch steigt über die Dächer des Ghettos auf. Wie aus weiter Entfernung wehen vereinzelt Schreie herüber. Ich setze Berale auf meinen Schoss und spreche beruhigend auf ihn ein. Aber er spürt meine Angst. Ich sehne mich nach meiner Mutter. Wenn sie doch nur schon zuhause wäre. Ich fühle mich allein und verlassen.

Am anderen Tag erfahre ich, was alles geschehen war. Zusammen mit litauischen Hilfspolizisten hatte die 3. Kompanie des Reserve-Polizeibataillons in der Abenddämmerung das kleine Ghetto umstellt. Sie holten die Bewohner aus ihren Wohnungen und trieben sie auf dem Sajungosplatz zusammen. Die Arbeitsfähigen, die einen Jordan-Schein besaßen, wurden den Fußgängersteg über die Paneuriustraße in das große Ghetto gejagt. Die Polizisten trieben die anderen, ungefähr 1600 jüdische Männer, Frauen und Kinder, sofort nach der Selektion über die Sameterchaussee zum IX. Fort. Dort wurden sie noch in der Nacht erschossen. Mit den Kranken unter den «unnützen Essern» wollten die Deutschen sich nicht die Mühe machen. Sie wurden mit dem Haus verbrannt. Acht Säuglinge, die gerade geboren worden waren, lagen in ihren Windeln aufgereiht mit dem Gesicht zum Himmel auf dem Hof des Krankenhauses. Deutsche Soldaten kickten sie mit Stiefeln zur Seite. Mein Freund Solly Ganor war Augenzeuge: «Die Litauer und die Deutschen umstellten das hölzerne Gebäude und begannen die Türen von außen zu verbarrikadieren. Mehrere Maschinengewehre wurden ringsum aufgestellt. Die Litauer gossen Benzin rings um das Haus herum», schreibt er in seinem Buch «Light a Candle». Manche Menschen sprangen aus den Fenstern im oberen Stockwerk. Sie wollten den Flammen entrinnen und wurden von Maschinengewehrsalven niedergemäht; wahrscheinlich, alles in allem, ein besserer Tod als bei lebendigem Leib zu verbrennen. Die Menschen aus dem Altenheim und die Kinder des Waisenhauses, die sich ebenfalls im kleinen Ghetto befanden, wurden auf Lastwagen ins Fort gebracht. Insgesamt fielen dieser «Aktion» 1845 jüdische Einwohner, darunter 818 Kinder, zum Opfer, wie Jäger in seinem Bericht notierte. Nur etwas mehr als eine Woche davor, am 26. September, hatte er die Bilanz des vorangegangenen Massenmordes, diesmal im IV. Fort, gezogen: «412 Juden 651 Jüdinnen, 581 J.-Kind. (Kranke und Seuchenverdächtige) gesamt 1608.»

Eine düstere Stimmung liegt über dem Ghetto. Die Menschen verbreiten Gerüchte von weiteren, bevorstehenden Mordaktionen und die Hoffnung auf ein Ende der Qual schwindet. Wir sind vom Tod umgeben, aber wir denken kaum an ihn. Oder besser gesagt: Die Furcht, erschossen oder totgeschlagen zu werden, begleitet uns fast jede Sekunde. Auch im Schlaf, in meinen Träumen ist der Tod allgegenwärtig. Deshalb nehme ich die Angst gar nicht mehr wahr, alle Gedanken sind auf das Überleben gerichtet, ununterbrochener Hunger regiert das Denken. Wie kann ich zusätzliche Nahrung organisieren? Brot oder Kartoffeln, die uns ein paar Tage, vielleicht sogar eine Woche länger am Leben erhalten. Was die Deutschen für jeden Juden an Nahrung vorsehen, reicht bei weitem nicht aus: 700 Gramm Brot, 125 Gramm Pferdefleisch, 122 Gramm Mehl, 75 Gramm Kaffee-Ersatz, 50 Gramm Salz und ein paar Kartoffeln in der Woche. Und natürlich ist es bei Todesstrafe verboten, zusätzliche Lebensmittel in der Stadt einzukaufen und in das Ghetto zu bringen. Meine Tante Elke, eine Schwester meines Vaters, ist eine unerschrockene Frau, die nicht auf das Risiko achtet. Sie ist 33, zwei Jahre jünger als meine Mutter, und war früher einmal von einer ansteckenden Fröhlichkeit. Wie meine Mutter war sie eine glänzende Unterhalterin. In den Momenten, in denen sie sich von uns unbeobachtet wähnt, überzieht eine tiefe Traurigkeit ihr Gesicht. Das sticht mir jedes Mal ins Herz. Ich möchte aufspringen und sie trösten. Aber noch bevor ich ein passendes Wort finde, hat sie ihre düstere Stimmung schon wieder abgestreift und wendet sich mir mit einem Lächeln auf den Lippen zu. Jetzt bringt Tante Elke uns aber wieder einmal zum Lachen. Sie ist sie außer sich vor Empörung. «Stellt euch vor, was dieser Bastard mir weismachen wollte.» Sie schimpft über den Metzger Motke, nennt ihn einen Betrüger und Gauner der schlimmsten Sorte. «Das werde ich ihm noch heimzahlen», sagt sie wutschnaubend. Das meint sie ernst. Ich möchte nicht in Motkes Haut stecken. Einmal kaufte sie von einer litauischen Bäuerin am Stacheldrahtzaun einen großen Klumpen Butter. Ein Luxus, für den sie goldene Ohrringe und eine Halskette in die Hand der Frau wandern ließ. Zuhause musste Elke dann erkennen, dass die Bäuerin sie betrogen hatte. Sie hatte nur einen Laib Brot dick mit Butter beschmiert. Ein paar Tage später drehte sie der unehrlichen Frau ein Paar Schuhe an – aus gutem Leder, aber zwei linke. Dabei hatte Elke noch Glück. Nicht selten arbeiten die Schwarzhändler am Ghettozaun mit einem Wachposten zusammen. Statt des versprochenen Tauschartikels bekommt der Jude dann eine tödliche Kugel. So ärgerlich aber sehe ich meine kleine, zierliche Tante zum ersten Mal. Ich wusste gar nichts von ihrem Handel mit dem Fleischer. Vor drei Wochen schmuggelte sie für ihn eine Kuh ins Ghetto. Wie sie das angestellt hat, ist mir schleierhaft. Dafür sollte sie, nachdem das Tier geschlachtet wurde, die Leber bekommen. Aber der Metzger hielt sie tagelang hin, und gerade eben, als sie wieder ihren Lohn forderte, schickte er sie weg und flüsterte mit gesenktem Kopf: «Es tut mir leid, aber die Kuh hatte keine Leber.» Wir lachen und lachen. Doch Tante Elke hat einen Schatz verloren, den sie mit uns geteilt hätte, und sie hat ihr Leben für nichts riskiert. Der Schlawiner Motke hat, wen wundert es, überlebt. Viele Jahre später eröffnete er eine Gaststätte in München. Ich habe sein Lokal nie besucht und weiß deshalb nicht, ob er auf der Speisekarte auch Leber anbot.

Der Offizier trägt weiße Handschuhe und beißt herzhaft in ein dick belegtes Wurstbrot. SS-Hauptscharführer Helmut Rauca verzieht keine Miene. Mit einer Handbewegung schickt er die Menschen nach links oder rechts. Mein Magen fühlt sich leer an. Seit dem Frühstück aus zwei Kartoffeln und einer Tasse dünnen Tees sind sechs oder sieben Stunden vergangen. Doch die Angst ist größer als der Hunger. Ungefähr 28 000 Menschen, alle noch lebenden Bewohner des Ghettos, stehen seit sechs Uhr auf dem Demokratu-Platz, der von deutschen Polizisten und litauischen Nationalisten abgeriegelt wird. Kinder weinen und schreien, Alte und Kranke brechen zusammen. Sie bleiben auf dem Boden liegen. Tante

Sara, deren Mann gleich nach dem Einmarsch der Deutschen in Kaunas verschwand, hält ihre sechsjährige Tochter Zelda an der Hand. Mein Onkel Mosche ist da und viele andere, alle Verwandten, die uns noch geblieben sind. Brüder und Schwestern meines Vaters mit ihren Familien, Cousins mit ihren Frauen und kleinen Kindern – und mein Großvater, der 57 Jahre alt ist und sich kerzengerade aufrecht hält. Mutter nimmt mir Berale aus den Armen, die taub geworden sind. Wir sprechen kaum miteinander. Ein kalter Wind fegt in Böen über den weiten Platz. Es ist der 28. Oktober 1941, ein Dienstag, und aus dem grauen Himmel fällt ein Nieselregen. Gleich werden wir an der Reihe sein. Vor den «Schlächter vom Ghetto» treten müssen. Die rechte Seite ist die schlechte. Das haben wir schon allein daran erkannt, dass die Unglücklichen auf ihrem Weg nach rechts von den Litauern mit Schlägen und Stößen empfangen werden. Rauca trennt, wie ich beobachten kann, mit einer Handbewegung auch Familien, Eltern von ihren Kindern und Geschwister – plötzlich beginne ich am ganzen Körper zu zittern.

Aus allen Richtungen des Ghettos waren die Menschen am frühen Morgen zu dem Platz zwischen dem großen und liquidierten kleinen Ghetto gezogen. Wer zurückbleibt, hieß es, wird auf der Stelle erschossen. Dennoch überlegten meine Eltern am Abend davor lange, ob ich mich nicht mit Berale verstecken sollte. Aber die Gefahr wäre zu groß gewesen. Außerdem wollte ich nicht von meinen Eltern getrennt sein. Niemand glaubte nach den Massenmorden der Ankündigung der SS. Sie teilte dem Ältestenrat vor ein paar Tagen mit, dass eine bestimmte Anzahl von Ghettobewohnern ausgesiedelt werde. Gleichzeitig hörte mein Vater, dass im Fort IX riesige Gruben ausgehoben wurden. Darüber sprach innerhalb weniger Stunden das ganze Ghetto. Ich kann mich nicht erinnern, wie wir die Nacht vor der Selektion verbrachten. Sicher gehörten wir nicht zu denjenigen, die noch einmal das Leben genießen wollten, alle ihre Vorräte aufaßen und sich betranken. Aber wir beteten auch nicht wie andere stundenlang und weinten uns in den Schlaf. Wahrscheinlich hofften wir – und das taten wohl alle –, dass wir die Selektion überleben würden. Eine Flucht wäre aussichtslos gewesen. Auf jeden Fall gingen wir wie die anderen am Morgen los. Es war kalt. In den stockdunklen Gassen fiel ein leichter Schnee-regen.

Wir sind durch. Ich habe es gar nicht richtig mitbe-kommen. Ich bin mit meinem Bruder auf der linken Seite. Auch meine Mutter ist bei uns. Wir sind davongekommen. Rauca hat uns auf die rettende Seite geschickt. Aber Vater ist nicht hier. Das Durcheinander macht mich ganz wirr im Kopf. Menschen laufen hin und her, schreien und weinen. Manche wollen auf die linke Seite wechseln, Litauer prügeln sie nach rechts zurück. Jüdische Ghettopolizisten zerren Ein-zelne durch die Menschenmenge zu uns herüber. Also sind wir auf der richtigen Seite. Da ist auch Vater. Der jüdische Polizist Tanchum Aronshtam zieht ihn an der Jacke auf un-sere Seite. Auch David und seine Eltern sind bei uns. Was für ein Glück. Aber Großvater? Meine Mutter weint, Vater presst die Lippen zusammen und schweigt. Rauca hat Großvater nach rechts geschickt. Ich kann ihn nicht mehr sehen. Auch die kleine Zelda und ihre Mutter sind weg. Wir verlieren an diesem Tag sieben Verwandte. Sie werden mit den anderen ins Kleine Ghetto getrieben und dort über Nacht festgehal-ten. 9200 Menschen, vor allem Frauen und Kinder. Jahr-zehnte später lese ich in Torys Tagebuch, dass Dr. Elkes an diesem Abend, als er heimgeschickt wird, erschüttert zu sei-nen Begleitern aus dem Ältestenrat sagt: «Das war es nicht wert, mehr als 60 Jahre gelebt zu haben, um einen Tag wie diesen miterleben zu müssen.» Am nächsten Morgen mar-schieren sie am Ghettozaun entlang zu Fort IX. Litauer be-gleiten sie mit Gewehren im Anschlag. Viele laufen hin, um ihre Angehörigen noch einmal zu sehen. Es ist erschütternd, wie die Menschen weinen und nach ihren Liebsten rufen. Die Litauer lassen keinen zum Zaun, schlagen denen mit den Gewehrkolben in den Rücken, die aus der Reihe treten oder auch nur stehenbleiben und zurückschauen. Irgendwo in dieser Kolonne muss die kleine Zelda sein. Ich gehe weg. Das ist nicht zu ertragen. Im Fort warten schon die Erschießungskommandos aus Deutschen und Litauern. Stundenlang höre ich das Schießen. Der Wind trägt das unablässige Knattern der Maschinengewehre zu uns herüber. Ich weiß, was das zu bedeuten hat.

Den Befehl zu diesem Massenmord gab SS-Standartenführer Jäger: «Säuberung des Ghettos von überflüssigen Juden.» Überflüssige Juden wie die sechsjährige Zelda oder mein Großvater. Es regnet wieder, als ich 69 Jahre später zum Demokratu-Platz fahre. Ich habe nicht erwartet, dass ein Denkmal oder eine Gedenktafel an den 28. Oktober 1941 erinnert. Aber dieser Anblick wirkt doch fast obszön: Eine Frau führt an mehreren Leinen fünf kleine Hunde aus, die auf dem Platz ihr Geschäft verrichten. Rechts am hinteren Rand parken Lastwagen, neue Gebäude schließen den stark geschrumpften und fast menschenleeren Platz auf zwei Seiten ein. Ich steige nicht aus dem Auto aus. Es regnet zu stark. Außerdem: Die zwölf Stunden, die ich als 13-Jähriger bei der Selektion auf diesem Platz ausharren musste, sind genug – für mehr als ein Leben.

Mein Vater kommt nach Hause. Er bringt Neuigkeiten. Vater ist bei der kommunistischen Untergrundbewegung, deren meiste Mitglieder mit ihren Familien drei, vier Blöcke am Ende des Ghettos bewohnen. Geheimwege führen in diese Häuser und darüber kommen und gehen die Männer, die in den Wäldern kämpfen. In Verstecken bewahren sie ein paar Waffen auf, Gewehre und Pistolen und wenige Patronen. Wir mussten auf Anweisung von SA-Jordan schon am

30. August alle elektrischen Geräte aushändigen. Aber der Untergrund hat ein Radiogerät. So berichtet uns Vater, wo die Front verläuft, wie nahe die russische Armee ist, ob Aussicht auf Rettung besteht. Es ist Ende 1941. Die Rote Armee wehrt den Angriff auf Moskau ab, die eigentliche, noch vor der deutschen Niederlage bei Stalingrad erfolgte Wende im Vernichtungskrieg gegen die Sowjetunion. Das weiß ich zu diesem Zeitpunkt natürlich nicht, so wird das auch nicht im litauischen Staatsfunk verbreitet. Was wusste ich damals von Politik und Krieg? Mehr als ein 13-Jähriger heute. Vor allem weiß ich, dass die Deutschen und Litauer mich zum Tod verurteilt haben. Allein deshalb, weil ich Jude bin.

Der Schlamm in den nicht gepflasterten Gassen ist gefroren, Schnee bedeckt die Dächer der Holzhäuser. Mit dem Jahreswechsel wird es furchtbar kalt, die Temperatur fällt unter minus 30 Grad Celsius in diesem härtesten Winter in Litauen seit langer Zeit. Heute müssen auf Anordnung des SS-Mannes Rauca alle Juden ihre Pelzmäntel, sämtliche Pelzwaren auf den Demokratu-Platz bringen. Wir haben keine Pelze. Wir brauchen Holz. In der Nacht schleichen meine Mutter und ich hinaus, um Brennholz zu besorgen. Wir sind in Mäntel und Schals gehüllt, die uns nicht wirklich gegen die Kälte schützen, und bewegen uns vorsichtig im Schatten der Häuser vorwärts. Von 21 Uhr an dürfen wir nicht mehr auf der Straße sein. Treffen wir auf eine Ghettowache oder Litauer, die auf Diebstahl und Raub aus sind, riskieren wir, erschossen zu werden. Der Himmel ist wolkenverhangen und dicke Schneeflocken fallen. Der Schnee knirscht unter meinen Stiefeln, als wir durch die stille Veliuonos Straße gehen, vorbei an der kleinen Synagoge, in der die toten Tiere liegen. Vor drei Tagen, am 14. Januar 1942, mussten alle Hunde und Katzen zur Synagoge gebracht werden. Dort wurden sie erschossen. Die Deutschen haben verboten, die Kadaver zu entfernen, um uns zu demütigen, unseren Glauben zu verhöhnen, der uns untersagt, unreine Tiere in die Synagoge zu lassen. Zwei, drei Gassen weiter sind wir am Ziel: Vor mehreren Häusern stehen Kommoden und Bettgestelle am Gartenzaun. Die Bewohner haben dafür keinen Platz in ihren überfüllten Wohnungen. Wir müssen rasch machen, bevor die Besitzer der Möbel aufwachen oder die Ghettopolizei oder, noch schlimmer, die Deutschen oder Litauer auf uns aufmerksam werden. Wir zertrümmern eine Kommode, reißen Zaunlatten heraus. Das Holz zersplittert mit lautem Krachen, bei dem wir jedes Mal erschrecken. Rasch sammeln wir Bretter und Holzstücke zusammen, klemmen sie unter den Arm und laufen zurück zu unserem Haus. Fast jede Nacht gehe ich mit meinem Vater oder meiner Mutter auf die Jagd nach Brennholz. Mein Vater bringt später noch einen ganzen Küchentisch, den er auf dem Rücken ins Zimmer trägt. Als er ihn am nächsten Tag zerlegt, knallt plötzlich ein Stiefeltritt gegen die Tür, und ein Litauer mit umgehängtem Gewehr steht vor uns. Ich erstarre. Der Mann trägt schwere, warme Stiefel, wie ich trotz meiner Angst registriere. Am rechten Ärmel seines dicken Wollmantels prangt die verhasste weiße Binde. Er mustert uns feindselig. Ihm ist sofort klar, dass er uns beim Holzdiebstahl entdeckt hat. Eigentlich braucht er keinen Grund, um uns zu erschießen und auszurauben. Das geschieht alle Tage. Aber er zögert, starrt meinen Vater an. Mein Vater, ein nicht gerade großer Mann mit eingefallenen Wangen, verharrt regungslos auf der Stelle. Seine rechte Hand umklammert das Tischbein, das er gerade herausgedreht hat. Wie einen Prügel hebt er das Stück Holz hoch. Der Litauer sieht in den Augen meines Vaters, dass er niedergeschlagen sein wird, bevor er noch sein Gewehr von der Schulter nehmen und abdrücken kann. Er dreht sich abrupt um und geht zur Tür hinaus.

Das Leben im Ghetto nimmt einen fast normalen Lauf. Mit normal meine ich, dass es keine großen Selektionen und Mordaktionen mehr gibt. Vorerst. Aber Angst und Be-

drückung, Hunger und Tod bleiben. Wachmannschaften erschießen Menschen, Litauer dringen in der Nacht ins Ghetto
ein, stehlen und töten. Die Mörder schießen auch aufs Geratewohl durch Fenster in Wohnungen hinein. Nur so zum
Spaß. Ein guter Bekannter meiner Eltern, ein Arzt, wird nur
deshalb von einem litauischen Polizisten erschossen, weil er
seinen Hut nicht vor ihm gezogen hat. Im April dürfen wir
wieder zur Schule gehen, die inzwischen geschlossen war. Ich
habe sie nicht gerade vermisst. Die deutsche Ghettoverwaltung ordnet die Eröffnung der Schule an. Aufgeregt diskutieren meine Eltern, ob es nicht zu gefährlich wäre, viele Kinder an einem Ort zu versammeln. Die Deutschen hätten es
dann leichter, sie zu holen. Nach dem Muster der bisherigen
Mordaktionen ist jedem klar, dass die Arbeitsunfähigen als
Erste in den Tod gehen. Aber die Deutschen unternehmen
nichts, und langsam legt sich unser Argwohn. Im April 1942
eröffnet auch, nicht weit von unserer Unterkunft in der Aria-
golos Straße, eine Suppenküche, in der man einmal am Tag
eine Mahlzeit bekommt. Die Nazis wollen jede Arbeitskraft
ausbeuten. Wer nicht in den Arbeitskommandos außerhalb
des Ghettos schuftet, muss in einer der 14 Werkstätten arbeiten, die seit März nach und nach entstehen. Es gibt Ausnahmen: Frauen, die sich um den Haushalt kümmern oder
Mütter mit Kindern bis zu fünf Jahren. Da gibt es eine Satt-
lerei, Reparaturwerkstätten für Kleidung, eine Schuhmacherei, Wäscherei, eine Werkstatt für Kinderspielzeug. Mein
Vater arbeitet im Militärhospital in Kaunas, der mörderischen Schufterei auf dem Militärflughafen in Aleksotas ist
er entkommen. Mutter wäscht die Kleidung von Soldaten
und SS-Männern in der Ghetto-Wäscherei, die meiste Zeit in
Nachtschicht.

Ich kümmere mich weiter um Berale. Früher oder später
werden sie versuchen, ihn und die noch anderen lebenden
Kinder zu holen. Wir haben Chaim verloren, ohne Berale

hätte dieses Leben, das uns quält und verspottet, überhaupt keinen Sinn mehr. Im Juli verbietet die Gestapo bei Todesstrafe Schwangerschaften. Eine Frau, die im achten oder neunten Monat ist, darf ihr Kind noch zur Welt bringen. Von September an sind Entbindungen ausnahmslos verboten. Natürlich gibt es auch danach noch Schwangerschaften, in solchen Fällen versucht der Ältestenrat die werdende Mutter zu einer Abtreibung zu überreden, damit zumindest ihr Leben gerettet werden kann. Alle Anordnungen der deutschen Zivilverwaltung verfolgen, so sehr sie im Einzelfall auch lächerlich erscheinen mögen, nur ein Ziel: unsere Vernichtung. Irgendwann ergeht der Befehl, dass die jüdischen Arbeitskräfte keine Rasierklingen in den Taschen der Jacken und Hosen tragen dürfen. Auch mein Vater wendet den Trick an: Bei der Rückkehr von der Arbeit durchsuchen die Litauer am Ghettotor die Taschen in den Jacken und Hosen von Männern und Frauen nach Essen. Sie zucken sofort zurück, wenn sie sich die Finger an den Rasierklingen schneiden. Es ist auch verboten, Geld bei sich zu tragen. Jede Möglichkeit, uns durch Handel mit Litauern auf der anderen Seite des Ghettozauns oder auf dem Schwarzmarkt in der Stadt Lebensmittel zu beschaffen, wird uns genommen. Die Furcht vor der Bestrafung, im schlimmsten Fall der Tod, hält uns aber nicht ab. Wir haben keine Wahl, wenn wir überleben wollen.

Sommer 1942. Im August müssen die Schulen wieder schließen, jede religiöse Erziehung wird verboten. Ich vermisse den Unterricht auf dem Dachboden eines Hauses nicht sehr, es war eine eher traurige Angelegenheit. Warum soll ich auch lernen, wenn ich doch weiß, dass jeder Tag der letzte sein kann? Vor allem aber fühle ich mich erwachsen, meine Tage sind angefüllt mit Arbeit. Meine Aufgaben lassen mir keine Zeit für Beschäftigungen, die nicht unmittelbar unserem Überleben dienen. Man darf sich das jedoch nicht so vorstellen, als wäre ich zu jeder Minute und Stunde nur traurig und trübsinnig gewesen. Da ist auch Lachen. Da gibt es Augenblicke der Freude. Da sind meine Eltern und Berale – die Liebe einer Familie, das teuerste, was das Leben einem schenken kann. Das sage ich nicht im Rückblick, das habe ich mit meinen jetzt 14 Jahren schon gelernt und so empfunden. Ich spiele mit den Jungen aus der Nachbarschaft Fußball. Der Ball hat schon bessere Tage gesehen, wie wir auch, aber er ist gut genug, um im Wettkampf um Tore für eine Zeitlang das Ghetto zu vergessen. Es ist gar kein so schlechter Sommer. Die Ernte auf den Gemüseparzellen am Fluss und einzelnen Beeten hinter den Häusern bringt viele Früchte, die an die hungernden Menschen verteilt werden. Und ich gehe schwimmen. Die Ghettoverwaltung erlaubt uns plötzlich, im Fluss zu baden. Zwei Monate lang ist der Zugang zur Vilija frei. Ich liege auf dem Rücken, strecke meine Beine aus, schließe die Augen und lausche auf die Geräusche um mich herum. Das Plätschern des Wassers, das Gemurmel der Stimmen, die warmen Sonnenstrahlen beruhigen mich. Ich darf nur den Kopf nicht heben, sonst sehe ich den elektrischen Stacheldrahtzaun, der das Ghetto einschließt. Drüben, auf der anderen Seite des Flusses, stehen vereinzelte Häuser, in den Gärten sind schwarze Punkte erkennbar. Menschen, die ihrer Beschäftigung nachgehen, als wäre nichts geschehen und als wären wir Juden gar nicht mehr hier. Aber das sind wir auch nicht. Am 1. Dezember 1941 schon hat SS-Standartenführer Karl Jäger seinen Vorgesetzten in Berlin stolz gemeldet, dass Litauen «judenfrei» sei. Diesen Bericht kenne ich zu diesem Zeitpunkt natürlich nicht. Das Wissen, ein Toter auf Urlaub zu sein, steckt in meinen Knochen, in meinen Nerven und Körperzellen, auch wenn ich es wegschiebe. Was hatte Chaim denn getan, was meine Eltern, was habe ich verbrochen, dass man uns so hasst und verabscheut? Die Litauer sind gierig nach unseren

Besitztümern. Sie haben schon immer neidvoll auf uns geblickt. Neid, Missgunst und Gier sind erklärbar. Aber nicht der Hass der Deutschen. Für sie sind wir wie Ungeziefer. Hätte ich damals schon die «Verwandlung» von Franz Kafka gelesen, ich hätte gewusst, was er uns mit der skurrilen Geschichte eines Mannes, der sich über Nacht in ein Insekt verwandelt hat, sagen wollte. Auch wir sind über Nacht keine Menschen mehr gewesen. Doch wie ist das möglich, meinen kleinen Bruder als eine Wanze anzusehen, die man im Vorbeigehen zertritt? Ich rede darüber mit meiner Mutter, die mir früher nie eine Antwort schuldig blieb. Sie sagt: «Abke, diese Menschen sind sehr böse. Aber sie können unsere Liebe nicht zerstören.» Sie weiß keine Antwort. Ich empfinde das Verhalten der Deutschen noch schlimmer als böse. Dafür finde ich kein Wort.

Es tut so gut, in der Sonne zu liegen, die Wärme auf der Haut zu spüren. Ich schlafe ein, ein wohliges Gefühl von Müdigkeit kriecht meine Beine hoch und breitet sich in meinem Körper aus. Ich habe die Nacht kaum geschlafen, denn inzwischen arbeite ich in einer illegalen Bäckerei im Ghetto. Das erfüllt mich mit Stolz, meine Eltern loben mich, ich kann für den Lebensunterhalt der Familie einen Beitrag leisten. Die Bäckerei ist in einer morschen Holzhütte untergebracht, versteckt in einem Hinterhof in der Krisciukaicio. In das Haus, nahe dem Haupttor, sind wir vor kurzem eingezogen. Der Bäcker lebte schon früher in Slobodka, ihm gehört das Haus, in dem wir ein Zimmer fanden. Er zögerte nicht, als ich ihn nach Arbeit fragte, denn er war froh, endlich eine Hilfe zu haben. Die arbeitsfähigen Männer rücken mit den Arbeitsbrigaden am frühen Morgen aus, oder sie schlafen am Tag, wenn sie in Nachtschicht arbeiten. «Du kannst gleich heute Nacht anfangen. 2 Uhr.» In der Backstube ist es heiß, ich ziehe Hemd und Hose aus und binde mir eine weiße Schürze um, stülpe die Kappe aus Papier über mein Haar. Wenn ich mit

90

dem Schießer die Brotteiglinge in den Ofen schiebe, spannen sich meine Muskeln am Oberarm an. Die Arbeit ist schwer. Es ist gar nicht so einfach, den richtigen Moment abzuwarten, um die dampfenden Brotlaibe herauszuholen. Wir können uns keine Fehler leisten, Mehl ist knapp und von einem Laib Brot hängt unter Umständen das Überleben mehrerer Menschen ab. Aber ich mag die Arbeit, den Mehlstaub, der sich auf alles legt, den Geruch frischen Brots. Wenn Litauer oder SS-Männer die Backstube entdecken, erschießen sie uns. Das muss ich in Kauf nehmen. Wir verarbeiten geschmuggeltes Mehl. Wir backen im Auftrag oder verkaufen das Brot im Ghetto. Ich stelle mich geschickt an und schaue mir bei dem Bäcker viel ab. Später mache ich mich selbstständig. In dem großen Ofen in unserem Zimmer backe ich Bagels, einen ganzen Korb voll, den ich jeden Morgen um 6 Uhr zum Haupttor trage, ein paar Meter von unserem Haus entfernt. Ich kauere mich mit meinem Korb an eine Hauswand und verhalte, mich möglichst unauffällig, damit ich die Aufmerksamkeit der Wachen nicht auf mich ziehe. Ich verkaufe die Bagels an die Arbeiter, die mit den Brigaden in die Stadt marschieren. Bevor ich gehe, lege ich ein, zwei Stücke des duftenden Gebäcks für Berale beiseite. Er schläft noch, die Decke bis zum Kinn hochgezogen. Seine Augenlider mit den langen Wimpern bewegen sich im Traum. Später lernen mein Cousin David und ich von seinem Vater, wie man Süßigkeiten herstellt. Wir verkaufen die Bonbons auf der Straße und machen damit ein gutes Geschäft.

Nicht mein Vater, der seine Fotoausrüstung schon auf der Flucht vor der deutschen Wehrmacht zurücklassen musste, hat das Foto gemacht. Der Bäcker und ich stehen am frühen Morgen in unseren Schürzen vor der Tür zur Backstube. Es war George Kadish. Er war 31 oder 32 Jahre alt, als er eines Morgens in den Hinterhof in der Krisciukaicio kam und uns fotografierte. George Kadish verlor nicht viele Worte, war ganz konzentriert und machte rasch eine Aufnahme, denn zu fotografieren war natürlich bei Todesstrafe verboten. Mein Vater kannte ihn, sie arbeiteten beide im deutschen Militärhospital, in dem George Kadish die Negative entwickelte und in das Ghetto schmuggelte. Er floh im Juli 1944 über die Viljia und kehrte in das liquidierte Ghetto zurück, fotografierte die Ruinen und die paar Überlebenden, um die 90 Menschen. Etliche seiner Aufnahmen vom Leben im Ghetto hatten das Feuer überstanden und wurden seitdem in vielen Ausstellungen gezeigt. Mein Foto habe ich vor Jahren im Katalog zur Ausstellung «Hidden History of the Kovno Ghetto» (1997 bis 1999) des Holocaust Memorial Museum in Washington entdeckt. In dem Jungen mit den eingefallenen Wangen und dünnen Oberarmen erkenne ich mich kaum wieder. Ich habe das Gesicht eines Erwachsenen und um den Mund den Anflug eines Lächelns. Vielleicht George Kadish zuliebe. Oder amüsierte mich der Auftritt des besessenen, übrigens sehr sympathischen Mannes, dieses Fotografen des Elends, der uns vor dem windschiefen Holzschuppen aufnahm? Hätte ich damals ahnen können, welche Berühmtheit seine Bilder erlangen würden, hätte ich mich natürlich in den Vordergrund geschoben. Das sage ich jetzt nur so, besonders eitel war ich nie. Diese Eigenschaft hätte bei meinem späteren Beruf sogar gefährlich werden können. George Kadish hat Großartiges geleistet für die Erinnerung an die Juden von Kaunas. Ich blättere in dem Katalog. All die Männer und Frauen, Kinder und alten Menschen. Manche erkenne ich wieder. Der Mann, der auf dem Schwarzmarkt im Ghetto Brot verkauft. Er hockt neben einem verbeulten Blechbottich voller Laibe im Schmutz der Straße. Der Knirps, der mit beiden Händen eine Suppenterrine durch den Schnee trägt. Ein anderer verkauft Sonnenblumenkerne, zwei Waisenkinder ziehen einen Wagen mit ihren Habseligkeiten. Die hübsche Helen Verblundsky verkauft geschmuggelte Milch. Ihr zaghaftes Lächeln, ihr Kopftuch und ihr trauriger Blick. Avram und Emanuel, fünf und zwei Jahre alt, mit Judenstern auf ihren Pullovern und großen Augen. Bis vor ein paar Jahren feierte ich mit meinen Freunden Uri und Solly jedes Jahr den Tag unserer Befreiung in Jerusalem. Wir gingen in ein gutes Restaurant, aßen nach Herzenslust, tranken und danach tanzten wir ausgelassen in den Gassen der Altstadt. Avram und Emanuel sind längst tot, in Auschwitz vergast. Wir haben die Toten zurückgelassen, das mussten wir, um weiter leben zu können. Doch das war eine Illusion. Sie sind immer da. Sie bewohnen unsere Körper, kauern in den Winkeln unseres Gedächtnisses, unerlöst rufen sie in unseren Träumen nach uns Überlebenden. Die Toten greifen noch in die Gedanken unserer Kinder und Enkel. Schreien möchte ich über diesen Fotos. Aber was kann ich tun?

Wieder fahre ich erschrocken aus dem Schlaf hoch. Es ist 4.20 Uhr. Ich lausche in die Finsternis hinein. Langsam nehme ich die Umrisse der Kommode, der Stehlampe und des Schreibtisches im Hotelzimmer wahr. Es ist so still. Ich höre nur meinen Herzschlag, das Rauschen in meinen Ohren. In Rehovot ist es jetzt zwei Stunden später. Lea, meine Frau, schläft sicherlich noch. Ihre Eltern kamen aus Essen. Sie emigrierten 1934 nach Palästina. Als ich sie vor 64 Jahren zum ersten Mal sah, warf mich ihr Anblick um. Sie war eine Schönheit – und das ist sie geblieben. Auf den Fotos aus ihrer Jugendzeit sieht sie mit ihrem gelockten, blondem Haar, den breiten Hüten und schmalen Händen wie eine Hollywood-Schauspielerin der dreißiger Jahre aus. Damals erlag ich ihr auf der Stelle, aber nicht nur ihrer Schönheit. Ihr heiteres Lachen, ihr spöttisch funkelnder Blick, ihre Fröhlichkeit brachten in mein Leben erstmals wieder einen Anflug von Leichtigkeit. Ich knipse die Nachttischlampe an, steige aus dem Bett und gehe zum Fenster. Auf dem Platz gegenüber kauert in der Dunkelheit die romanische Kapelle wie ein riesiges Tier. Sie stand schon hier, als die Christen in den Straßen Jagd auf uns Juden machten. Knieten auch die Mörder in ihren geschnitzten Holzbänken? Bekam der blonde Hüne in Stiefeln hier von einem Priester die Absolution, nachdem er in einem Garagenhof auf dem Vytauto-Prospekt 40 oder 50 Juden mit einer Eisenstange erschlagen hatte? Das geschah am 27. Juni 1941, als meine Eltern mit uns auf der Flucht nach Vilnius waren. Er stellte sich auf den Leichenhaufen und spielte auf einer Ziehharmonika die litauische Nationalhymne. Zivilisten und Wehrmachtssoldaten gafften und fotografierten. Auf einem Foto posiert der junge litauische Nationalist vor den Leichen der Erschlagenen. Gestern Vormittag war in der Kirche eine Taufe oder eine Hochzeit, ich ging rasch weiter, sah nur viele Frauen und Männer, die in rosafarbenen Kleidern und dunklen Anzügen durch das Portal in die Kirche gingen. Am Abend auf dem Rückweg stürmten vor dem Hotel in der J. Gruodzio Straße drei Jungen, vielleicht elf oder zwölf Jahre alt, auf mich zu und schossen mit ausgestreckten Zeigefingern, Pistolen imitierend, auf mich. Ihre Mütter kicherten verlegen und schimpften ihre ausgelassenen Söhne, sie sollten den fremden Mann nicht belästigen. Ich verbarg mich hinter parkenden Autos und schoss zurück. Sie kreischten vor Vergnügen, als wir aufeinander schießend durch die Straße hetzten. Alle Kinder sind unschuldig.

Ich muss Lea anrufen, sie macht sich Sorgen um mich. Sehr lange habe ich meiner Frau nichts erzählt, auch den Kindern nicht. Was hätte ich sagen sollen? Schaut her, euer Vater, euer Opa ist in seiner Kindheit fast verhungert, wurde bespuckt und gedemütigt, in Lager eingesperrt, ein Bruder erschossen, der andere und die Mutter vergast. Aber warum, hätten die Kinder mit großen Augen gefragt. Was hast Du angestellt, Opa, hätte meine kleine Dana gefragt, den Kopf mit dem zerzausten Haar leicht zur Seite geneigt und mich forschend angeschaut. Hätte ich sagen sollen: Tja, eigentlich

nichts, das haben mir die Deutschen und die Litauer angetan, weil ich ein Jude bin. Dann wäre von meiner intelligen-
ten Enkelin unweigerlich die Frage gekommen, die ich fürch-
tete: Aber, wir sind doch auch Juden, oder? Ich hätte nicht
hierherkommen sollen. Was mache ich hier? Dieses Zimmer,
die Stadt, das ganze Land ist mir zuwider. Auch die Menschen, ihre Mentalität. Sie sind heute noch nicht imstande,
das Unrecht einzusehen. Simon erzählte mir gestern von
Schmierereien an Synagogen in Kaunas, von Transparenten
mit der Aufschrift «Hitler hatte Recht!». Ich bin mit meinem
deutschen Pass eingereist, nicht dass ich befürchten würde,
die Litauer könnten mich festhalten. Aber einem plötzlichen
Unbehagen folgend habe ich den israelischen Pass lieber
zu Hause gelassen. Tarnen und Verstecken, das habe ich im
Ghetto gründlich gelernt. Die heiße Dusche verscheucht die
bedrückenden Traumbilder, ich bleibe lange unter dem Was-
serstrahl stehen. Heute fahren wir wieder nach Slobodka –
aber diesmal komme ich als freier Mensch. Sie haben uns
schlimmer noch als Tiere behandelt, bis auf den Grund unserer Seele gedemütigt, als sie uns aus der Menschheit aus-
stießen und zu Ungeziefer erklärten. Aber niemand mehr
wird mir meine zweite Familie wegnehmen. Übrigens stimmt
es nicht, dass der keine Angst mehr verspürt, der die Lager
überlebt hat. Wer liebt, hat sein Leben lang Angst.

Dass ich Jude bin, weiß die Gestalt am Fenster sofort, dazu
muss sie gar nicht herunterkommen und mit mir reden. Wer
sonst als ein ehemaliger Ghettobewohner würde dutzende
Aufnahmen von dem Haus machen. Ich glaube, es ist eine
Frau, die seit ein paar Minuten hinter der Gardine des Fens-
ters im zweiten Stock auf uns herabspäht. Ich spüre ihren
Argwohn. Das gelbgestrichene Holzhaus steht nur ein paar
hundert Meter vom ehemaligen Haupttor entfernt in der
Krisciukaicio Straße. Zumindest ein Teil des Hauses überstand den großen Brand bei der Auflösung des Ghettos. Es

wurde um- und ausgebaut, doch ich erkenne es sofort. Die schmale Seitenstraße, die links vom Haus in die Krisciukaicio führt, gab es damals nicht. Durch Lücken in dem hohen Bretterzaun sehe ich in den Hinterhof, in dem unser Haus stand, daneben war die Bäckerei. Die Gardine bewegt sich wieder. Ich will es nicht auf eine Konfrontation ankommen lassen. Ich muss auch nicht wirklich in den Hinterhof hinein. Da ist nichts mehr.

Am 19. Juni 1942 rückt ein Arbeitstrupp Juden an und beginnt unsere Straße zu pflastern. Man Vater meint ironisch: «Die Deutschen schenken uns einen Boulevard. Bald wohnen wir in bester Lage.» Am Ende der Krisciukaicio stehen die Werkstätten, und für den Abtransport der Erzeugnisse soll die morastige, bucklige Straße leichter befahrbar gemacht werden. Um diese Zeit herum ereignet sich ein Vorfall, der mir fast das Leben gekostet hätte. Ich war am späten Abend lange durch die Gassen des Ghettos spaziert. Nur das Sternenlicht fällt in die Dunkelheit zwischen den windschiefen Häusern. Die meisten schlafen oder sind auf Arbeit in der Stadt. Am Zaun des Gebäudes, in dem der Ältestenrat seine Büros hat, hängt ein Fetzen eines Plakats, das die Deutschen im Februar aufhängen ließen. Wir mussten alle Bücher und Thorarollen sammeln und abgeben. Unsere Familie hatte keine Bücher. Ich schlendere auf das Haupttor zu. Der Stacheldraht und das Wachhäuschen sind in das grelle Licht von Scheinwerfern getaucht. Ich weiß nicht mehr, warum ich derart unbekümmert oder in Gedanken versunken war. Als ich den schwankenden Wachmann sehe, der offensichtlich betrunken ist, denke ich mir immer noch nichts. Plötzlich dreht sich der Mann in meine Richtung und entsichert sein Gewehr. Der Lauf zielt auf mich. Ich bleibe wie festgefroren stehen und starre auf den Gewehrlauf. Der Ukrainer beschimpft mich, was genau er sagt, verstehe ich nicht, weil er völlig betrunken ist. Dann senkt er das Gewehr und stampft mit den Füßen mehrmals auf. Die Absätze seiner Stiefel knallen laut auf dem Pflaster. Ich laufe davon. Sein schallendes Gelächter verfolgt mich bis in die Gassen hinein. Wahrscheinlich wollte er mich gar nicht töten. Ich bin dennoch schweißgebadet vor Angst. Als ich mich beruhigt habe, schimpfe ich mich selbst. Niemals, das ist eine der Grundregeln, niemals soll man ohne Not die Aufmerksamkeit eines unserer Verfolger auf sich lenken. Der Tod kann uns jederzeit und überall ereilen. Eine Zeitlang arbeite ich in der Garage der deutschen Schutzpolizei in der Stadt. Es gibt üblere Typen als diese Männer, die uns Juden nicht einmal so stark drangsalieren. Aber einen Nachteil hat die Sache. Wenn die Polizisten wie so oft betrunken sind und richtig in Laune kommen, dann greifen sie sich einen von uns heraus. Sie stellen dem Zitternden eine Flasche Wasser auf den Kopf und schießen mit ihren Pistolen darauf. Das ist für sie ein großer Spaß, für den Unglücklichen kann es übel enden. Manchmal geht ein Schuss daneben.

Meine Eltern, alle im Ghetto, diskutieren lange über das Konzert. Am 28. Juni 1942 soll eine Aufführung des Polizeiorchesters, die erste im Ghetto, in der früheren Jeshiva in der Jeshiva Straße stattfinden. Viele halten es für unwürdig, sich in diesen Zeiten mit Musik zu vergnügen. Die einjährige Trauerzeit ist seit der Aktion am 28. Oktober des vergangenen Jahres noch nicht verstrichen und verbietet den Gläubigen unter uns solche Vergnügungen. Dennoch entscheidet der Ältestenrat für ein Konzert – und die deutsche Ghettoverwaltung erlaubt es. Die Musiker, darunter viele Mitglieder des ehemaligen litauischen Staatsorchesters, gehören der jüdischen Ghettopolizei an. Das schützt sie vorerst vor dem Zugriff der SS. Sie spielen an diesem Tag für Schulkinder. Die Organisatoren bitten das Publikum aus Achtung vor den Toten von jedem Beifall abzusehen. Niemand klatscht. Die Besucher haben Tränen in den Augen. Sie sind Zeugen einmaligen Erlebnisses. Die Musik erhebt mich für Momente über die tagtägliche Qual und Not. Das empfinden alle im Saal der Jeshiva so. Ich zermartere mir den Kopf, aber ich kann mich nicht erinnern, ob ich bereits bei diesem ersten Konzert mitwirkte. Sicher saß ich unter den Zuhörern. Es war die richtige Entscheidung, denn die Musik – klassische Kompositionen, an die ich mich auch nicht mehr erinnere – stärkte die Menschen für den Überlebenskampf. Dieser Aufführung folgen noch weitere, bei denen ich als Sänger auftrete. Zu den Konzerten kommen auch unsere Peiniger, einige sogar in Begleitung von Frauen. Völlig ungeniert genießen sie das Spiel der hervorragenden Musiker unter der Leitung des bekannten Dirigenten Mischka Hofmekler. Ich singe für die SS. Beim ersten Mal, ich habe es schon erzählt, kostet es mich eine ungeheure Überwindung. Dann konzentriere ich mich nur noch auf meine Stimme und die Musik – mich packt sogar wieder mein vergessen geglaubter Ehrgeiz. Ich will gut sein, am besten sogar von allen Vokalisten, die jeweils mitwirken. Mein schlechtes Gewissen, dass ich die Mörder auch noch unterhalte, schwindet. Dann empfinde ich jedes Konzert sogar als einen Triumph über sie. Sie mögen sich amüsieren, können sich ruhig gefallen in dem Gefühl ihrer grenzenlosen Macht über uns. Heute lassen sie die «Untermenschen» auf die Bühne, morgen schicken sie sie in den Tod. Aber in dem Moment, in dem Hofmekler den Taktstock hebt, dreht sich die Welt wieder ins Lot. Ich werde eins mit der unsterblichen Musik, die durch keinen Stacheldraht eingesperrt werden, durch keine Gewehrkugel zum Verstummen gebracht werden kann. Das verstehen die Mörder nicht. Wir schon. Die Musik wird uns alle überdauern. Nechama, mit der ich oft sang, überlebte. Sie wanderte in die USA aus. Jedes Jahr rief sie mich an meinem Geburtstag an. Bis vor zwei Jahren. Seitdem ruft sie nicht mehr an. Sie ist an Alzheimer erkrankt.

Ich singe wieder. Auch auf privaten Festen der Hautevolee des Ghettos, um mir Geld zu verdienen. Manche Leute sind sehr wichtig geworden, gerade solche aus ärmeren Schichten können sich sehr schnell in dem neuen Leben organisieren und orientieren. Obwohl es komisch klingen mag, sie haben ein tolles Leben, materiell jedenfalls ein besseres als früher unter zivilisierten Umständen. Das sind vor allem die Angehörigen der sogenannten Jordan-Brigade, die sich an der Habe von Ermordeten bereichern. Die Jordan-Brigade sammelt die Kleidungsstücke der Toten, sortiert den Inhalt von Koffern und Taschen und bereitet alles für den Abtransport vor. Ganze Waggonladungen gehen nach Deutschland. Die Männer und Frauen finden in der Kleidung Schmuck, Gold und Geld. Manches zweigen sie für sich selbst ab. Sie haben schon vorher die Wohnungen der Juden in Kaunas ausgeräumt, zurückgelassene Kleidung, Möbel, Geschirr, Kunstwerke, Teppiche für die Deutschen zusammengetragen. Für Gestapo-Beamte und SS-Männer, die sich selbst bereichern wollen, organisiert die Brigade aus den Lagerhallen für das Beutegut, was immer sie wollen. In den Lagerräumen hinter dem Rathaus der Stadt liegen Berge von Hausrat und Möbeln der Juden aus Kaunas. Dort lagert auch das Eigentum der Deportierten aus Wien, Frankfurt, Breslau, Berlin oder München. Besorg mir, sagen SS-Männer: einen Mantel, eine Kommode, ein Klavier, einen Pelz für meine Frau. Dadurch haben die Mitglieder dieses Arbeitskommandos Vorteile, von denen die anderen nur träumen können. Sie sind die Reichen im Ghetto. Sie veranstalten Feste und Bälle, zu denen sie mich oft holen, weil ich eine schöne Stimme habe. Meine Eltern sehen das nicht gerne. Aber wir brauchen das Geld. Das erste Mal staune ich: Der Tisch in der armseligen Holzhütte in einer Seitengasse der Varniu Straße ist mit Platten für Speisen, Teller und Gläsern, Flaschen mit Wein und Schnaps überladen. So etwas habe ich schon lange nicht mehr gesehen. Ich nehme etwas für zuhause beiseite und stecke das Päckchen in meine Manteltasche. Diese Männer und Frauen sind nicht hartherzig, etwas grob vielleicht, aber nicht völlig gewissenlos. Hinter der Schminke der Frauen, in den trunkenen Augen der Männer scheint die Verzweiflung auf, die uns alle im Griff hält. In ihrem Gegröle und Gelächter klingt die Angst mit, die wir alle kennen. Ich beneide sie nicht und verurteile sie nicht. Jeder kämpft um sein Überleben.

Ich glaube es nicht. Ich stehe in der Synagoge meiner Kindheit. Auf dem kleinen Balkon weit oben an der Stirnseite sang unser Chor. Simon hat das Gemeindemitglied aufgetrieben, das den Schlüssel zu dem großen Eingangsportal verwahrt. Der Mann wirkt nicht gerade erfreut über die Störung. Er lässt mich nicht auf den Balkon. Zu gefährlich. Der Holzboden ist morsch und könnte durchbrechen. Das geschnitzte Geländer könnte auch nachgeben. Das wäre eine ironische Wendung, wenn ich von dem Balkon, auf dem ich vor 70 Jahren an jedem Sabbat sang, zehn oder noch mehr Meter tief zu Tode stürzen würde. Eine gute Geschichte. Doch ich ziehe es vor, am Leben zu bleiben, und dringe nicht in den Mann. Die Choral-Synagoge wurde im neubarocken Stil 1871 erbaut. In der Stille der riesigen Synagoge hallen unsere Schritte auf dem Steinboden wider. Ich gehe etwas beiseite, damit die anderen nicht sehen, dass ich weine. Ich kann nichts dagegen machen, die Tränen rinnen über mein Gesicht. Die Holztäfelung an den Wänden ist in all den Jahren fast schwarz geworden. Mein Gedächtnis hat mich nicht getäuscht. Der prächtige Thoraschrein aus vergoldetem Holz, die Schnitzereien, der achtarmige Chanukka-Leuchter (natürlich nicht der originale) neben dem Podest für den Thora-Vorleser – das ist meine Kindheit. Durch die hohen Rundbogenfenster aus buntem Glas fällt sanftes Licht. Ich drehe mich um und blicke hinauf zum Balkon der Frauen über dem Eingang. Alle sind da. Meine Mutter mit ihrer besten Freundin, die Mutter Davids, meine Tanten und Cousinen. Es war so ein schönes Judentum, ein aufgeklärtes, ohne den Muff der Orthodoxie, ohne Schläfenlöckchen und lange Bärte. Ich steige die zwei Stufen zum Podest hoch und lasse mich fotografieren, als wäre ich ein Tourist. Dabei ist das der einzige Ort meiner Litauenreise, an dem ich ein Gefühl von Vertrautheit empfinde. Jeden Sabbat war ich hier. Nach dem Gottesdienst rannte ich mit den anderen Kindern lachend und lärmend über den Hof vor der Synagoge, bis es Zeit war, nach Hause zu gehen. Jetzt wünschte ich, dass meine Enkelin Dana, zu der ich eine tiefe Verbindung habe, bei mir wäre, und ich ihr die Synagoge zeigen könnte. Es war ein schönes Leben. Seine Zerbrechlichkeit konnte ich in jenen Tagen nicht einmal erahnen. Es war und wird nie mehr sein.

17. November 1942. Auf dem Heimweg, es ist schon fast Mitternacht, gehe ich am Gefängnis vorbei, einem geduckten Haus auf halber Höhe der Krisciukaicio. Hinter den vergitterten, schmalen Fenstern sitzen zwei aus Polen stammende Männer, die morgen einen Mann namens Nahum Meck hängen werden. Sie sitzen wegen Diebstahls im Ghetto und haben sich bereit erklärt, für ihre vorzeitige Entlassung die Henker zu spielen. Ein besonderer Spaß der SS: Juden hängen einen Juden auf. Ich kenne Meck nicht, aber alle sprechen über ihn. Die Gestapo hat bei dem jungen Mann eine Pistole gefunden. Er hat auch Schmuck und Diamanten versteckt, das Eigentum seiner Eltern, die in Kaunas einen Juwelier- und Uhrenladen besaßen. Am 18. November müssen alle, die nicht zur Arbeit außerhalb des Ghettos sind, der Hinrichtung zusehen. Auch Gestapo, Polizei und Litauer sind gekommen. Der Galgen, den die Ghettopolizei errichten musste, steht gegenüber dem Gebäude des Ältestenrats. Es ist Mittag. Ich friere und schaue auf den Boden. Ich will das nicht sehen, und als ich den Blick hebe, ist es schon vorbei. Wie schnell ein Leben ausgelöscht ist, für dessen Erhaltung jahrelange Mühe und Liebe notwendig sind. Mein Kopf

ist leer. Augenzeugen, die nahe bei Meck standen, berichteten, dass er vor seinem Tod seinen Henkern vergab, weil sie dazu gezwungen wurden. Das wird stimmen. Ich höre keinen Befehl, keine Stimmen, überhaupt kein Geräusch. Seine Mutter und Schwester stehen in der Menge. Der Tote baumelt in Anzug und mit einer Krawatte um den Hals am Strick. Mein Blick schweift über die Dächer in den grauen Himmel. 24 Stunden lang muss Mecks Leiche hängen. So will es die SS. Am nächsten Tag werden die Mörder seine Mutter und Schwester zum Fort XI bringen und erschießen. Plötzlich bemerke ich David, ich will mich schon durch die Menge zu ihm drängen, als ich sehe, dass er den Kopf leicht schüttelt. Ich verstehe. Wir dürfen kein Aufsehen erregen. Ich gehe mit den anderen vom Platz, und dann, als ich außer Sicht bin, beginne ich zu laufen, renne so schnell ich kann nach Hause. Aber ich habe kein Zuhause mehr. In meinen Träumen laufe ich heute noch, meine Füße in den abgetragenen Schnürschuhen fliegen auf und nieder, meine Brust presst stoßweise Luft heraus. Ich renne über einen weiten, verlassenen Platz, eine ungeheuer große Fläche aus Sand und Grasbüscheln. Er ähnelt dem Demokratu-Platz im Ghetto. Ich laufe, aber so sehr ich mich auch anstrenge, ich kann die andere Seite nicht erreichen, nie werde ich dort drüben ankommen.

*Läufer der Untergrundbewegung*

Heute fahren wir zum IX. Fort, das ein paar Kilometer entfernt vor den Toren der Stadt auf einer Anhöhe liegt. Im 19. Jahrhundert ließ der russische Zar Nikolaus I. gegen die Deutschen einen Ring von Festungsanlagen um Kaunas anlegen. Es war ein weiter Weg für die Deportierten aus dem Deutschen Reich. Vom Bahnhof mussten sie nach tagelanger Zugfahrt zu Fuß gehen, durch die Paneriustraße, die bis zum 4. Oktober das kleine Ghetto vom großen getrennt hatte. Ich sehe sie noch heute. Im November 1941 sind Tausende erschöpfter, frierender Menschen auf dem Weg in den Tod. Das wissen sie aber nicht. Die Männer tragen gute Anzüge, die Frauen Kostüme und Hüte. Sie haben ihre Kinder dabei und tragen Koffer und Taschen. Einige rufen uns zu, dass sie aus München kommen. Wir rufen über den Stacheldrahtzaun zurück und warnen sie. Vor der Deportation wurde ihnen erklärt, sie würden in das Ghetto Kaunas umgesiedelt und müssten arbeiten. Sie sind verunsichert, aber sie glauben uns nicht. Einer in der Kolonne schreit ärgerlich: «Was ihr Ostjuden doch für dummes Zeug erzählt!» Diese assimilierten deutschen Juden, Kaufleute, Beamte, Rechtsanwälte und ihre Familien können sich nicht vorstellen, was auch wir noch vor einem halben Jahr nicht glauben wollten. Zwei oder drei Tage später, nachdem sie in Festungszellen schmachteten, erschießen SS und Litauer sie am frühen Morgen des 25. November. Der Jäger-Bericht vom 1. Dezember 1941 führt das Massaker auf: «25. 11. 41 Kauen-F. IX- 1159 Juden, 1600 Jüdinnen, 175 Judenkinder (gesamt) 2934 (Umsiedler aus Berlin, München u. Frankfurt a. M.)» Aus München stammten 999 Opfer. Die bayerische Landeshauptstadt hat ihnen eine Gedenktafel gewidmet, die im November 2000 auf dem großen Platz vor der Festung angebracht wurde. Ich lese: «In Trauer und Scham – und entsetzt über das Schweigen der Mitwissenden – gedenkt die Landeshauptstadt München der 1000 jüdischen Männer und Frauen, die am 20. November 1941 von München nach Kowno deportiert und fünf Tage später an diesem Ort brutal ermordet wurden.» Die Behörden in der «Hauptstadt der Bewegung» hatten akkurat aufgelistet, was die Opfer auf ihren Transport nach Osten alles mitzunehmen haben. Bettwäsche und Staubtücher zum Beispiel. Insgesamt wurden ungefähr 5000 Menschen nach Kaunas deportiert und im IX. Fort ermordet. Die anderen kamen aus Berlin, Frankfurt am Main, Wien und Breslau. Sie alle gingen die heute asphaltierte Straße entlang, durch die sanft gewellte Landschaft, vorbei an grünen Wiesen und Bäumen, hinauf zu der Festung. Niemand ahnte auch nur, an welchen Ort sie gebracht wurden.

Viele Besucher sind nicht da. Vor der Festung, die restauriert wurde, parkt nur ein Auto, ein Mercedes mit litauischem Kennzeichen. Die riesige Skulptur, die über dem großen Vorplatz mit gelben und roten Blumenrabatten und Gedenksteinen düster aufragt, stammt aus der Sowjetära. Der Bildhauer A. Ambraziunas hat sie geschaffen. 32 Meter hoch und dreimal so breit ist die Skulptur, zwei sich zuneigende schiefe wuchtige Blöcke, zerrissen und geborsten wie nach einem Bombenangriff. Aus dem Metall wachsen Gesichter, Arme und Hände. Das Denkmal steht am Rande des Massengrabes von ungefähr 30 000 Juden. Es ist still. Nur das Zwitschern der Vögel ist zu hören. Die Gräben, in die die Menschen mit Maschinengewehren geschossen wurden, sind

104

abgezäunt. Im Innenhof der Festung hat sich ein Künstler mit einem etwas kitschig wirkenden Wandgemälde des Tatorts versucht. In den Zellen stehen noch Bettgestelle aus Metall und Holz, verwitterte Schuhe der Opfer und unzählige Fotos und Dokumente hinter Glas an den Wänden. In einem düsteren Raum mit Gitterstäben im Fenster finde ich die Liste der deportierten Münchner Juden mit ihren Adressen. Bilder von Ghettobewohnern, jüdischen Partisanen, von denen ich einige wiedererkenne – ein drahtiger, nicht mehr so junger Mann kauert mit dem Gewehr im Anschlag hinter einem umgestürzten Baumstamm. Er kam immer wieder in unser Haus in der Krisciukaicio, schlief sich aus und schlich sich dann wieder in die Wälder, um gegen die Deutschen zu kämpfen. Auf einem Foto erkenne ich Uri Chanoch, meinen Freund, seinen Bruder Dani und ihre hübsche Mutter, die im Konzentrationslager Stutthof ermordet wurde. Im Ghetto hatte ich mit Uri nur wenig Kontakt, wir freundeten uns erst 1944 in einem Außenlager des Konzentrationslagers Dachau an.

Ein Zellenraum, oder sind es mehrere, ist unweigerlich dem litauischen Mythos gewidmet: der kommunistischen Verfolgung und Unterdrückung nach 1945. Ich möchte nicht falsch verstanden werden. Auch diesen Opfern gebührt für ihr Leid Respekt, auch an sie muss erinnert werden. Aber das Sammelsurium in diesem Museum, das den Genozid an den Juden mit den Verbrechen des Moskauer Regimes gleichstellt, geht mir langsam auf die Nerven. Simon zeigt auf die Urkunden an der Wand eines Raumes, als wolle er sagen, dass doch nicht alle Mörder waren. 824 Litauer wurden von Yad Vashem als Gerechte unter den Völkern ausgezeichnet, weil sie den Verfolgten halfen. 824 unter einem Volk von 2,7 Millionen Menschen. Das sei doch beschämend für die Litauer, sage ich zu Simon. Er widerspricht, sagt, dennoch habe es diese 824 gegeben. Ich lache ihn aus. Aber mir ist nicht nach einem Streit zumute. Ich verstehe ihn ja. Er ist Jude und Litauer. Wie soll er hier leben, wenn er sein Land als eine einzige Mordgrube begreift. Vor dem Eingang zur Festung blendet mich gleißendes Licht. Die Sonne brennt herab. Von hier aus reicht der Blick weit über eine idyllische Landschaft. Eine Lüge, denke ich. Könnten diese Mauern sprechen, man würde ihre Schreie bis nach New York hören. Warum fällt mir jetzt New York ein? Wie müssen diese Menschen in ihren letzten Stunden gelitten haben, was haben sie gedacht, als sie zu den Gruben getrieben wurden und erkannten, dass es keinen Ausweg mehr gibt. Wie muss das für die Mütter und ihre Kinder gewesen sein – Mördern ausgeliefert zu sein, die absolut kein Mitgefühl empfanden. Was dachte mein Großvater Leibbe, bevor ihn die Kugeln des Erschießungskommandos trafen. Hoffentlich war er auf der Stelle tot. Manche wurden verletzt und lebendig unter den Körpern der anderen begraben.

Wer, der nicht selbst dort war, die Ghettos und Lager erlebte, kann das verstehen? Die Erniedrigung und die Angst. Die Angst lässt dich noch im Schlaf zittern, sie begleitet dich jede Minute des Tages, in allen Gedanken ist sie gegenwärtig. Jederzeit kann eine Ghettowache die Tür eintreten und Berale holen. Jederzeit kann einer meine Mutter oder meinen Vater bei der Rückkehr von der Arbeit am Tor herausholen und erschießen. Unsere Gespräche kreisen um die zwei Themen: Wie schaffen wir es, dass wir nicht auseinandergerissen werden? Wo und wie bekommen wir Essen, um zu überleben? Mein Vater breitet seine Schätze auf dem Tisch aus. Kartoffel, Brot, ein Stück Speck und ein Häufchen Zucker hat er aus dem Militärhospital geschmuggelt. Die Sonne taucht die elenden Hütten und trostlosen Straßen im Ghetto in helles Licht. Heute ist Sonntag und Purim, das Fest zum Gedenken an die Errettung des jüdischen Volkes in der Diaspora. Im 5. Jahrhundert vor Christus will Haman am persischen

Königshof alle Juden töten lassen, doch Esther, die schöne Adoptivtochter des Juden Mordechai in Diensten des Königs Ahasveros, durchkreuzt dessen Pläne. Am Abend gehen wir mit Berale zur Feier, auf der die Kinder die Legende nachspielen, tanzen und singen. Alle sind verkleidet. Mutter hat Berale aus Papier eine Krone gebastelt, er trägt einen Umhang und kann wohl für einen Moment zumindest das Ghetto vergessen. Mich macht das Fest, das jährlich den Glauben an das Überleben des jüdischen Volkes erneuert, nur traurig. Auf den Feiertag im März 1943 fällt mein 15. Geburtstag – es ist unerheblich für mich, weil die Zeit stehengeblieben ist. Im Ghetto ist jeder Tag nur eine Wiederholung des gestrigen.

Ich fühle mich wichtig – und das bin ich auch. Nach langer Zeit erhebt sich mein Selbstbewusstsein wieder. Die Ghettopolizei hat mich als Läufer aufgenommen. Es gibt ja keine Telefone. Deshalb beschäftigt die jüdische Polizei, sie trägt natürlich keine Waffen, mehrere Jungs in meinem Alter. Wir stehen bei den fünf Ghettotoren und vor wichtigen Gebäuden wie dem deutschen Arbeitsamt oder der deutschen Ghettowache. Die Läufer warten in einem Abstand von einhundert Metern. So übermitteln wir auf schnellstem Weg Nachrichten an die drei Reviere, die über das Ghetto verteilt sind.

Die Polizisten unter der Leitung von Moshe Levin gehören zur Untergrundbewegung. Sie sind immer am besten informiert, erfahren etwa, wann eine Selektion bevorsteht und wer auf den Listen steht, oder welche Ghettobewohner nach Alter oder Geschlecht aussortiert und zur Ermordung oder auch tatsächlich zur Zwangsarbeit zu anderen Orten des Baltikums deportiert werden soll. Da bleibt es nicht aus, dass auch die Läufer hier und da etwas aufschnappen oder einen Blick auf Listen und Papiere werfen können. Auf diese Weise kann ich einmal die Familie meines Freundes David recht-

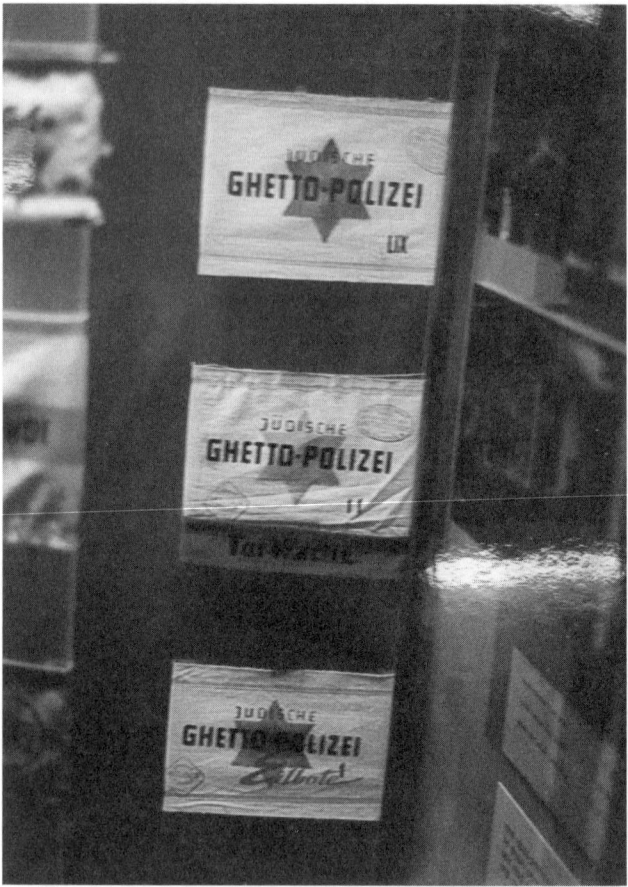

*Armbinden der jüdischen Ghettopolizei, für die ich als Läufer arbeitete*

zeitig warnen. Sie können sich vor einer Selektion in Sicherheit bringen. Ich rette noch einer weiteren Familie, an ihren Namen kann ich mich nicht mehr erinnern, das Leben. Die Vertrauenswürdigen unter uns arbeiten auch für den Untergrund. Wir dürfen uns überall – innerhalb des Stacheldrahts – frei bewegen und können alles gut beobachten. Es macht mir Spaß, ja tatsächlich empfinde ich seit langem wieder etwas wie Lebensfreude und erwache aus meiner Erstarrung. Die weiße Armbinde trage ich als Auszeichnung wie einstmals den roten Schal in einem anderen Leben. Ich weiß, Chaim wäre stolz auf mich. David ist auch beeindruckt, aber nicht lange, weil er selbst bald mit von der Partie ist. Als mein Vater meine Hochstimmung bemerkt, verzieht er den Mund zu einem Lächeln, das ich schon seit vielen Monaten nicht mehr auf seinem Gesicht gesehen habe. Aber ich bleibe unserem ersten Überlebensprinzip treu: Wann immer ich zum Schutz von Berale gebraucht werde, bleibe ich ohne zu zögern zuhause. Mein Vater ist schon lange Zeit in der kommunistischen Untergrundbewegung. Sie schicken auf geheimen Wegen die Männer in die Wälder um Kaunas, 300 bis 400 sind es, die als Partisanen gegen die Deutschen kämpfen. Viele schaffen es nicht, werden abgefangen und in Fort IX erschossen. Meinen Vater wollen sie auch in den Rudniki Wald schicken. Aber er erklärt ihnen, dass er nur gehe, wenn sie im Ghetto für die Sicherheit seiner Familie sorgten – doch das kann ihm niemand versprechen. In den kleinen Häusern am Rand des Ghettos, in einem wohnen wir, kommen und gehen die jüdischen Partisanen aus den umliegenden Wäldern. Sie schlafen ein, zwei Nächte und schleichen sich wieder zurück in einen aussichtslosen Kampf. Ich würde nicht zögern, gäbe es nicht Berale. Meine Eltern würden es jedoch nicht zulassen, dass ich mich den Partisanen anschließe.

Die Umwandlung des Ghettos in ein Konzentrationslager am 15. September 1943, das nun allein der SS untersteht, bekommen wir sofort zu spüren. Im Sommer lebten ungefähr noch 10 000 Bewohner des Ghettos. Das Morden geht weiter. Im Oktober holen SS und ihre Helfer etwa 2800 Juden aus dem Ghetto. Sie werden zu Arbeitslagern in Estland gebracht. Vor allem aber wird jetzt die Jagd nach Kindern und

Alten, unnützen Essern im Jargon der Herrenmenschen, wieder aufgenommen. Unsere Sorge konzentriert sich wieder ganz auf das Überleben Berales, meines tapferen kleinen Bruders, der inzwischen fünf Jahre alt ist und mich tagaus, tagein mit Fragen überhäuft. Man muss sich das vorstellen: Dieses Kind kennt die Welt nur als Ghetto. Er versteht alles, auch die Gefahr, der er ständig ausgesetzt ist. Eines Tages, er schaut wie so oft lange zum Fenster hinaus, beobachtet er einen Litauer, der mit seinem Gewehr am Zaun patrouilliert. Er dreht sich zu mir um und sagt ganz ernst: «Abke, wenn ich einmal groß bin, dann nehme ich ihm das Gewehr weg. Ich erschieße ihn, und dann sind wir frei.» Wir sind wieder, zum dritten und letzten Mal, umgezogen, zurück in das erste Haus an der Ghettogrenze nahe dem Demokratu-Platz. In dem Zimmer steht der grüne Kachelofen, in den Berale schon ohne unsere Aufforderung kriecht, wenn Deutsche oder Litauer das Ghetto durchkämmen. In dem winzigen Hohlraum harrt er mit angezogenen Beinen lautlos aus, wenn es sein muss, zwei, drei Stunden lang. Er beschwert sich nie. Hunger, Angst und Gefahr erträgt er ohne Geschrei oder Tränen. Meine Eltern und ich besprechen wieder und wieder, ob wir Berale nicht aus dem Ghetto schmuggeln und bei einer litauischen Familie verstecken sollen. Es gibt diese Fälle, wenige zwar, aber für die Kinder ist das oft der einzige Ausweg. Wenn sie nicht, was auch geschieht, am anderen Tag von den Pflegeeltern zur Gestapo gebracht werden. Wir lassen den Plan fallen, da wir keine Litauer kennen, denen wir vertrauen könnten. Und vor allem: Wir müssen zusammenbleiben. Ich würde nach Chaims Tod das Ghetto ohne Berale nicht ertragen. In manchen Momenten überwältigt mich meine Zärtlichkeit, meine ich, an meiner Liebe für ihn zu ersticken. Und erst meine Eltern. Sie müssen es nicht aussprechen, ich weiß es. Sie riskieren ihr Leben, um für uns hin und wieder ein Ei zu stehlen oder im Schwarzhandel mit Litauern einzutauschen. Ohne ihn und mich würde ihr Überlebenswille brechen.

Es ist ein täglicher Kampf um die Kinder, auf die es die Mörder besonders abgesehen haben. Die Erwachsenen sind, solange man ihre Arbeitskraft ausbeuten kann, relativ sicher. Viele Mädchen und Jungen sind schon geholt und getötet worden. Aber in den fast drei Jahren, seitdem sie uns nach Slobodka trieben, ist es Eltern gelungen, eine große Zahl Kinder zu schützen und am Leben zu erhalten. Dann kommt der Frühling 1944 – und mit ihm Lastwagen der SS. Am frühen Morgen des 27. März höre ich das Motorengeräusch. Wie die meisten Erwachsenen ist Mutter noch nicht von der Nachtschicht zurückgekehrt, Vater bereits auf dem Weg zur Zwangsarbeit außerhalb des Ghettos. Auf diesen Moment haben die Deutschen gewartet. Noch bevor die Lautsprecher zu plärren beginnen und eine Stimme bei Todesstrafe verbietet, die Häuser zu verlassen, weiß ich, was los ist. Jede Sekunde zählt. Der Kachelofen kommt in diesem Fall nicht in Frage. Diesmal, denke ich, würden sie ihn zu genau untersuchen. Außerdem würden sie vielleicht auch mich mitnehmen. Allein kann ich Berale auf keinen Fall im Kachelofen lassen. Ich stecke ihn in eine warme Jacke, zerre Schuhe über seine Füße. Ich tue ihm weh, aber er verzieht keine Miene. Dann schleichen wir uns zum Nachbarhaus. Auf dem Grundstück ist der geheime Zugang zu einer Maline. Viele dieser unterirdischen Verstecke sind im Ghetto gegraben worden. Als Läufer habe ich geholfen, etliche dieser Gruben auszuheben. Manche Verstecke können 25, 30 Menschen aufnehmen, andere bieten gerade mal Platz für zwei oder drei Menschen, wenn sie sich zusammenkauern. In den Holzhäuschen der Toiletten, in Schuppen verbergen sich die Eingänge. Andere flüchten auf Dachböden, verschwinden durch Schränke in geheime Kammern hinter den Mauern. Ich habe keine Zeit mehr, etwas zum Essen und Trinken mitzunehmen. Aber das ist jetzt nicht wichtig. Von den Straßen dringt der Lärm der Schreie und Kommandos in unser Versteck. Berale schmiegt sich an mich. Mir ist furchtbar heiß, die Luft hier unten ist schnell verbraucht. Wenn sie Hunde dabei haben, dann sind wir so gut wie tot. Sie haben Hunde, ich höre ihr Bellen. Ich glaube, Musik zu hören. Aber das kann nicht sein. Ich werde meine Eltern nie mehr sehen. Irgendwann bemerke ich, dass es ganz still um uns herum geworden ist. Aber wir bleiben noch. Ein, zwei Stunden, dann halte ich es nicht mehr aus.

Der «Kinderaktion» fielen 1000 Kleinkinder, schon größere Kinder und 300 ältere Menschen zum Opfer. Die Mädchen und Jungen wurden aus den Häusern gezerrt und auf die Lastwagen geworfen. Sie wurden in Majdanek und Auschwitz ermordet. In meinem Versteck bekam ich die erschütternden Szenen nicht mit, über die die Menschen noch tagelang sprachen. Die SS spielte laute Musik, deutsche Kinderlieder sollen es gewesen sein, um die Schreie der Kinder und Erwachsenen, die im Ghetto geblieben waren, zu übertönen. Sie schossen oder prügelten Frauen nieder, die die Kinder an sich pressten und retten wollten. Wie Säcke warfen die Ukrainer, die der SS halfen, die Kleinsten auf die Lastwagen. Am Abend, als die Eltern von der Arbeit zurückkehren, erfüllt die Straßen und Häuser ein Wehklagen und Weinen. Mütter und Väter rennen wie verrückt durch die Gassen und rufen die Namen ihrer verschwundenen Kinder. Schwer atmend und mit irrem Blick stürzt mein Vater ins Zimmer. Er hörte schon am Tor, was geschehen war. Er erdrückt uns fast in seiner Umarmung, bis meine Mutter ihn sanft von uns wegzieht. Die Schreie der verzweifelten Eltern hören nicht auf. Ich war schon am Nachmittag zu David gelaufen. Er hat überlebt. In dieser Nacht findet niemand Ruhe im Ghetto. Meine Erinnerung an den folgenden Tag ist ausgelöscht. Die Ukrainer und SS-Männer kommen, womit niemand rechnet,

morgens um 7 Uhr zurück. Sie nehmen die am Vortag ge-
retteten Kinder mit. Doch wieder entkommen einige. Später
erzählt uns mein Vater vom Schicksal der jüdischen Ghettopolizei. Am Morgen des 27. März bringt die SS die ungefähr
130 Männer der Polizeitruppe ins Fort IX. Sie werden gefoltert, damit sie die Lage der Verstecke im Ghetto preisgeben.
Aber sie verraten nichts. 36 Polizisten werden erschossen.
Unter den Toten ist auch der Polizeichef Moshe Levin. Tanchum Aronshtam, der Retter meines Vaters bei der «Großen
Aktion» am 28. Oktober, überlebt und wird uns noch einmal helfen. Ein jüdischer Polizist arbeitet für die Gestapo. Er
sucht die Verstecke von Kindern und verrät sie oder liefert
die Kinder selbst aus. Kurze Zeit nach der «Kinderaktion»
muss er Wind von Berale bekommen haben. Er kommt in
unser Zimmer und verhaftet, da er Berale nicht findet, mich.
Er zerrt mich zum Gefängnis und sperrt mich in eine Zelle
ein. Eine ganze Nacht muss ich in dem Loch bleiben. Am
nächsten Tag will er mich der Gestapo übergeben. Ich erinnere mich nicht mehr, was in jener Nacht, der voraussichtlich
letzten in meinem Leben, genau in mir vorging. Aber wahrscheinlich schlotterte ich vor Angst. Vor allem aber erschrecke
ich furchtbar, als am Morgen die Tür zum Zellentrakt aufge-
schlossen wird. Der Polizist führt meinen Vater herein und
stößt ihn in eine andere Zelle. Vom sicheren Tod trennen
uns wahrscheinlich nur ein paar Stunden. Doch plötzlich ist
Aronshtam da. Meine Mutter hatte ihn informiert. Er brüllt
den Verräter an, bedroht ihn und schließt die Zellen auf. Wir
laufen davon. Aronshtam kam wahrscheinlich aus Memel
nach Kaunas. Jedenfalls sprach er das Jiddische mit einem
anderen Akzent als wir. Einmal, als er erkrankt war, ließ
er nach mir rufen. Er war ein Mann mit mehreren Talenten
und hatte ein Ghettolied komponiert. Er lag im Bett und bat
mich, ihm das Lied vorzusingen. Das tat ich gerne für unseren
Freund. Nach der Befreiung verurteilten ihn die Sowjets,

warum auch immer, zu 25 Jahren Zwangsarbeit in einem Gulag. Gerechtigkeit ist diesem tapferen Mann also nicht widerfahren. Doch soll er über Parteikontakte seines Sohnes, der in Memel lebte, viele Jahre früher entlassen worden sein. Der Gestapo-Zulieferer ging mit auf den Transport über Stutthof nach Kaufering I. Dort haben ihn einige Männer aus dem Ghetto erschlagen.

In dem Garten hinter seinem Haus in der Vulkuj Straße zieht Abraham G. faustdicke Tomaten und blutrote Paprikaschoten. Die will der 72-Jährige uns noch unbedingt zeigen, bevor wir ihn verlassen. Blumen- und Gemüsebeete, zwei niedrige Gewächshäuser und ein Apfelbaum, dessen Zweige sich unter der Last der Früchte biegen – so sieht das kleine Paradies eines Mannes aus, der sein halbes Leben unter Wasser verbracht hat. Abraham G. war, wie er Simon Davidovitch und mir erzählt, Major eines Atom-U-Boots der sowjetischen Kriegsmarine. Seine militärische Karriere wurde durch einen Unfall beendet. Er fiel von der Kommandobrücke mehr als 38 Meter tief in den Atlantik. Seitdem kann er seinen Oberkörper nicht mehr aufrichten. Seine Wirbelsäule war angebrochen. Der blühende Garten ist für Abraham G. in einer anderen Hinsicht jedoch noch bemerkenswerter. Das Haus seiner Familie stand schon im ehemaligen Ghetto. Abraham hat als Baby überlebt.

Als die Deutschen im Juli 1944 vor der anrückenden Roten Armee flohen, zündeten sie das Ghetto an. Fast 2000 Menschen verbrannten in ihren Verstecken oder wurden von den Flammen herausgetrieben und auf den Straßen niedergemacht. Ein paar Häuser wurden aus ihren Ruinen wieder aufgebaut, erzählt Simon Davidovitch, der mich unbedingt mit Abraham G. zusammenbringen wollte. In dem Schuppen hinter dem Haus hatte seine Familie 200 Thora-Rollen versteckt. Eine Rolle ist im Katalog zur Ausstellung «Hidden History of the Kovno Ghetto» (1999) des Holo-

*Im ehemaligen Ghetto von Kaunas*

caust-Museums in Washington abgebildet. G. tippt mit dem
Zeigefinger auf das Bild: «Der dunkle Fleck da stammt vom
Blut meines Onkels». Er wurde schon im Juni 1941 getötet,
bei einem der Pogrome, die sofort nach dem Einmarsch der
deutschen Wehrmacht und unter deren Augen von Litauern
verübt wurden. Abraham G. war noch kein Jahr alt, als der
Mob auch in Vilijampole zuschlug, Synagogen plünderte und
Juden tötete. Seine Eltern hatten Abraham zu Bauern außerhalb von Kaunas gebracht. Mit sieben, erzählt er, hütete er
die Kühe auf der Weide, begann zu rauchen und Wodka zu
trinken. Irgendwann holten ihn die Überlebenden seiner
Familie zurück nach Kaunas. Nach dem Armeedienst ging er
zur Marine. An Kuba erinnert er sich gerne. Kubanische
Frauen?, fragt Simon Davidovitch nach. Der alte Mann mit
dem sorgfältig gestutzten Bart lacht und hebt die rechte Hand
in einer abwehrenden Geste. Zum Abschied schenkt er uns
Äpfel aus seinem Garten. Sie schmecken süß und saftig. Warum ist er hiergeblieben? Natürlich, der Garten, das Haus

115

sind sein Eigentum, seine Geschichte, seine Heimat. Ich kann es dennoch nicht verstehen.

Am 19. Juli 1944, einem Montag, fahren Lastwagen in das Ghetto. SS-Männer mit Schäferhunden umstellen das Haus. Berale kommt in den Kachelofen, dann rennen mein Vater und ich zu unserem Versteck. Wir fürchten, dass sie wieder Männer holen, um sie zur Zwangsarbeit zu verschleppen. Aber nach einer halben Stunde schon hören wir Mutter rufen: «Kommt raus, das ganze Lager wird evakuiert. Wir müssen alle weg.» Zum Nachdenken bleibt keine Zeit, wir packen rasch das Nötigste, vor allem Essen, zusammen. Ich trage drei Schichten Kleidung auf dem Körper. Eine Tortur in der Sommerhitze. Wohin werden sie uns bringen? Die SS hatte die Auflösung des Ghettos schon Tage vorher angekündigt. Wir wussten und ahnten schon seit Wochen, dass Veränderungen in der Luft lagen. Die Rote Armee rückte unaufhaltsam näher. Das Ghetto in Vilnius wurde schon im September 1943 liquidiert. Seit Herbst versuchte die SS die Spuren der Massenmorde im IX. Fort zu verwischen. Arbeitskommandos aus dem Ghetto mussten die Leichen ausgraben und verbrennen. Danach wurden sie selbst ermordet. Um Weihnachten herum gelang jedoch einigen Männern die Flucht aus der Festung. Sie berichteten dem Ältestenrat, dass Zigtausende Tote in Massengräbern am Fort IX begraben liegen. Es waren ungefähr 45 000 Opfer. Das erklärte auch den ekelhaften Geruch verbrannten Fleisches, den der Wind tagelang vom Fort in die Ghettostraßen getragen hatte. Die letzten Überlebenden des Ghettos sollen zum Arbeitseinsatz nach Danzig im Westen gebracht werden, heißt es. Ich glaube den Mördern kein Wort. Ein Teil wird zum Bahnhof getrieben, steigt in Viehwaggons auf die Reise ins Deutsche Reich. Die anderen, darunter meine Eltern, Berale und ich, werden in offenen Frachtbooten über die Memel weggebracht. Die SS brennt das Ghetto nieder. Nur eine Handvoll der Zurückgebliebenen überlebt und wird am 1. August 1944 von Soldaten der Roten Armee befreit.

In dem großen Gebäude an der Ecke Laisves aleja und Vytauto Prospektas residiert heute die Kriminalpolizei. An der Fassade wurde eine Gedenktafel angebracht, die an die sowjetische Okkupation und an ihre Opfer in den Jahren 1940 bis 1941 sowie 1944 bis 1991 erinnert. Kein Wort über den Massenmord an den Juden, kein Wort darüber, dass in diesem Haus SS-Standartenführer Karl Jäger, Kommandeur der Sicherheitspolizei und des SD, von 1941 bis 1943 seinen Sitz hatte. So sieht die Vergangenheitsbewältigung in Litauen aus, das seit September 1991 eine unabhängige Republik und seit 2004 Mitglied der Europäischen Union und der Nato ist. Als der litauische Staatspräsident Algirdas Brazauskas sich im März 1995 vor dem israelischen Parlament für die Verbrechen seiner Landsleute an den Juden entschuldigte, schlug ihm in seinem Land eine Welle der Empörung entgegen. Die Litauer sind Antisemiten geblieben. Der Jugend vermitteln sie ein verzerrtes Geschichtsbild, das ihre Großeltern und Urgroßeltern als Opfer der Sowjets darstellt und den Massenmord an den Juden ausklammert. Die Nation färbt ihre Geschichte schön, betont die Leiden und Kämpfe unter der sowjetischen Besatzung und gibt die Schuld für alles Unglück anderen – nach wie vor auch den Juden. Das sage nicht ich, sondern sagte 2004 Liudas Truska, ein litauischer Historiker und Mitglied der «Internationalen Kommission zur Erforschung der nationalsozialistischen und sowjetischen Verbrechen in Litauen beim Präsidenten der Republik Litauen». Ich will nicht ungerecht sein: Brazauskas Nachfolger, Valdas Adamkus, hat diese Arbeitsgruppe im Jahr 1998 ins Leben gerufen. Simon Davidovitch sagt beschwichtigend: Antisemitismus gebe es in fast jedem europäischen Land. Aber kann das trösten? Wir stehen am Ufer der Memel. Irgendwo dort auf der gegenüberliegenden Seite hinter dem Berghang muss

Aleksotas sein. Der Stadtteil, in dem meine Eltern ihre Hochzeit feierten – in einem anderen Leben, das vollständig ausgelöscht wurde. Aleksotas ist für uns Handvoll Überlebender nur noch der Ort brutaler Zwangsarbeit, eine Stätte des Todes für Juden, an der auch Zigtausende sowjetische Kriegsgefangene ums Leben gebracht wurden. In meinem Rücken ragen die Türme der Kathedrale in den Himmel. Aus dem Schoß der Kirche erwuchs über die Jahrhunderte der Hass auf Juden. 600 Jahre lang hat die jüdische Kultur das Land geprägt, 200 000 Juden lebten im Jahr 1939 in Litauen, jetzt sind es vier- oder fünftausend. An der 400 Jahre alten Universität in Vilnius ist ein Lehrstuhl für jüdische Studien eingerichtet worden. Ich kann darüber nicht einmal lachen. Gebildete Juden sprachen früher russisch, heute sprechen sie litauisch miteinander, in der Sprache ihrer Mörder erzählen sie sich die ewige Geschichte ihres Leids. Ich möchte hier nicht leben, unter Menschen, die alles leugnen. Gestern besuchte ich noch meine ehemalige Grundschule hinter dem Stadtpark. Die Tür war verschlossen. Durch die Glasscheiben sah ich das Treppenhaus. Ich erkannte das Holzgeländer wieder, auf dem ich nach Unterrichtsschluss immer in rasender Fahrt hinabrutschte. Glückliche Tage. Wie hätte ich damals auch nur ahnen können, dass ich fast 80 Jahre später vor der Schultüre stehen werde und mich plötzlich der Gedanke packen wird, dass so gut wie alle Schüler, die durch dieses Treppenhaus tobten, erschossen oder erschlagen wurden. Als die Deutschen kamen, lebten vielleicht 60 000 jüdische Kinder in Litauen – 1945, nach Kriegsende, waren noch 350 oder 400 am Leben. Was haben diese Kinder wie meine Brüder Chaim oder Berale verbrochen, dass sie so grausam ermordet wurden? In Zeitzeugengesprächen werde ich häufig gefragt, ob ich denn an Gott glaubte. Ich will ehrlich sein. Ich beneide jeden, der gläubig ist. Aber wie soll ich an Gott glauben? Wo war er, als ich ihn brauchte, als ihn diese Kinder gebraucht hätten? Wo war er, als mein Freund David, er hatte schon eine Freundin, am Tag nach der Großen Aktion stumm mit tränenüberströmtem Gesicht vor mir saß? Rauca hatte seine Freundin Judit in den Tod geschickt. Gott war nicht da. Ich bereue es, hierhergekommen zu sein. Litauen ist ein Friedhof. Von den 40 000 Juden in Kaunas haben den Holocaust etwa 2000 überlebt, darunter auch diejenigen, denen nach dem Einmarsch der Deutschen die Flucht in die Sowjetunion gelungen war. Ich zähle schon die Stunden bis zum Abflug.

## Auf der Memel

Die Frauen sind brutal. Sie schlagen ohne Grund zu, völlig unberechenbar, jeden Moment kann einen ein Hieb treffen. Ihre Knüppel sausen auf Schultern, Köpfe, Rücken, Hände, die schützend vor das Gesicht erhoben werden. Brillenglas splittert, Nasen brechen, aus zerschlagenen Mündern fließt Blut. Der Lastkahn steuert in der Mitte des breiten, gemächlich dahinströmenden Flusses. Die Sonne brennt herab. Schweiß klebt an meinem Körper, mein Mund ist ausgetrocknet. Der Durst ist noch schlimmer als der Hunger. Aber sie geben uns nichts zu trinken. Warum tun sie uns das an? Eine SS-Frau schlägt mit verzerrtem Mund immer wieder auf einen Mann ein, der am Boden liegt. Sie wird ihn totschlagen. Keiner rührt sich. Die anderen schauen zu, eine mit gelocktem, dunklem Haar grinst breit und entblößt eine Lücke zwischen den Schneidezähnen. Da kommt ein SS-Mann und fällt der Prügelnden in den Arm. Er schreit die Frau an, irgendetwas sagt er noch im Weggehen, und die anderen lachen laut. Worüber lachen sie? Ich verstehe das nicht. Wie können Frauen so unbarmherzig auf Wehrlose einschlagen, sich noch schlimmer als Männer gebärden? Die Frachtkähne treiben langsam an Wäldern und Feldern vorbei. Etwa 1500 von uns, die das Ghetto überlebt haben, sitzen oder liegen dicht aneinandergedrängt im Bauch der Schiffe, die sonst Kohle oder andere Güter transportieren. Meine Mutter hat Berale auf den Schoß genommen, sein blasses Gesicht schmiegt er an ihre Brust, eine Strähne feuchten Haars fällt in seine Augen. Er schläft. Vater hat auch die Augen geschlossen, aber er ist wach. Seine Wangen sind eingefallen. Ich beobachte, wie sein Brustkorb sich mit jedem Atemzug hebt und senkt. Ich möchte schreien, aber bin zu schwach. Die Minuten dehnen sich endlos in der übel riechenden Wolke aus menschlichen Ausdünstungen. Über uns, am Rand der Ladegruben, stehen unsere Wächter. Gegen die blendende Sonne nehme ich unsere Aufseher als Schatten wahr, ihre Gesichter kann ich nicht sehen. Im Schiffsbauch wimmert, stöhnt und flüstert es aus der Masse verschmolzener Leiber. Dann sehe ich die Sonne untergehen hinter dem Rand der Ladegrube. Mein Vater rutscht auf dem Hintern zu mir herüber und reicht mir wortlos ein Stück Brot. Meine Zunge klebt am Gaumen. Ich kann das trockene, harte Brot kaum kauen. In der Nacht steht unbeweglich die weißglänzende Scheibe des Mondes über unserer schwimmenden Grube. Schließlich überkommt mich erlösender Schlaf.

Gestern sind wir an Heydekrug vorbeigekommen. Oder war es vorgestern. Wir wissen, dass wir nach Danzig unterwegs sind. Von der Flussfahrt, die acht Tage gedauert haben soll, ist mir nur wenig mehr als die Schläge der unbarmherzigen Frauen im Gedächtnis geblieben. Nach drei Jahren Ghetto, nach ständiger Angst und tagtäglichem Hunger, fuhren wir einer ungewissen Zukunft entgegen. Nur ein paar Wochen noch hätten wir gebraucht, dann, am 1. August, nahmen Einheiten der Roten Armee Kaunas ein. Wir blieben Gefangene und waren auf dem Weg in die Heimat der Mörder – in einen Terror, den nicht einmal wir uns in seinem ganzen Schrecken vorstellen konnten. Nach Chaims Tod hatten wir drei Jahre lang nur darum gekämpft, nicht wie so viele andere Familien auseinandergerissen zu werden. Immerhin hatten wir es geschafft. Doch das Schlimmste sollte erst noch kommen.

Aber das wissen weder meine Eltern noch ich auf unserer Schiffsreise über die Memel zur Ostsee. Die Türme der Stadt Memel gleiten in mein Blickfeld, rote Dächer über altehrwürdige Kaufmannshäuser tauchen auf. Die Frachtkähne legen am Ufer an, Männer werfen Taue, binden sie um die eisernen Boller. Menschen stehen am Kai und beobachten die sonderbare Gesellschaft von Verlorenen. Gleich wird etwas geschehen, und ich achte nur darauf, dass ich nicht von meinen Eltern und Berale getrennt werde. Im Bauch des Bootes kleben die Menschen wie unter einer Glocke aus dem Geruch von Schweiß, Exkrementen und Verzweiflung zusammen. Es dauert, bis ich verstehe, und auch dann zögere ich noch. Die SS erlaubt uns, ein Bad zu nehmen. Als mein Vater aber sein Hemd auszieht, mache ich es ihm nach, und wir springen ins Wasser. Ich tauche ein, trinke und schwimme. Es ist wunderbar. Das Wasser wiegt mich mit kühlen und weichen Händen. Ich liege auf dem Rücken, schaue hinauf zu den vorüberziehenden weißen Wolken. Plötzlich überfällt mich ein Grauen - etwas an diesem Badevergnügen stimmt nicht. Dann wird mir schlagartig klar, was es ist: Kein Lachen ertönt, keine Rufe, keine Worte. Lautlos schwimmen die Menschen, vorsichtig, und heben immer wieder ängstlich ihren Kopf hoch zu den Männern und Frauen der SS, die unter einem blauen Himmel verächtlich auf sie herabschauen. Sehr viel später, ich trug schon die Uniform eines israelischen Soldaten, habe ich sie dafür gehasst. Dafür, dass sie uns, nur weil wir Juden waren, als schwimmendes Ungeziefer ansahen, das man schlagen und zertreten durfte. Ein oder zwei Tage später, in Königsberg, kommt es zu einer rätselhaften Begegnung, auf die ich mir heute noch keinen Reim machen kann. Als wir den Frachtkahn verlassen und uns im Hafen zu einer Marschkolonne formieren, tritt ein hochgewachsener Mann auf mich zu, der den gelben Judenstern an der Brust trägt. Er strahlt eine Gelassenheit aus, die ein Jude in dieser Zeit eigentlich nicht haben kann. Er darf sich offenbar frei bewegen. Als wäre sein Verhalten völlig normal, fragt er mich, woher wir stammten und wohin wir gingen. Ich schaue noch zurück, aber der geheimnisvolle Fremde hat sich schon abgewandt und geht weg. Die Frachtkähne bringen uns nach Danzig. Wir marschieren die ganze Nacht hindurch und erblicken am Morgen die Stacheldrahtzäune und Wachtürme eines Konzentrationslagers.

Ich habe nachgerechnet. Ein paar Monate nach meiner Ankunft in Stutthof wird ein Junge aus Danzig im Herbst 1944 zur 10. SS-Panzer-Division «Frundsberg» eingezogen. Günter Grass ist ein halbes Jahr jünger als ich. 1999 erhielt er den Literaturnobelpreis. Bis 2006 verschweigt der hoch geachtete Schriftsteller seine SS-Vergangenheit. Nun ist das nichts Besonderes. Viele Literaten, Künstler und Politiker versteckten lange Zeit ihre Nazivergangenheit. 2012 lese ich in der «Süddeutschen Zeitung» sein Gedicht: «Was gesagt werden muss», das zu einer heftigen öffentlichen Debatte führt. Wenige Monate später erscheint sein neues Buch, ich habe den Titel vergessen. Die Aufregung um sein Gedicht soll natürlich dessen Absatz ankurbeln. Die Strategie ist nachvollziehbar, schließlich ist der literarische Markt ein hartes Geschäft, und um Grass ist es seit ein paar Jahren doch still geworden. Ich rede auch nicht von der Eitelkeit des Dichters, der in dem Gedichttext vorgibt, als Mahner die Welt aufrütteln zu wollen. Alten Männern, die sich in ihrem Leben gerne hofieren und umschmeicheln ließen, bleibt am Ende nur ihre Eitelkeit. Aber sie wärmt nicht wie die Frauen, die Erfolge, die Siege, die alle schon längst vergangen sind und in der Einsamkeit vor dem nahen Tod ihren Glanz verlieren. Ich habe den Hass auf die Deutschen überwunden, auch auf die Täter unter ihnen, die wenigen, die noch am Leben sind. Deshalb empfinde ich fast Mitleid mit dem Pfauengehabe des Alten. Sein Gedicht, in meinen Augen eher ein Pamphlet, stellt Israel als kriegswütigen Staat dar, der den Weltfrieden gefährdet und in einem Erstschlag das iranische Volk auslöschen will, als eine Atommacht, die außer Kontrolle geraten ist. Einmal abgesehen davon, dass seine geopolitische Analyse an allen Fakten flott vorbeimarschiert, würde ich dem greisen Dichter doch gerne eine Frage stellen. Woher nimmt er eigentlich die Überzeugung, dass er heute bei seinem literarischen Waffengang nicht wie damals als SS-Panzergrenadier im Kampf gegen den «jüdischen Bolschewismus» einem furchtbaren Irrtum aufsitzt? Ein so kluger Kopf wie Grass mag ja als leicht zu verwirrender Jugendlicher an das nationalsozialistische Propagandagespenst geglaubt haben, und, wie er selbst sagte, von der Waffen-SS als Elite begeistert gewesen sein. Doch heute muss er es wirklich besser wissen. Er war doch selbst – indirekt – in den Massenmord verstrickt, den Wehrmacht und SS erst ermöglichten. Aber ein Antisemit ist Grass nicht, sagen viele andere deutsche Intellektuelle. Er übt nur wie seine Fürsprecher Kritik an Israel. Zur Besatzungspolitik im Gaza-Streifen und im Westjordanland gäbe es viel zu sagen, daran ist durchaus auch vieles zu verurteilen. Kein Quadratmeter Boden ist das Leben eines Arabers oder eines Juden wert. Doch wer darüber spricht, sollte nicht das andere verschweigen. Die ständige Vernichtungsdrohung durch arabische Anrainerstaaten und terroristische Angriffe, mit der meine Landsleute seit der Gründung Israels 1948 leben müssen, bekümmert die israelkritischen Deutschen wenig. Dass zum Beispiel die Bewohner Ashkelons und anderer Städte im Süden meines Landes Jahr für Jahr an manchen Tagen Dutzende von Raketenangriffen aus Gaza erleiden – das ist den deutschen Zeitungen lediglich hin und wieder eine kurze Meldung wert. Liegt es daran, dass laut einer Umfrage im Auftrag der Bundesregierung jeder Vierte judenfeindlich eingestellt sein soll? 1998 hatte ein anderer Schriftsteller in breiten Teilen des deutschen Volks eine Begeisterung erfahren, mehr als er mit seinen Büchern jemals auslöste. Martin Walser bezeichnete Auschwitz als «Moralkeule» und wetterte bei der Verleihung des Friedenspreises des Deutschen Buchhandels gegen die «Monumentalisierung der Schande» durch das Berliner Holocaust-Mahnmal. Ist es tatsächlich so, dass die Deutschen den Juden Auschwitz nie verzeihen werden? Brauchen sie ein Israel, das – in ihren Augen – Menschenrechtsverletzungen begeht? Weil sie sich dadurch von der Last ihrer eigenen Geschichte befreit fühlen?

Auf der Deportation von Kaunas nach Stutthof war Palästina kein Thema für uns. Es gab kein Israel, und eben deshalb konnten wir, während die ganze Welt zusah und nichts dagegen unternahm, erniedrigt, gequält und ermordet werden. Die Judenvernichtung war gewissermaßen Normalität. Das ist der Kernpunkt: Stutthof und die tausend anderen Konzentrations- und Vernichtungslager waren legitim – in den Augen der Nationalsozialisten und ihrer Kollaborateure. In den Augen der meisten Deutschen erschien auch die Vertreibung der Juden aus Deutschland als normal. Das ist das Ungeheuerliche daran, was ich in meinen Zeitzeugengesprächen den Jugendlichen deutlich machen will, dass man der Normalität zu jeder Zeit misstrauen muss. Der Massenmord wurde aus der Normalität heraus staatlich geplant und ausgeübt und damit zu etwas Normalen. So wie die Täter ganz normale Deutsche waren. Ich schaue mir eine Fotografie des SS-Standartenführers Karl Jäger aus den dreißiger Jahren an: Längliches Gesicht, abstehende Ohren, Schnauzbart, hohe Stirn, beginnende Glatze. Der Offizier, im Zivilleben ein Musiker und Instrumentenbauer, befehligte den Judenmord in Litauen, zuerst als Leiter des Einsatzkommandos 3, dann als Kommandeur der Sicherheitspolizei und des Sicherheitsdienstes in Kaunas. Das Foto dieses unauffälligen Mannes gibt mir keine Antwort auf die Frage, die mich umtreibt. Wie war das möglich? Wie war dieser Karl Jäger dazu imstande, wie ein Buchhalter die Zahlen der Ermordeten zu bilanzieren und noch damit zu prahlen, Litauen «judenrein» gemacht zu haben? Wieder und wieder schaue ich sein Bild an. Aber es gibt mir keine Antwort. Nur das sagt es mir: Dieser Mann war normal, nichts Auffälliges ist an ihm, schon gar nichts Bestialisches. Er versah seinen Dienst und wollte darin vor den anderen glänzen. Von Schülern werde ich oft gefragt, ob ich die Mörder hasse. Ich hasse sie nicht, damals war ich dafür vielleicht zu jung, ein Kind, das doch nicht hassen kann. Dann, lange Jahre, hasste ich. Der Hass hätte mich zerfressen, wenn ich ihn nicht überwunden hätte. Heute habe ich mit Menschen wie Jäger fast Mitleid, dass sie so tief sinken konnten. Nicht ihren Opfern, denen sie das Recht auf Leben absprachen und deren Würde sie raubten, sich selbst haben die Täter um ihr Menschsein gebracht.

Wir sind in dem Land angekommen, aus dem Juden nach Litauen geflüchtet waren und aus dem wir die ersten Berichte von Gräueltaten der Deutschen erhielten. Das liegt mehr als vier Jahre zurück, eine Ewigkeit, wie mir scheint. Einen Tag nach dem Überfall auf Polen am 1. September 1939 wurde das Konzentrationslager Stutthof als erstes Lager außerhalb des Deutschen Reichs eröffnet. Es liegt östlich von Danzig, heute Gdansk, in Sümpfen und Mooren der Landschaft an der Weichselmündung. Die genaue geographische Lage kenne ich damals natürlich nicht. Wir haben überhaupt keine Ahnung, wohin die SS uns gebracht hat, nur dass das Meer nicht weit sein kann. Auch weiß ich nichts von der Geschichte des Lagers, das zunächst als Terrorinstrument gegen die Polen errichtet worden ist. Als SS-Männer in schwarzer Uniform und mit harten, verschlossenen Gesichtern uns durch das Tor ins Lager treiben, wird mir sofort klar, dass wir auf dem Weg in unseren Untergang sind. Auf den hölzernen Wachtürmen stehen Männer mit Gewehren oder Maschinenpistolen. Der Drahtzaun steht unter Starkstrom.

Ich werde in den nächsten Tagen noch die verkrümmten Körper der Männer sehen, die sich in den Stacheldraht werfen, weil sie die Qual nicht mehr ertragen. In Stutthof mache ich auch, worauf ich gerne verzichten hätte können, Bekanntschaft mit einer besonderen Spezies von KZ-Häftlingen, den Kapos. Die kennen wir aus dem Ghetto nicht. Diese Funktionshäftlinge, viele Polen und Ukrainer sind darunter, tragen als Kriminelle den grünen Winkel und haben zum Teil zumindest in ihrem Zivilleben tatsächlich Gewaltverbrechen begangen. Bis auf wenige Ausnahmen sind sie verrohte Kerle ohne Mitleid, häufig sogar noch brutaler als die SS-Männer, für die sie die Drecksarbeit erledigen. Dafür erfreuen sie sich mancher Vergünstigungen. Nicht wenigen von ihnen macht es richtig Freude, die anderen Häftlinge zu quälen und zu schlagen. Vor allem die Juden, denn die meisten Kapos hassen uns.

## Ein schwarzer Tag im KZ Stutthof

Seit unserer Ankunft nur Geschrei und Beschimpfungen. Ich kann ein wenig Deutsch, das meiste bleibt unverständlich, aber die Schläge verstehe ich gut. Unser Transport, etwa 1500 Menschen abzüglich der unterwegs Gestorbenen, wird in eine riesige Halle getrieben – und nicht nur mir stockt vor Überraschung fast der Atem. Berge von Schuhen und Kleidung türmen sich fast bis zur Decke. Vater und Mutter wechseln einen vielsagenden Blick, dann suchen wir in dem Gedränge einen Platz, auf dem wir uns müde und ausgelaugt von der langen Fahrt niederlassen können. Ich muss an die Jordan-Brigade im Ghetto denken. Das müssen die Überbleibsel von Tausenden von Menschen sein. «Glaubst Du, sie sind alle tot?» David hat den gleichen Gedanken. Ich weiß es nicht, aber der Anblick macht mich schaudern. Berale klammert sich an Mutter, aber geduldig wie immer erträgt er Hunger und Durst, die uns alle quälen. Ich möchte ihn in den Arm nehmen, aber ich bin zu erschöpft. In dieser Halle verbringen wir die erste Nacht. In der Furcht vor dem Morgen schlafe ich schließlich ein.

Sehr früh brüllen uns die Kapos aus dem Schlaf. Es war unsere letzte gemeinsame Nacht. Auch wenn wir es gewusst hätten, wir hätten doch nichts dagegen unternehmen können. Wir werden getrennt. Jetzt nach all den Jahren ist es doch so gekommen. Unwiderruflich. Man sagt uns, Männer und Frauen müssten in verschiedene Lager in Stutthof. Am

Wochenende könnten wir uns besuchen. Für die Kinder werde gut gesorgt. Wir wissen aber schon aus dem Ghetto, was die Deutschen unter Fürsorge für jüdische Kinder verstehen. Panik kommt auf. Weinen, Schreie, Rufe. Frauen wollen ihre Kinder nicht loslassen. Die Menge wogt hin und her, manche verkriechen sich in den Kleiderbergen. SS-Männer und Kapos zerren sie heraus und schlagen auf sie ein. Meine Mutter gibt Berale nicht her, er hängt, beide Arme um ihren Hals geschlungen, an ihr, und sie blickt entschlossen auf das Durcheinander. Mein Vater hält mich am Arm fest. Für den Abschied bleibt keine Zeit. Unter Knüppelschlägen formieren sich zwei Gruppen. Ich erinnere mich nicht mehr genau. Ich weiß nicht, was mein Bruder sagte, wie meine Eltern reagierten, noch was ich sagte. Bestimmt hat meine Mutter noch etwas zu mir gesagt. Wenn ich doch nur wüsste, was.

Das mag seltsam erscheinen, aber vielleicht streikt mein Gedächtnis, um mich zu schützen. Das war das Ende unserer Familie. Der Schmerz war zu groß. Nach dem Krieg war ich in Dachau, Kaufering, Flossenbürg, auch einmal in Auschwitz, aber nach Stutthof bin ich nie gegangen. Ich kann den Ort, an dem ich meine Mutter und Berale verloren habe, nicht aufsuchen. Ich glaube, ich würde es selbst heute nicht ertragen. Von den insgesamt etwa 115 000 Gefangenen des KZ von 1939 bis Januar 1945 starben 65 000. Dazu kommen, wie Historiker erforschten, vermutlich noch bis zu 20 000 Juden, die sofort nach der Ankunft selektiert, nicht registriert und vergast wurden. Im zweiten Halbjahr 1944 treffen noch viel mehr Transporte aus Osteuropa und Auschwitz ein, ungefähr 47 000 jüdische Männer, Frauen und Kinder. Das KZ Stutthof wird zum Umschlagplatz der letzten europäischen Juden. Die SS wählt aus ihnen die Arbeitssklaven für die deutsche Rüstungsindustrie in weit entfernten KZ oder für die Stutthofer Außenlager aus. Seit Sommer 1944 werden Massen jüdischer arbeitsunfähiger Häftlinge, vor allem

Frauen, in der Gaskammer ermordet oder mit Spritzen getötet und erschossen.

«Ausziehen, schneller, ausziehen!» Der Kapo, ein großer, widerlicher Typ mit blondem Haar, brüllt sich fast heißer. Ich reiße mir Hose und Jacke vom Leib. Wir müssen alles abgeben, nur widerwillig ziehe ich meine guten Stiefel aus und schäle mich aus meinen Kleidungsschichten. Dann folge ich rasch meinem Vater in die Waschräume. Auch die anderen Männer rennen im Laufschritt zu den Duschköpfen – andere Überlebende berichten, dass sie in solchen Situationen gefürchtet haben, vergast zu werden. Ich hatte wie wohl jeder Angst, aber ich glaube nicht, dass ich damals daran dachte, wenngleich wir schon im Ghetto von den Krematorien in Auschwitz gehört hatten. Es ging alles zu schnell, die Kommandos knallen wie Peitschenhiebe auf uns nieder, und ich kann keinen klaren Gedanken fassen, versuche nur, in dem Tumult mit den anderen Schritt zu halten und meinen Vater nicht zu verlieren. Ein Häftling rasiert mich am ganzen Körper. Er reißt mir mit dem stumpfen Rasiermesser in der Eile die Haare mehr vom Kopf, als dass er sie schneidet. Das Wasser ist kalt aber tut gut. Der Schmutz rinnt in schmalen Bächen meinen dünnen Körper hinunter. Es dauert aber nur kurz, schon rennen wir klatschnass, von Schlägen und Flüchen der Kapos verfolgt, weiter. Ein Häftling schaut in meinen Mund, untersucht den After, ob ich darin Wertgegenstände versteckt habe. Dann werden wir neu eingekleidet: Nach der Größe fragt keiner. Ich bekomme von dem Kleiderhaufen die nächstliegende blaugrau gestreifte Häftlingsuniform, eine Hose und eine Jacke aus dünnem Drillich, Holzschuhe ohne Strümpfe und Unterwäsche aus Papier. Aus Krepppapier. Später hat sich gezeigt, dass sie gut gegen die Kälte ist. Sie bietet auch anderen Schutz: den Läusen, die noch kommen und uns zu Tausenden peinigen sollten. Auf den rasierten Kopf kommt eine runde Mütze. Die Kopfbedeckung wird, was ich noch nicht wissen kann, eine besondere Rolle bei der tagtäglichen Quälerei durch die Kapos spielen. Wahrscheinlich gehörten die schmutzigen Uniformen den Toten. Auf unseren Jacken ist ein rotes Dreieck genäht, der Winkel der politischen Gefangenen, und ein Streifen mit einer Nummer. Ich bekomme die Nummer 49777. Mein Vater wird zur Nummer 85975. Ein anderer Häftling trägt uns in die Lagerkartei ein. Für die Deutschen sind wir nicht einmal mehr «Untermenschen», sondern nur noch Nummern. Mein Vater und ich schauen uns schweigend an, als wollten wir uns vergewissern, dass wir noch wir sind. Dann hetzen wir, das Laufen in den ungewohnten Holzpantinen fällt mir schwer, zu einer Baracke. Rechts und links der schmalen Tür stehen Kapos in schwarzglänzenden Stiefeln und dreschen mit Gummiknüppeln auf uns ein. Ich habe Glück, mein Vater vor mir weicht einem Schlag aus, der Knüppel streift ihn an der rechten Schulter. Bis der Kapo, der aus dem Takt geraten ist, die Hand wieder erheben kann, bin ich durch und stehe neben meinem keuchenden Vater.

Extra für uns Juden hat die SS einen eigenen Lagerabschnitt in Stutthof errichten lassen, acht Baracken, die die Menge an Deportierten nicht fassen können. Unsere Baracke ist der Vorhof zur Hölle: Sie hat Platz für vielleicht dreihundert Menschen, aber ungefähr eintausend Männer werden in sie gepfercht. Auf jeder schmalen Pritsche der dreistöckigen Betten liegen zwei, drei Männer. Die anderen sitzen oder liegen auf dem Boden, wer Glück hat, auf einer dünnen Schicht Stroh. Bei dem Gestank nach Schweiß, Urin und Exkrementen dreht sich mir fast der Magen um. Aber es wird nicht lange dauern, und ich habe mich daran gewöhnt. Auch an den Schmutz und das Ungeziefer. Läuse, Schaben, Flöhe sind unsere ständigen Begleiter. Polnische und ukrainische Kapos vergewaltigen jede Nacht kleine Kinder im Alter von acht, neun oder zehn Jahren. Ihr Wimmern vermengt sich mit dem Stöhnen der Kranken und Sterbenden, mit dem Schnarchen und Seufzen der Schlafenden. Eine entsetzliche Musik. Ich halte mir die Ohren zu. David Granat, der ein paar Meter von uns entfernt bei seinem Vater sitzt, starrt vor sich hin. Bald schon sollten wir gute Frende werden. Wie mag es Berale und meiner Mutter ergehen? Ich fühle mich verlassen wie nie zuvor in meinem Leben. Die armen Kinder verstehen nicht einmal, was mit ihnen geschieht, und erzählen verwirrt den anderen Häftlingen am Morgen davon. Ihre traurigen Augen sind kaum zu ertragen, aber niemand kann ihnen helfen. Hier ist jeder gegen uns – die einfachen Kapos, die Stubenältesten, die Blockältesten bis rauf zum Lagerältesten, einem hässlichen Mann mit kleinen Augen wie ein Fisch. Seinen Namen weiß ich nicht mehr, aber ihn habe ich nie vergessen. Später bin ich ihm wieder begegnet. In Israel gibt es einen Fisch, der genau seine Augen hat. Als ich den einmal im Restaurant auf dem Teller hatte, musste ich an den Mann denken und gab den Fisch zurück. Die Kellnerin staunte. Ich murmelte irgendeine Erklärung, weil ich ihr doch schlecht den wahren Grund sagen konnte: dass sie mir soeben den Lagerältesten von Stutthof serviert hatte.

Am frühen Morgen werden wir geweckt. Dann geht es im Laufschritt zum Waschraum und zurück durch die schmale Tür, an der schon die Kapos warten. Der Rückweg ist schlimmer. Ein Schlag mit dem Gummiknüppel auf den nassen Körper verursacht noch mehr Schmerzen als auf trockener Haut. Den vergisst man so schnell nicht. Dann müssen wir die Toten, jede Nacht sterben viele Häftlinge, rausbringen und zum Appell antreten. Wir werden brutal gedrillt. Wer Krankheit, Hunger und Terror übersteht, hat sich sozusagen für die Vernichtung durch Arbeit in der deutschen Rüstungsindustrie qualifiziert. Zweimal täglich stehen wir auf dem Platz zum Zählappell. Es ist Hochsommer. Die stundenlange Schikane in der Hitze ist schon für uns Jüngere kaum auszuhalten, ältere Männer fallen in Ohnmacht und stürzen zu Boden. Der Blockälteste brüllt: «Mützen ab, Mützen auf!» Auf Kommando müssen alle die Mütze gleichzeitig herunterreißen und gegen das Bein schlagen. Das muss einen einzigen Klang ergeben. Bis wir es endlich schaffen, vergehen Stunden. Zur Strafe müssen wir Liegestützen machen. Nach ein paar Tagen haben wir es gelernt, mit der Präzision von Soldaten die Mützen abzunehmen und aufzusetzen. Wir stehen in einer schnurgeraden Linie vor dem Fischauge und dem SS-Lagerkommandanten, der den Appell abnimmt. Mützen auf, Mützen ab – ich kann es noch heute. Tagsüber dürfen wir nicht in die Baracke. Wir vegetieren unter der gnadenlosen Sonne, immer durstig und hungrig, dürfen nicht einmal auf die Toilette, um uns zu erleichtern und zu erfrischen. Die einzige Unterbrechung in der Monotonie ist neben den peinigenden Zählappellen die Essenausgabe. Um zehn Uhr bekommen wir die Hauptmahlzeit. Im Laufschritt an dem Kessel vorbei, der auf einer Rampe steht, holen wir unsere Suppe. Wem es nicht gelingt, die Büchse oder kleine Schüssel richtig auf den Kesselrand zu stellen, dem schüttet der Kapo die wässrige Suppe aus verdorbenen Rüben über den Kopf. Mir passiert das nicht. Aber viele müssen mit knurrenden Mägen bis nach dem Abendappell um 17 Uhr warten. Dann wird an die Schlange Männer Brot verteilt, eine Scheibe für jeden, und ein Stückchen Käse oder eine Scheibe Wurst. Mehr als 500 Kilokalorien bekomme ich am Tag nicht. Hunger, Erniedrigung und tägliche Schläge sind Teil des Systems, das uns noch vor der physischen Auslöschung psychisch vernichten soll. In dieser Verfassung kommt kein Gedanke an Flucht oder Widerstand auf. Die SS-Wachen bekommen wir so gut wie nie zu Gesicht. Aber wir wissen, sie stehen oben auf den Holztürmen und schießen auf jeden, der zu flüchten versucht oder auch nur zu nahe an den Zaun geraten ist. Von Zeit zu Zeit hält es einer der Gefangenen nicht mehr aus und wirft sich in den elektrisch geladenen Stacheldraht. Für den ist die Qual vorbei. Aber ich denke nicht an Selbstmord. Mein Vater achtet darauf, dass ich mich trotz allen Schmutzes sauber halte, soweit das möglich ist. «Abke, du darfst dich nicht gehen lassen», sagt er. Das klingt wenig überzeugend aus seinem Mund. Früher einmal war er ein stattlicher Mann. Heute schleppt er sich mühsam und mit langsamen Bewegungen von der Baracke zum Appellplatz. Aber ich gehorche ihm und versuche, einen Tag nach dem anderen zu überstehen. Ich habe nur einen Gedanken: Vater, Mutter, Berale und ich – wann wird unsere Familie wieder vereint sein? Nachrichten gehen um, oder besser gesagt Gerüchte von einer nahen Niederlage der Deutschen. Vor mehr als einem Monat sind Amerikaner und Briten in der Normandie gelandet. Die Rote Armee steht schon im östlichen Polen. Ich möchte es glauben, David und ich reden uns Mut zu, aber etwas in mir sagt, dass auf uns kein glückliches Ende wartet. Aus dem KZ gibt es keinen Ausweg, zumindest nicht für uns Juden. Es gibt nur den Aufschub vor dem Tod, wenn man arbeitsfähig bleibt und das Glück hat, die kargen Essensrationen aufbessern zu können. So wie Sollys Vater Chaim, der sich in unserem Block als Brotschneider ab und zu ein paar Krümel auf die Seite schaffen kann. In Stutthof freunde ich mich mit Solly Janer an, den ich aus dem Ghetto kenne. Er ist wie ich 16 Jahre alt. Aber bis zu diesem Tag im Sommer 1944 hatten wir kaum Kontakt miteinander. Das sollte sich ändern. Mit Solly und David Granat muss ich unsere Baracke ausfegen. Ich weiß nicht mehr, warum wir dabei kichern und Späße machen, vielleicht weil wir uns so sehr nach einem normalen Leben sehnen. Auf jeden Fall wecken wir mit unserem Lärm den Blockältesten, einen Sadisten, der jeden Nachmittag in einer Ecke der Baracke ein Schläfchen hält. Das sollten wir schon ein paar Stunden später bitter bereuen. 25 Schläge für jeden am Prügelbock. Ein Kapo schlägt mit einem Gummischlauch auf die anderen ein, während der Blockälteste laut die Schläge zählt. Andere Kapos, angelockt von dem Schauspiel, sehen zu und lachen herzlich über die schmerzverzerrten Gesichter meiner Gefährten. Ich bin als Letzter an der Reihe und habe das große Glück, dass der Kapo für mich einen Holzstock nimmt. Der tut zwar auch weh, aber doch weniger als ein Gummischlauch. So stiftet der Blockälteste an diesem Tag zwischen Solly, David und mir eine tiefe Freundschaft. Jahrzehntelang hat mein Freund Solly über seine Erlebnisse geschwiegen, behauptet, aus Kanada nach Palästina eingewandert zu sein. Er kam 1959 zur israelischen Handelsmarine und leitete ein paar Jahre später eine Textilfabrik. Seine Identität als Shoah-Überlebender wurde durch einen Zufall enthüllt: Auf einer Party im Garten seines Hauses verplapperte sich ein anderer Überlebender. Ich denke, das war gut so. Denn Solly setzte sich hin und schrieb ein bewegendes Buch über den Holocaust: «Light one candle» heißt es. Dem folgte ein zweites mit dem Titel «Aufleben» über die Nachkriegsjahre. Gerade arbeitet er an einem dritten, und ich hoffe sehr, dass er es trotz seiner angeschlagenen Gesundheit vollenden wird.

Im Frauenlager spielen sich grausame Szenen ab. Dort ist ein Pole, Max heißt er, Lagerältester. Die verzweifelten Schreie von Frauen reißen uns aus unserer Lethargie. Durch die geöffneten Fenster der Baracken, die nahe am Zaun stehen, kann ich sehen, wie Max die Frauen misshandelt. Er schlägt brutal zu, wieder und wieder, er hört gar nicht mehr auf. Eine Frau fällt blutüberströmt zu Boden. Ich kann sie nicht mehr sehen. Ich kann meinen Blick nicht abwenden, weil es so unglaublich ist, dass ein Mann einer Frau so etwas antun kann. Auch andere Männer blicken gebannt über den Zaun. Meines Vaters Gesicht drückt Abscheu und Wut aus. Er zieht mich am Arm weg und sagt mit Tränen in den Augen: «Abke, schau nicht hin. Wir können nichts tun.» Wir haben beide denselben Gedanken. Gottseidank sind Mutter und Berale in einem anderen Teil des Frauenlagers. Wir denken in diesem Moment nicht daran, dass der Pole sich auch in den anderen Baracken austoben kann, wann immer er will. Manchmal kommt Mutter an den Zaun und ruft uns zu: «Habt ihr ein Stückchen Brot? Der Kleine hat so viel Hunger.» Wie ich meine Mutter kenne, hat sie Berale schon ihre eigene Scheibe Brot abgegeben. Mein Vater wirft ihr manchmal Brot zu, das wir uns vom Mund abgespart haben. Er muss genau werfen, damit Mutter die Scheibe Brot aus dem Schmutz aufklauben kann, bevor andere Frauen dazwischen treten. Viele drängen sich täglich am Zaun, bis sie von den SS-Aufseherinnen weggetrieben werden. Alle wollen ihre Kinder vor dem Verhungern retten.

Eines Tages schicken die Kapos einen Teil der Männer vom Appellplatz zum Tor. Ich bin 16, schon ein alter Mann, aber mein Vater nimmt mich an der Hand, weil er mich doch noch als Kind ansieht. In seiner gutmütigen Art meint er noch immer, die SS würde vielleicht einen Vater und seinen Sohn nicht trennen. Das ist ein großer Fehler. Sobald der SS-Mann sieht, dass wir zusammengehören, schickt er meinen Vater weg zum Arbeitseinsatz in ein anderes Lager. Als Beruf hat er Schuster und Dachdecker angegeben. Das erhöht die Chance, auf einen Transport zur Arbeit zu kommen. Denn wer hätte schon einen Fotografen gewollt. Ich habe mich als Autoschlosser ausgegeben. Auch nicht schlecht. Aber der SS-Mann hat im Moment mehr Freude, uns auseinanderzureißen. Nun bleibe ich in Stutthof allein zurück. Nicht lange danach, es ist sehr früh am Morgen, sehe ich Frauen mit Kindern das Lager verlassen. Ich kauere im Schutz der Waschräume und beobachte die Kolonne, die im fahlen Licht der Morgendämmerung schweigend am Zaun entlangmarschiert. Meine Mutter hat lange Stiefel an und trägt einen blauen Rock. Berale schläft auf ihrem Arm. Ich kann sein Gesicht nicht sehen.

Auch Tante Golda Levine, die Mutter meines Cousins und besten Freundes, und ihr Enkel Samele sind dabei. Ich wünschte, meine Mutter würde herüberschauen. Aber sie ahnt ja nicht einmal, dass ich Schläge riskiere, um sie und meinen Bruder noch einmal zu sehen. Im Männerlager wissen alle, dass diese Frauen und Kinder heute nach Auschwitz-Birkenau deportiert werden. Ich weiß es auch. Ich kann Berale nicht mehr sehen, meine Mutter taucht in der langen Kolonne von Frauen unter. Für einen Moment sehe ich noch ihren Kopf. Dann ist sie verschwunden.

Das war der schwärzeste Tag in meinem Leben. Ich weiß heute nicht mehr, was ich dachte und fühlte, wie ich in die Baracke zurückkam, was an den Tagen danach geschah. Oder besser gesagt: Ich möchte die Erinnerung daran nicht heraufbeschwören. Berale und Mutter wurden am 26. Juli 1944 deportiert und gleich nach der Ankunft in Auschwitz vergast. Das erfuhr ich viele Jahre später vom Internationalen Suchdienst in Bad Arolsen. Aber dass sie in den Tod ging, war mir schon damals klar. Sechs Tage nach dem misslungenen Attentat auf Hitler. Wäre er doch bei dem Sprengstoff-Attentat des Obersten Schenk Graf von Stauffenberg in der sogenannten Wolfsschanze getötet worden! Sie hätten vielleicht überlebt. Berale war sechs Jahre alt, meine Mutter Chana 39 Jahre. Sie starb, weil wir im Ghetto den kleinen Berale vor der Selektion der Kinder am 28. März retten konnten. In Stutthof wurden alle Mütter mit Kleinkindern sowie Alte und Schwache zur Ermordung bestimmt. Der Kommandant des Judenlagers hieß Ewald Foth, ein SS-Oberscharführer. Er leitete die Selektionen während der Appelle. Die Historikerin Janina Grabowska, Leiterin der Gedenkstätte Stutthof, schreibt, Foth habe manchmal ein Wettrennen befohlen. Die entkräfteten und kranken Frauen, die nicht schnell genug laufen konnten, gingen in den Tod. Ich kann mich an den Mann nicht erinnern. Er ermordete Zeugenaussagen zufolge eigenhändig Frauen mit Injektionen ins Herz oder Genickschüssen. Aber er wird wie viele andere Täter nicht einmal dann eine Spur Reue gezeigt haben, als er 1946 in Danzig zum Galgen schritt. An den Selektionen nahm auch immer wieder SS-Hauptsturmführer Theodor Meyer teil, ein gebürtiger Münchner und Elektro-Monteur im Zivilberuf. Im Gefängnis in Danzig gab er am 13. August 1947 eine Erklärung zu Protokoll, mit der er sich reinwaschen wollte. Der Schutzhaftlagerführer wohnte mit seiner Frau und seinem 1943 geborenen Sohn im Fabrikgebäude der Ziegelei auf dem Lagergelände. «Es sind Härten aufgetreten, als Tag und Nacht die Transporte anrollten. Männer von ihren Frauen, Frauen von ihren halbwegs erwachsenen Kindern getrennt werden mussten. Es waren getrennte Lager, und so mussten auch die Häftlinge nach Geschlecht getrennt werden.» Was ging in diesem Mann vor, der Familien auseinanderriss, Frauen und Kinder tötete und dann ein paar Schritte weiter zu seinem Sohn nach Hause ging? «Ich und meine Frau trösteten uns mit besseren Zeiten…Was hatte ich bisher vom Leben? Meistenteils von der Familie getrennt, die mein alles war, den Dienst und ein bescheidenes Heim.» Die Gaskammer und die zwei Verbrennungsöfen im Lager reichten nicht aus, um alle zu vernichten. Deshalb überstellte die SS die zum Tode Verurteilten nach Auschwitz. In dem Transport meiner Mutter waren, wie ich später gelesen habe, 1423 Menschen.

Immer wieder zergrübele ich mir den Kopf: Wie waren ihre letzten Minuten, starb zuerst meine Mutter oder mein Bruder? Was dachte sie, wenn Berale zuerst starb, sie mit ansehen musste, wie er erstickte? Oder war sie vor ihm tot? Wie lange hat ihr Sterben gedauert? Zwanzig, dreißig Minuten? Darüber kann man zuhause nicht sprechen, darüber kann man mit niemandem reden. Dieser Schmerz währt immer, er sitzt tief in dir drin und niemand kann ihn mit dir teilen. 2011 war ich in Auschwitz-Birkenau. Ich stand lange vor den

Ruinen der Gaskammern, die auf Anordnung Himmlers im Herbst 1944 gesprengt worden waren. Eine Antwort auf meine Fragen habe ich auch dort nicht gefunden. Ich suche jetzt in den Augenzeugenberichten von Angehörigen der «Sonderkommandos» in Auschwitz-Birkenau. Ich habe lange gezögert, die Interviews zu lesen, die Gideon Greif mit sieben Überlebenden geführt und 1995 veröffentlicht hat. Auch mich, einen Holocaust-Überlebenden, erschüttern diese Berichte. Die jüdischen Häftlinge der sogenannten Sonderkommandos wurden von der SS zu einer unglaublich grausamen Aufgabe gezwungen und nach einer gewissen Zeit ermordet. Nur wenige entkamen. Von ihnen wissen wir, wie die Juden vor der Vergasung behandelt wurden, wie sie in den Gaskammern hinter Betonwänden schrien und starben und was mit ihren Leichen geschah. Jetzt, da ich mich überwunden habe, lese ich die Antworten rasch durch. Seite um Seite blättere ich hastig weiter, vielleicht bringt mich ein Wort, eine Beschreibung zu meiner Mutter und Berale in den letzten Minuten ihres Lebens. Könnte es nicht sein? Josef Sackar zum Beispiel, griechischer Jude, der etwa um die Zeit der Deportation meiner Mutter und meines Bruders im «Sonderkommando» war. Vielleicht war es dumm, darauf zu hoffen, dass er oder einer der anderen Interviewten sich an Berale erinnerte, an ein Gesicht in dem Zug abertausender nackter und verängstigter Menschen, die durch die schmalen Korridore in den Tod gingen. Sie waren darunter. Wusste sie, was geschehen würde? Nackt ging sie, den nackten Berale auf ihrem Arm tragend, in die als Duschraum getarnte Gaskammer. Dann schloss sich die Tür hinter ihnen.

Am 10. September geht noch einmal ein Transport mit 603 Menschen, Mütter mit Kindern, Kranke und schwangere Frauen, nach Auschwitz-Birkenau ins Gas. Aber da bin ich schon nicht mehr in Stutthof. Am 13. August komme ich auf einen Transport zum Arbeitseinsatz in ein anderes KZ. In dem Viehwaggon sind hauptsächlich litauische Juden, sie kommen aus den Ghettos Kaunas und Schaulen. Solly und sein Vater Chaim kommen mit. Seine Mutter Rebecca und die 28-jährige Schwester Fanny bleiben in Stutthof zurück, ebenso Jlte und Dora, Mutter und Schwester von David Granat, der auch auf den Transport geht. Sollys Bruder Hermann wurde schon 1941 in Kaunas ermordet. Wir stehen einander bei. Aber ich fühle mich ohne meine Familie verloren. Der Zug fährt tagelang, tief in das Deutsche Reich hinein. Irgendwo dort muss mein Vater sein, wenn er noch am Leben ist.

## Im Dachauer Außenlager bei Utting

Bremsen kreischen, ein Ruck geht durch den Waggon, und der Zug steht. Es ist Nacht. Mehr als 80 Menschen haben sie in den Viehwaggon gepfercht. Wir stehen zusammengepresst, ineinander verkeilt im Halbdunkel, auch die Toten. Eingeklemmt zwischen den Lebenden, können sie nicht fallen. Ganz oben ist eine schmale mit Stacheldraht vergitterte Luke. Ein schwacher Lichtschein fällt auf die elenden Gestalten. Eine keuchende, stöhnende und stinkende Masse Fleisch, die ab und zu erstickte Schreie ausstößt. Draußen trampeln Wachen vorbei. Ihr Fluchen und Brüllen geht unter in dem heulenden Ton von Sirenen. Ein Fliegerangriff. Das muss ich sehen. Ich hatte beim Verladen des Menschenviehs vor ein paar Tagen das Glück, von den nachdrängenden Häftlingen unter die Luke geschoben zu werden. In dem Luftzug lässt es sich leichter atmen. David und Solly stützen mich, ich ziehe mich mit den Händen hoch und erhasche einen Blick, bevor ich kraftlos zurückfalle. Wie durch eine Ofentür sehe ich in ein glühendes Feuer. Der Himmel brennt. Die Alliierten bombardieren die Stadt. Bomben explodieren mit ohrenbetäubendem Krach. Der Waggon zittert in den Druckwellen. Doch ich fürchte mich nicht. Sollen wir doch meinetwegen draufgehen. Jetzt trifft es auch die Deutschen, die Mörder meiner Mutter. Rache für Chaim und Berale. Dann ist es vorbei – der Zug nimmt ächzend wieder Fahrt auf. Später erfahre ich, dass wir in Nürnberg hiel-

143

ten. Wir haben während der ganzen Reise nichts zu essen und nichts zu trinken. Den Gestank, der anfangs noch unerträglich war, nehme ich gar nicht mehr wahr. Die zwei Eimer für die Notdurft so vieler Menschen sind voll. Die Brühe schwappt über den Rand der Eimer, wenn der Zug in eine Kurve fährt. Dann, es ist wieder Nacht, sind wir am Ziel. Wir wissen nicht, wo wir sind.

Utting am Ammersee ist ein oberbayerisches Postkartendorf. Heute wie damals. Blumenkästen schmücken die Bauernhäuser, die sich um einen Platz mit einer Kirche und einem Wirtshaus gruppieren. Das Dorf liegt in einer friedlichen Landschaft mit Wäldern, grünen Wiesen und sanft ansteigenden Hügeln. Im Sommer 1944 bin ich jedoch nicht gerade in der Stimmung, die Idylle zu genießen. Zunächst bekomme ich auch nicht viel zu sehen von dem kleinen Dorf bei Landsberg am Lech. Vom Bahnhof marschieren wir erschöpft von der tagelangen Fahrt direkt zu einem Konzentrationslager mit Wachtürmen und Stacheldraht im Wald. Das heißt, wir müssen das KZ selbst errichten, den Boden einebnen, Hütten bauen und Zäune ziehen. Der Humor der Deutschen. Juden müssen ihr eigenes Grab ausheben, bevor sie erschossen werden, und auch die Lager bauen, in denen sie vernichtet werden.

David, Solly und ich treffen in Utting eine lebensrettende Entscheidung: Wir werden künftig jedes Stück Brot, alles, was wir uns zu essen beschaffen können, zu gleich großen Portionen unter uns aufteilen. Vor allem David und ich sind wie Brüder. Ich bin sehr froh, ihn bei mir zu haben. Dafür hatte ich auch einiges riskiert. David stand in Sutthof nicht auf der Liste des Transports, da er kleiner als wir war und der SS zu harter Arbeit unfähig erschien. Ich überwand meine Angst und ging zu dem Blockältesten, der mir schon einmal 25 Schläge verpassen ließ. Ich log, David sei mein Bruder, und bettelte, er solle ihn mit mir fahren lassen. Ich weiß nicht

warum, aber es setzte keine Schläge, und der gefühllose Kapo
willigte ein. Vielleicht weil ihm mein Gesang gefallen hatte.
Wie im Ghetto verschaffte mir meine Stimme Vorteile. Auch
dem Blockältesten musste ich oft vorsingen. Dafür gab der
Verbrecher mir ein Stück Brot oder einen Teller Suppe zu-
sätzlich. David und ich waren in Kaunas zusammen aufgewachsen. Schon unsere Eltern waren von Kindheit an be-
freundet. Davids Vater arbeitete als Geschäftsführer einer
Schokoladenfabrik, und mein Vater borgte ihm eine hohe
Summe Geld, als er ein eigenes Geschäft aufmachen wollte.
Auch unsere Mütter waren beste Freundinnen. Wir zwei
kleben aneinander, teilen uns jeden Brocken Brot oder Kartoffel und schlafen in einer Häftlingsbaracke. Diese Baracken
sind Erdhütten, entsetzliche Löcher, über die ein Giebel-
dach aufragt. Jede Hütte bietet Platz für 50 Menschen, die auf
Brettern, die mit etwas Stroh bedeckt sind, schlafen müssen.
Es ist feucht und kalt. Auf jeder Seite liegen die Häftlinge wie
Heringe in der Dose. Im Winter ist das gar nicht schlecht,
denn so wärmen wir uns gegenseitig. Jeder bekommt zwei
Decken, dünne Lappen, die kaum Schutz vor der Kälte bieten. Wir schlafen und arbeiten in unseren graublau gestreiften Häftlingsuniformen, die wir nie ausziehen. Die dünnen
Jacken und Hosen starren bald vor Schmutz und Dreck.

Etwa 650 Häftlinge sind im Lager – und jeder von uns
schleppt Tausende von Läusen mit sich. Die Blutsauger nis-
ten sich in die Nähte unserer gestreiften Uniform und unsere
Mützen ein. Sie hängen in Scharen an den Körperhaaren,
kriechen von Körper zu Körper, saugen den Geschwächten
und Kranken das Blut aus den Adern und übertragen mit
ihrem Kot die gefürchteten Typhusbazillen. Der kleine Ofen
erwärmt im Winter die Erdhütte nicht. Aber er dient einem
anderen Zweck. Wir halten unsere Hemden und Hosen an
den heißen Ofen, und in seiner Hitze platzen die Läuse.
Doch ich habe fast keine Chance, den Parasiten und dem

Typhus zu entgehen, auch wenn ich jede Nacht meine Kleidung auf diese Weise zu reinigen versuche. Das Ungeziefer vermehrt sich rasend schnell. Am Morgen sitzen die Läuse in Trauben wieder auf meiner Häftlingsuniform. Wie schon im Ghetto ist das Leben nichts anderes mehr als ein täglicher Kampf ums Überleben. Aber in diesem KZ zieht sich die Schlinge um meinen Hals noch enger zu. Ich altere spürbar, mit meinen 16 Jahren werde ich zum Greis. Jeden Abend nach der Zwölf-Stunden-Schicht fühle ich, wie die Kraft aus meinem Körper entweicht, bald habe ich keine Reserven mehr. Das Aufstehen am Morgen ist eine Qual. Um fünf Uhr geht es los. Die Kapos treiben uns unter Geschrei und Flüchen aus den Erdhütten. Ich schlucke aus meinem Blechnapf die heiße schwarze Brühe, die hier Kaffee genannt wird. Dann zum Appell. Schnell, schnell, schnell. Die Kapos zählen laut. Mützen ab, Mützen auf, Mützen ab – das trockene Knallen der Mützen auf den Schenkeln hallt über den Appellplatz. Wer urinieren muss, lässt es einfach laufen. Wir produzieren im Fertigteilwerk der Firma Dyckerhoff und Widmann Betonplatten. Bei jedem Wind und Wetter arbeiten wir fast ohne Essen in Holzschuhen und dünner Kleidung auf der Baustelle. Die Wachen und die Zivilarbeiter schikanieren uns bei der Arbeit. Währenddessen scheint die Sonne, in den Bäumen zwitschern Vögel und die Dorfbewohner gehen ihrem alltäglichen Leben nach. Sie lieben, lachen, weinen, feiern oder streiten in unmittelbarer Nachbarschaft des Lagers. Wie kann das sein? Diese Dachauer Außenlager, insgesamt elf wurden um Landsberg am Lech herum errichtet, sind Vernichtungslager. Die Juden werden hier nicht durch Gas, sondern durch Zwangsarbeit für die deutsche Rüstungsindustrie getötet.

Die Alliierten vernichten bei ihren Luftangriffen viele Industrieanlagen im Deutschen Reich. Die Flugzeugproduktion kommt 1944 fast zum Erliegen. Deshalb wollen die National-

sozialisten sie in unterirdische, bombensichere Fabriken verlegen. Für den Plan ist Rüstungsminister Albert Speer und die
ihm unterstehende Organisation Todt (OT) verantwortlich.
Die Wahl fällt auf das Gebiet um das oberbayerische Städt-
chen Landsberg am Lech mit seinen Kiesböden, Eisenbahn-
linien und einem großen Reservoir an Grundwasser. Nach
seinem gescheiterten Putsch verbüßte Adolf Hitler 1924 in
der Landsberger Festung eine Haftstrafe. Im Gefängnis schrieb
er sein Buch «Mein Kampf», in dem er bereits die Vernichtung
der Juden ankündigte. Zwanzig Jahre später sollte in Landsberg – und in anderen Arbeitslagern wie bei Mühldorf – das
letzte Kapitel des europäischen Judentums geschrieben werden. Der Rest aus den liquidierten Ghettos wie Kaunas und
Schaulen in Litauen oder Lodz in Polen und anderen osteuro-
päischen Ländern, aber auch Häftlinge aus Auschwitz wurden
ins Deutsche Reich deportiert, um durch die Sklavenarbeit für
die deutsche Rüstungsindustrie – der es auch an Arbeits-
kräften mangelte – aufgerieben zu werden. Vor allem Juden
aus Ungarn und dem ungarischen Staatsgebiet, Siebenbür-
gen, Karpatho-Ukraine und Südslowakei, wurden zur Zwangsarbeit verschleppt. Die Auslöschung des ungarischen Judentums begann relativ spät, mit dem Einmarsch der deutschen
Wehrmacht am 19. März 1944 in Budapest. Die zweitgrößte
Gruppe stellten wir litauischen Juden. Daneben gab es auch
kleinere Gruppen von Juden aus Deutschland, den Niederlan-
den, Frankreich, Italien, der Tschechoslowakei und Griechen-
land. Insgesamt litten in den elf Lagern bei Kaufering und
Landsberg etwa 30 000 Häftlinge, fast alle Juden, von denen
ungefähr die Hälfte nicht überlebte. Diese Zahl stammt vom
damaligen Lagerschreiber. Heute nennen Historiker eine Zahl
von 22 000 – aufgrund der Transportlisten der SS, die aber
unvollständig sein können. Im Juni 1944 erklärte SS-Reichs-
führer Himmler vor Generälen der Wehrmacht in Sonthofen:
«Zurzeit fahren wir zunächst 100 000, später noch einmal

100 000 männliche Juden aus Ungarn in Konzentrationslager ein, mit denen wir unterirdische Fabriken bauen.» Es sind nicht nur Männer in den Lagern, auch ungefähr 4200 Frauen und 850 Kinder. Nachdem das Deutsche Reich 1942 für «judenfrei» erklärt wurde, willigt Hitler ein, die noch lebenden Juden Europas ins Reich zu holen. Unter dem Decknamen «Ringeltaube» beginnen im Mai 1944 in der Nähe Landsbergs, 60 Kilometer von Dachau entfernt, die Bauarbeiten für das gigantische Rüstungsprojekt. Ab Mitte des Jahres entstehen um die Baustelle herum elf Außenlager des KZ Dachau, die Kommandantur sitzt im Lager I, mit ungefähr 3000 Häftlingen dem größten des ganzen Komplexes. Drei Großbunker sollen entstehen, aber im weiteren Kriegsverlauf bescheidet sich Speer mit einem, in dem auch der neueste Messerschmitt-Flugzeugtyp Me 262 hergestellt werden soll. Der Bunker hat den Tarnnamen «Weingut II». Auf Befehl Hitlers werden zu dieser Zeit auch Wehrmachtssoldaten von der Krim zur Bewachung der Konzentrationslager eingesetzt, da es an SS-Männern fehlt. Die Kommandanten, Lagerführer und andere höherrangige SS-Chargen sind erfahrene Leute: Viele kommen aus den Vernichtungslagern im Osten. Die Organisation Todt, deren Mitarbeiter nicht minder brutal als die SS mit den Juden umgingen, beschäftigte drei Firmen, Leonhard Moll, Philipp Holzmann und Karl Stöhr, die ihrerseits wieder weitere deutsche Betriebe in das Rüstungsprojekt einbanden. Bis heute verstehe ich nicht, warum die Deutschen die jüdischen Arbeitskräfte, auf die man doch für den erträumten «Endsieg» angewiesen war, derart terrorisierte. Bei besserer Behandlung und ausreichender Ernährung hätten diese Menschen doch viel effektiver arbeiten können. Das kann nur heißen, dass der Judenhass letztlich stärker war als alle Vernunft. Unserer Vernichtung ordneten die National-sozialisten sogar militärische Ziele unter. Diese Kauferinger Lager geben die Antwort auf die unter Historikern umstrit-

tene Frage nach dem Kern des Nationalsozialismus: Er bestand in der «Endlösung der Judenfrage».

Weder wusste ich das damals, noch hatte ich Zeit und Muße für solche Gedanken – die Tage ziehen sich endlos hin an diesem Ort, der nicht auf diesem Planeten liegt. In unserer Welt gibt es keine Träume und keine Zukunft. Alle Gedanken gelten nur der Beschaffung von zusätzlichem Essen. Wie und wo können wir eine zusätzliche Kartoffel organisieren? Wenn Solly, David und ich einmal ein paar Minuten Zeit haben, uns einem Tagtraum zu überlassen, dann phantasieren wir uns eine riesige Tafel zusammen, die sich unter dem Gewicht der Speisen und Platten und Teller biegt. Selten sprechen wir über unsere Eltern, Brüder und Schwester, diskutieren darüber, wo sie, sofern sie überhaupt noch am Leben sind, sein könnten. Mein Vater, davon bin ich überzeugt, muss in einem dieser Konzentrationslager sein. Und mit jedem Tag vermisse ich ihn mehr. Wenn ich sein Bild heraufbeschwöre, dann sehe ich ihn vor dem Krieg: Ein fescher Mann mit jungenhaften Gesichtszügen.

Wir können es nicht wissen, aber Utting ist alles in allem ein Glücksgriff – wenn man mal davon absieht, dass es ein Konzentrationslager ist. In der Zeit, als ich dort bin, sterben vielleicht 40 oder 50 der Häftlinge. Später, in Kaufering I, werde ich Stapel von Leichen sehen. Fürchterlich. Die Kapos in Utting sind Juden, nur der Lagerälteste ist ein Volksdeutscher. Er ist ein feiner Kerl. Im Lager wird nicht geschlagen und gequält. Er hat, warum auch immer, einen guten Stand bei der SS. Sie lässt ihn am Sonntag sogar ins Dorf. Er geht zum Gottesdienst in die Kirche. Wenige Wochen nach der Befreiung wird er mit seinem Motorrad verunglücken und sterben. Ich will nicht behaupten, dass ich um ihn Tränen vergossen habe. Doch es gab eine ganze Reihe anderer Funktionshäftlinge in Kaufering I, denen ich diesen Unfall gewünscht hätte. Zum Beispiel Max, ein polnischer Jude aus

Auschwitz. Der Mann misst fast zwei Meter, ist muskulös und vollgefressen wie alle Kapos. Max verbreitet Angst und Schrecken, schlägt bei jeder Gelegenheit zu und brüllt unentwegt auf uns ein. Die SS lässt sich im Lager ja so gut wie nie sehen. Die Kapos verrichten ihr Geschäft, viele sind ganz böse Hunde. Sie wollen leben, wollen Kapos sein, denn Kapos müssen keine zerstörende Schwerstarbeit leisten und bekommen genug zu essen. Die meisten haben dicke Bäuche. Wenn die normalen Häftlinge einen großen Bauch haben, dann deshalb, weil er vom Hunger angeschwollen ist. Max bekam jedoch seine Rechnung, viele Jahre später. Als ich in Israel beim Militär war, ging ich einmal mit einem Freund, einem Auschwitz-Überlebenden, ins Kino. Der Film ist zu Ende, das Licht im Kinosaal geht an und da ruft mein Freund plötzlich: «Max!» Der ehemalige Kapo rennt davon, aber wir setzen ihm nach und packen ihn zwei Straßen weiter. Mein Freund, der auch groß und kräftig ist, prügelt ihn fast zu Tode. Max wurde, ich weiß nicht für wie lange, zu einer Haftstrafe verurteilt. Wenngleich es auch Kapos gab, die sich eine gewisse Menschlichkeit bewahrten, waren es vor allem sie, die uns tagtäglich terrorisierten. Natürlich handelten sie im Auftrag der SS. Aber nicht wenige unter den kriminellen und sogenannten asozialen Häftlingen mit schwarzen Winkeln, denen die SS die Macht im Lager übertrug, misshandelten uns mit Freude. Die politischen Funktionshäftlinge sollen da eine Ausnahme gebildet haben – doch auch für sie standen Juden in der Lagerhierarchie oft an unterster Stelle. Sollys Vater, der im Ghetto Kaunas im Auftrag des Ältestenrats in der Lebensmittelverteilung arbeitete, war in Utting ein Kapo. Aber von der guten Sorte. Er tat keinem Häftling etwas zuleide und wäre fast selbst gestorben, als ihm seine Stiefeln gestohlen wurden. Schuhe und der Blechnapf für die tägliche Suppenbrühe waren unser einziger Besitz, den jeder von uns wachsam hütete. Ohne sie kam der Tod sehr rasch.

Meine Freunde ziehen in Utting das große Los. Sie arbeiten jetzt in der Küche und können Lebensmittel organisieren. Es ist gefährlich, aber wer denkt schon an die Gefahr, wenn er verhungert. Sie gehen mit einem SS-Mann regelmäßig ins Dorf, um die Verpflegung für die Wachmannschaft zu holen. Nicht alle Deutsche lässt unser Schicksal unberührt. Zwei ausgemergelte, schmutzige und verlauste Jungen erregen offenbar das Mitleid der Bäckersfrau. Sie bereitet immer ein Päckchen mit Essbarem vor, das sie ihnen heimlich, später dann ungeniert offen zusteckt. Am Anfang nimmt ihnen der Wachmann auf der Rückfahrt ins Lager das Geschenk jedes Mal weg. Solly und David finden nach einigem Überlegen eine Lösung. Sie bauen in dem Karren, auf dem sie die Lebensmittel transportieren, einen doppelten Boden ein. Ihr Plan schlägt fehl. Der SS-Mann durchschaut unsere List, doch unternimmt nichts dagegen. Er ist ein älterer Mann, ein gemütlicher Typ, dem seine Ruhe über alles geht. Bei den Ausflügen ins Dorf kehrt er ins Wirtshaus ein und kommt erst nach ein, zwei Krügen Bier zurück. Einmal, er macht gerade wieder Pause, schlendern wir, ich bin auch dabei, zur Metzgerei des Dorfes. In einem Pferch des Schweinestalls neben dem Haus liegen ein Schwein und köstliche, gekochte Kartoffeln auf der morastigen Erde. Wir reden mit dem Tier, immerhin haben wir dasselbe Schicksal, wollen Freundschaft mit ihm schließen – und vor allem seine Kartoffeln. Die Schweine begreifen es nicht, dass wir alle zum Tode verurteilt sind. Sie bekommen immerhin genügend zum Fressen, bevor der Fleischer sie schlachtet. Dieses Schwein ist völlig uneinsichtig und will absolut nichts abgeben. Es richtet sich auf, quietscht laut, und als Solly in den Pferch klettert, macht es einen Höllenlärm. David und ich blicken ängstlich zum Wirtshaus hinüber. Wenn jetzt der SS-Mann herauskommt und uns erwischt, dann ist es mit seiner Gelassenheit vorbei. Der Mann, der nie ein Wort mit uns wechselt, verachtet uns.

Das erkenne ich schon an seinem kalten Blick. Der Diebstahl ist lebensgefährlich für uns – und lebensnotwendig. Für jeden holt Solly eine große Kartoffel heraus. Eine Kartoffel hilft, einen Tag länger am Leben zu bleiben. Kein Dorfbewohner bemerkt den Diebstahl. Und der SS-Mann sitzt noch über ein Glas Bier, vielleicht in Träumen vom Endsieg versunken oder im Gegenteil die nahende militärische Niederlage Deutschlands fürchtend. Wer weiß das schon. Es ist uns auch egal. Das Jahr 1944 geht seinem Ende zu. Wir verschlingen im Schutz des Karrens unsere Kartoffeln. Drei Juden haben es gewagt, einem deutschen Schwein das Fressen zu stehlen. Wir «Judensäue» werden schon für geringere Vergehen erschossen oder aufgehängt.

Ich muss sehr schnell Bairisch lernen, diesen unverständlichen Dialekt, der in meinen Ohren nach Gebell und Husten klingt. «Muast owegehn», sagt der Lokomotivführer, ein gescherter, alter Bayer mit breitem Schädel und wässrigen blauen Augen, wieder und wieder zu mir. Ich schaue ihn verständnislos an, dann nach oben, bis ich kapiere, dass ich nach unten gehen soll. Wenn ich den Zivilarbeiter noch öfter missverstehe, dann verliere ich den wahrscheinlich schönsten Job im Konzentrationslager Utting. Dann muss ich in eines der gefürchteten Arbeitskommandos auf den Baustellen und werde bald krank und tot sein. Ich kann mich nicht mehr erinnern, wie ich Heizer auf der KZ-Dampflokomotive geworden bin. Sobald ich die Sprachhürde genommen habe, läuft alles gut, sehr gut sogar. Der Mann ist nett, auch wenn er mit mir kein Wort wechselt und nur Anweisungen erteilt. Wir transportieren auf einer kurzen Strecke Tag und Nacht Kies. Die Entfernung zwischen Baustelle und Kiesgrube beträgt ungefähr drei Kilometer. Der Lokführer trinkt eine Flasche Bier nach der anderen und verzehrt Unmengen an Wurstbroten. Danach raucht er eine dicke Zigarre. Ich arbeite währenddessen. Er fragt mich nie, ob ich vielleicht hungrig bin. Nach ein paar Wochen nimmt ihm die Lagerleitung die Lok weg und ersetzt sie durch eine Diesellokomotive mit drei Frachtwaggons. Damit kommt er nicht zurecht, doch ich kenne mich damit bald gut aus. Es ist ja keine große Sache, auf einem Gleis hin und her zu fahren. Fortan fahre ich allein. Ich stoppe den Zug auf der Strecke, die durch Felder führt, springe hinab und ziehe rasch Rüben aus der Erde. Solly und David freuen sich jedes Mal über meine Rückkehr – und über die vielen Rüben, die ich mitbringe. Auf dem Zug arbeite ich zwei, drei Monate lang.

Wann es war, kann ich nicht mehr sagen. Wahrscheinlich im Herbst 1944. Jedenfalls darf ich mich im Lager frei bewegen, als sich ein sonderbarer Vorfall ereignet. Ich erschrecke furchtbar. Ein SS-Mann beugt sich über die Brüstung eines Wachturms und ruft zu mir herab. Das allein reicht schon aus, um mich in Todesangst zu versetzen. Aber jetzt starre ich den Mann nur entgeistert an, denn er spricht perfekt Hebräisch. An diesem Ort? Ein Deutscher, der Hebräisch kann? Der Mann ist alt und hat nur noch zwei Zähne im Mund. Er erklärt mir, dass er aus Palästina stamme, in der Nähe von Tel Aviv gewohnt habe. Ausgesprochen freundlich fragt er, woher ich komme, wie ich heiße und was ich nach dem Krieg machen wolle? Ich antworte nur einsilbig. Schließlich ist es verboten mit SS-Leuten zu sprechen. Vielleicht ist der Wachmann aus einer perversen Laune heraus nur darauf aus, mich hereinzulegen und dann zu bestrafen. Völlig verstört gehe ich in die Baracke zurück. Wie kann das sein? Bald schon habe ich aber die Sache vergessen. Viel später dachte ich immer wieder über diese rätselhafte Begegnung nach. Es wäre durchaus möglich, dass der Mann aus einer deutschen Kolonie in Palästina kam und dort in der Nachbarschaft einer jüdischen Gemeinde Hebräisch gelernt hatte. Das Rätsel wird ungelöst bleiben.

Heute fragen mich Schüler bei Zeitzeugengesprächen, warum ich nicht geflüchtet bin. Wäre es in Litauen gewesen, hätte ich mich vielleicht durchschlagen können. Aber in Deutschland? Wo hätte ich hin gekonnt? Wer hätte mich aufgenommen? Ich wäre erfroren oder verhungert. Im Lager konnte ich mit Solly und David öfters Essen organisieren. Deshalb habe ich mir den Gedanken an Flucht gleich aus dem Kopf geschlagen. So lebten wir im Lager Utting – und ich hätte wohl dort bis Kriegsende in relativer Sicherheit überlebt. Doch eines Tages machte ich einen Fehler. Die SS stellte ein Arbeitskommando für ein Lager näher bei Landsberg am Lech zusammen. Ich meldete mich freiwillig, denn ich hoffte, dort meinen Vater zu treffen. David und Solly flehten mich an hierzubleiben. Vor allem David erschrak furchtbar und redete auf mich ein: «Schau, dein Vater und meiner sind doch wahrscheinlich in diesem Lager zusammen. Ich gehe nicht dort hin. Wir wissen doch gar nicht, ob sie tatsächlich dort sind. Warum willst du mich verlassen? Wir haben es doch gut hier.» Ich weiß nicht, was mich trieb. Wahrscheinlich suchte ich Geborgenheit. Wir hatten von den großen Lagern bei Kaufering und Landsberg schon gehört. Nichts Gutes. Aber ich sagte zu David nur: «Ich muss gehen.» Es war ein Riesenfehler. Das war mir eine Lehre fürs ganze Leben. Seit diesem Tag habe ich mich nie mehr für etwas freiwillig gemeldet – mit einer Ausnahme, die ich jedoch nie bereut habe, auch wenn ich dadurch in Lebensgefahr geriet. Aber davon werde ich später erzählen. David hatte Recht behalten. Meinen Vater fand ich nicht. Aber ich war im schlimmsten Konzentrationslager, das ich je kennenlernte. In Kaufering I nahmen die Deutschen uns unsere Seele.

Ich kenne diesen Jungen von irgendwoher. Er kommt gerade von der Latrine, bleibt vor mir stehen und schwankt. Eine Schnur hält seine Hose am Bauch zusammen. Aber eigentlich hat er gar keinen Bauch. Vor mir steht ein Skelett in einem schlotternden Mantel, der mit einem Draht zusammengebunden ist. Aus einem Totenschädel starren mich zwei fiebrig glänzende Augen an. «Abke», sagt er mit krächzender Stimme. Mehr nicht. Dann dämmert mir, diese elende Gestalt, die dem Tod näher als dem Leben ist, gehört Uri Chanoch aus Kaunas. Er ging vom Ghetto Kaunas mit einem anderen Transport direkt nach Kaufering I. Jetzt schreiben wir Februar 1945. Damit hat Uri die durchschnittliche Lebensdauer eines Sklavenarbeiters in diesem Lager schon überschritten. Uri ist 16 Jahre alt, wurde am 28. März 1928, sieben Tage nach mir, geboren. In Kaunas hatten wir kaum Kontakt, in Kaufering I schlafen wir in verschiedenen Baracken, nur beim Marsch zur Baustelle können wir manchmal miteinander ein paar Worte wechseln. So erfahre ich, dass sein vier Jahre jüngerer Bruder Daniel schon Anfang August 1944 nach Auschwitz deportiert worden ist. 129 Kinder zwischen acht und 14 Jahren wurden von der SS zuerst nach Dachau und dann nach Auschwitz-Birkenau verschleppt und die meisten davon im Herbst 1944 vergast. Nur die älteren Kinder mit 15, 16 oder 17 Jahren, die man zur Arbeit brauchen konnte, durften bleiben. Uri wollte seinen kleinen Bruder begleiten, aber er musste beim Vater bleiben, dem es bereits sehr schlecht ging. Der Vater wurde kurz darauf bei einer Selektion als nicht mehr arbeitsfähig herausgeholt und nach Auschwitz gebracht. Uri, der seine Mutter und Schwester schon vorher in einem Außenlager von Stutthof verloren hat, ist der einzige Überlebende der Familie – das glaubt er jedenfalls.

## Die Seele stirbt in Kaufering I

Schon bei meiner Ankunft wird es mir klar: Ich hätte
mich nie für Kaufering I melden dürfen. Aber jetzt ist es zu
spät. Ich denke wehmütig an David und Solly in Utting –
Uri, das sagt mir sein furchtbarer Anblick, wird nicht mehr
lange am Leben sein. Ich bin so enttäuscht, dass mein Vater
nicht hier ist. Jetzt habe ich keine Hoffnung mehr, ihn jemals
wiederzusehen. Nach dem ersten Tag auf der Baustelle bin
ich fast froh darüber. Er hätte es nicht lange ausgehalten –
und ich werde es auch nicht überleben. Ich bin allein in
einem Lager lebender Toter. Es ist mir fast unmöglich zu
beschreiben, wie die Häftlinge aussahen: gedemütigt, verhungert, verlaust. Sie bewegen sich wie Roboter, als wüssten
sie nicht einmal mehr, dass sie Menschen sind. In diesem
Lager wird am Fließband gestorben. Nie mehr habe ich in
meinem Leben so viele Tote auf einmal gesehen. Die skelet-
tierten Leichen liegen aufeinandergestapelt wie Holzstücke
zwischen den Baracken. Häftlinge werfen sie einmal die
Woche auf zweirädige Karren und schaffen sie zu Massengräbern außerhalb des Lagers. Dafür bekommen sie eine Ex-
traportion Brot oder Suppe. In Kaufering I begegne ich dem
«Muselmann», wie die lebenden Toten im Lagerjargon genannt werden. Diese Menschen sind in einen Abgrund von
Hoffnungslosigkeit und Mutlosigkeit versunken, mit erlo-
schenen Augen schlurfen sie ihrem Tod entgegen. Die anderen Häftlinge, die noch bei Kraft sind, beobachten die Unter-

gehenden, nicht aus Mitleid, wie ich an ihrem Blick erkenne. Sie taxieren Schuhe und Kleiderfetzen des Sterbenden, was davon vielleicht zu gebrauchen wäre. Sentimentalität ist hier fehl am Platz. Diesen armen Teufeln verdanke ich in gewisser Weise mein Leben. Denn als ich sie zum ersten Mal sehe, erschrecke ich furchtbar und mich ekelt. In mir bäumt sich alles auf. Nein! So werde ich nicht enden. Das verspreche ich mir selbst, wieder und wieder sage ich mir das vor.

Meine Erinnerung an Kaufering I ist verschwommen. Ich sehe den Appellplatz, die Erdhütten, aber ich habe vergessen, wie die anderen in meiner Baracke aussahen, kann mich überhaupt nur an wenige Gespräche, Gesichter und Namen erinnern. Das gilt für die ganze Zeit der Verfolgung, besonders aber für dieses Dachauer Außenlager. Vielleicht reagiert so das Gedächtnis auf einen übermächtigen Schock. Als drohte einem Wahnsinn, würde man sich zu genau erinnern. Es gibt keine individuelle Existenz, keine menschliche Würde – wir werden zu einem Nichts gemacht. Das kann sich niemand vorstellen, noch nicht einmal ein Mörder, der um des Geldes willen einen Menschen umbringt. Die Menschen versinken in einen Abgrund der Wertlosigkeit. Es ist mir noch heute ein Rätsel, wie ich davongekommen bin. Aber ich war dort. Und meine Seele oder ein Teil von ihr ist dort geblieben.

Am frühen Morgen eines Wintertags im Februar. In Fünferreihen marschieren wir im grellen Licht von Scheinwerfern zum Lager in die Finsternis hinaus. Am Tor steht mit der Peitsche in der Hand das Arschloch. So nennen wir den Lagerkommandanten, einen Sadisten. Wer aus dem Schritt gerät, bekommt Hiebe mit dem Gewehrkolben oder Stiefeltritte von den SS-Männern, die uns begleiten. Der beste Platz ist in der Mitte, er schützt einen auch etwas vor dem kalten Wind. Wir marschieren auf der schlechten Straße, durch riesige Wasserlöcher, dann wieder über Schnee und durch Schlamm.

Der Weg zur Baustelle im Wald, die vielleicht neun Kilometer oder mehr entfernt liegt, dauert fast zwei Stunden.
Langsam zieht die Sonne herauf. Meine nackten Füße frieren
in den Holzpantinen, mein Atem steigt wie Rauch in die Luft
auf. Jeder hat Erfrierungen an den Füßen und Verletzungen.
Der Marsch ist eine Tortur. Als wir schließlich ankommen,
bin ich schon völlig erschöpft. Im Bauch habe ich nichts als
die schwarze Brühe, die man uns zum Frühstück gibt. Die
SS-Wachen treiben uns sofort zur Arbeit. Sie sind viel schlimmer als in Utting. Vor allem viele der OT-Leute, die unsere
Arbeit auf der Baustelle beaufsichtigen, sind brutal. Wir
bauen an einem riesigen Bunker für die Produktion von Jagd-
flugzeugen. Ich schleppe zwölf Stunden lang 50 Kilogramm
schwere Zementsäcke im Laufschritt auf der Schulter oder
entlade Waggons mit Kies. Alles muss schnell gehen. Wer
zögert oder einen Moment lang verschnauft, wird sofort an-
geschrien, geprügelt oder auch erschossen. Wir sind Freiwild
für jeden Meister der OT, jeden SS-Mann oder Kapo. Sie
können jeden auf der Stelle töten. Gefährlich ist die Arbeit
auf den Gerüsten zum Aufbau der Betonwände. Mancher
rutscht auf den nassen Brettern aus und stürzt hinab, versinkt in dem noch flüssigen Beton. Nach zwölf Stunden, un-
terbrochen von einer halbstündigen Pause, sammeln wir die
Toten auf und kehren in das Lager zurück.

Die Kameraleute des Bayerischen Rundfunks warten
schon, als am Vormittag des 24. Januar 2013 Landtagsabge-
ordnete an der Welfenkaserne in Landsberg am Lech eintref-
fen. Der unterirdische Bunker, in dem deutsche Messer-
schmidt-Düsenjäger produziert werden sollten, wurde nicht
fertig. 233 Meter der Anlage, die auf 300 Meter geplant war,
wurden von uns errichtet. Heute befindet sich der Bunker
auf Bundeswehrgelände. Die amerikanischen Streitkräfte
wollten nach Kriegsende das gigantische Bauwerk sprengen.
Doch es hielt stand. Die Bundeswehr baute den Bunker auf

fünf Stockwerken zu einem atombombensicheren Depot für Nuklearwaffen aus. Ein winziger Teil der Anlage wurde 2009 zu einem Gedenkort umgestaltet: Ich stehe vor dem Stück der 25 Meter hohen Betonwand und fühle – nichts. Nichts erinnert an das Grauen, das dieser Ort für uns hatte.

Der Landtag gedenkt heute der Opfer der nationalsozialistischen Verbrechen. Nicht der ganze Landtag. Politiker haben wichtigere Termine, auch zum Holocaust-Gedenktag, an dem vor 68 Jahren die Rote Armee das Vernichtungslager Auschwitz befreite – zu spät für meine Mutter, Berale. Der Schwabacher CSU-Abgeordnete Karl Freller, Direktor der Stiftung Bayerische Gedenkstätten, hat die zentrale Gedenkveranstaltung des Landtags in den Bunkerbau verlegt. Ich spreche in Vertretung für Solly, der erkrankt ist. Dann der Höhepunkt: Uri Chanoch überreicht seine originale Häftlingsjacke als Leihgabe für das Museum, das Oberstleutnant Gerhard Roletschek aufbaut. Wirklich verstanden hat das Uris Familie nicht. Warum er jetzt nach so vielen Jahren dieses Kleidungsstück, das ihm so viel bedeutet, aus der Hand gibt. Einmal warf seine Frau Judith den Fetzen in die Mülltonne. Uri drohte mit Scheidung und durchwühlte die Tonne nach dem Kleidungsstück. Seine Geste hat einen besonderen Grund: Wir tun alles, um die Erinnerung zu bewahren – aus unserer wachsenden Sorge heraus, dass mit dem Tod der Überlebenden das Vergessen einsetzt. Können wir den vielen Worten, die heute wieder über Pflicht und Verantwortung gesprochen werden, vertrauen? In den Reden fällt das unweigerliche «Nie wieder!» – dann ist es vorbei, und die Abgeordneten fahren nach München zurück. Zurück in den politischen Alltag, in dem die Erinnerung keine Rolle spielt. Seit mehr als zehn Jahren fordern Uri und ich große Obelisken an jedem Standort der elf ehemaligen KZ-Außenlager. Die meisten sind unter Parkplätzen und Gewerbebetrieben verschwunden, eines ist in Privatbesitz – den Zugang müssen auch die

*Meine Frau Lea, mein Freund Uri Chanoch, meine Enkelin Dana und ich (vordere Reihe v. li. nach re.) in Dachau beim Gedenken an den Todesmarsch*

Überlebenden erst beantragen. Wenn diese Obelisken stünden, dann könnte ich anfangen zu leben. Uri lacht: «Was willst Du mit deinen 85 Jahren leben?» Nein, sagt er, wenn die Obelisken an unsere Toten erinnern, dann könnte ich in Ruhe sterben. Oft streite ich mit meinem Enkel Idan. Er versteht mich nicht, glaubt, dass die Deutschen nur vorgeben, die Erinnerung wachhalten zu wollen. Sobald ich und die anderen Überlebenden tot sind, sagt er, werden sie glücklich vergessen können. Er ist ein begabter Musiker und intelligenter Bursche, der mit Rabbinern in aller Welt korrespondiert, und ich liebe ihn. Auch wenn er mich manchmal furchtbar reizt. Vielleicht hat er Recht. Doch ich gebe nicht nach. Vor Tausenden von Schülern erzähle ich seit 15 Jahren schon meine Geschichte. Ihre Reaktionen darauf lassen mich hoffen, dass sie meine und die Geschichten der anderen Überlebenden weitertragen werden. Solange ich kann, werde ich

zu dieser Jugend sprechen, die so gar nichts mehr gemein hat
mit der Generation der Täter. Ich verstehe Idan. Er hat das
Leid seines Großvaters aufgesogen. Am Tag seiner Geburt
sind seine Urgroßmutter und Großonkel in Auschwitz vergast worden. Manchmal beschleicht auch mich der Gedanke,
dass viele in Deutschland nur darauf warten, bis wir Überlebende endlich gestorben sind. Dann wären sie bei ihren
Gedenkritualen unter sich, für die ich jetzt einen guten Sta-
tisten abgebe. Die Schauspielerei liegt mir eben doch im
Blut. Nein, ernsthaft: Ich halte diese Gedenkfeiern für wichtig und möchte auch nicht so weit gehen wie der Auschwitz-
Überlebende Imre Kertész, der sich bitter enttäuscht über die
Erinnerungskultur in Deutschland als «Holocaust-Clown»
bezeichnet. Oder sind wir das? Früher noch glaubte man
den Aussagen überlebender Juden nicht, deutsche Historiker
lehnten sie gar als befangen und subjektiv ab. Sie studierten
zunächst lieber die nicht zerstörten Akten von SS und Wehrmacht. Das hat sich geändert. Vor Jahren wünschten wir
eine rekonstruierte Erdhütte auf dem Gelände der KZ-Ge-
denkstätte Dachau. Das lehnten Historiker als nicht authen-
tisch ab. Nun sind aber auch die beiden Baracken am ehemaligen Appellplatz Nachbildungen. Eine Hinweistafel hätte
die Besucher aufklären können, dass diese Erdhütten, in
denen wir vegetieren mussten, nicht in Dachau, sondern in
den Außenlagern standen. Den Erzählungen, dass Häftlinge
beim Bau des Bunkers in Flüssigbeton fielen und ihre sterb-
lichen Überreste in den Wänden blieben, wollte man zunächst nicht glauben. Das hätte meinem Freund Chaim Kon-
witz gar nicht gefallen. Denn er stürzte 1944 auch von dem
Gerüst, wurde aber von einem heraustehenden Haken auf-
gefangen, dummerweise am Hals. Seitdem trug er eine zwei
Finger dicke Narbe vom Halsansatz bis zum Ohr.

Was in den Akten aus SS-Beständen auch nicht drin steht:
Wie schleppt man sich, schwach und verhungernd, nach

zwölf Stunden Schwerstarbeit durch Schnee und Kälte neun Kilometer lang zurück ins Lager? Und das Tag für Tag. Ich kann es nicht erklären. Aber es gelang mir und gelang anderen. Doch ich hatte noch Glück. Länger als die Wochen zwischen Anfang Februar bis zur Evakuierung des Lagers am 24. April hätte ich die mörderische Zwangsarbeit nicht überstanden. Schon am Morgen auf dem Appellplatz müssen die Musiker des litauischen Ghettoorchesters, die noch leben, spielen. Musik empfängt uns auch bei der Rückkehr ins Lager. Wir empfinden dieses Spektakel als Hohn, und so ist es auch gemeint. Die SS demütigt uns, wo und wie sie nur kann, und allen anderen voran zeigt das Arschloch darin ein besonderes Talent. An seine Gestalt, sein Gesicht kann ich mich nicht mehr erinnern. In meinem Gedächtnis blieben nur seine Reitpeitsche und sein Schmähnamen. Aber mehr ist der Erinnerung nicht wert. Nach der Arbeit und dem Zählappell stürze ich mich auf die Wassersuppe, die zwar nicht nahrhaft, aber doch heiß ist. Die tägliche Ration Essen schiebt den Hungertod nur auf. Wir bekommen ungefähr 300 Gramm Brot, Kaffeeersatz, Wassersuppe und ein Scheibchen Wurst oder einen Brocken Käse. Anders als in Utting finde ich kaum Gelegenheiten, zusätzliche Lebensmittel zu organisieren. Einmal geschieht ein Wunder: Ein Schulfreund meines Bruders Chaim, ich weiß gar nicht, dass er im Lager ist, sucht mich auf und schenkt mir einen Haufen Zucker. Köstlich. Dieser Junge arbeitet in der Stadt Landsberg, lebt im Kratzenkeller, einem Wirtshaus, das von der SS regelmäßig besucht wird. Er bedient die SS-Männer, bringt ihnen Wein und alle möglichen Köstlichkeiten, die für uns unerreichbar sind. Dabei fällt für ihn manchmal etwas ab. Das Überleben hängt vom Zufall ab. Auch in Kaufering I gibt es Häftlinge, die in der Küche, in der Schuhmacherei oder einer anderen Werkstatt arbeiten und so den mörderischen Arbeitskommandos entkommen. Sie arbeiten unter einem

Dach und können ab und zu Essen für sich und ihre Freunde beiseiteschaffen. Den Glücklichen ist unser Leiden fremd. Das kann ich auf ihren Gesichtern sehen. Auch auf dem meines Cousins David und seines Vaters. Erst nach etlichen Tagen bin ich auf die beiden gestoßen. In diesem Lager ist sich jeder selbst der Nächste. Die meisten Häftlinge verrohen. Nur ein Gedanke treibt sie an: Wie überlebe ich den nächsten Arbeitstag? Wie bekomme ich etwas zu essen? Das ist die Absicht der SS. Sie will die Gefangenen entmenschlichen und auf die primitivste Stufe der Existenz hinabdrücken – bevor sie sie tötet durch Gas oder eine Gewehrkugel. Einige, wahrscheinlich sogar die meisten, stehlen, auch Häftlinge, die in ihrem früheren Leben über jeden Diebstahl entrüstet gewesen wären. Aber der Hunger ist stark, viel stärker, als der Mensch sich das vorstellen kann. Noch peinigender ist der Durst. Doch im Winter greifen wir uns eine Handvoll Schnee und stecken sie in den Mund. Seltsamerweise kann ich den Hunger besser als andere ertragen. Es fällt mir sogar schwer, den Napf Suppe am Abend aufzuessen. Mein Magen kann nicht einmal diese karge Portion fassen, als wäre er stark geschrumpft, wie heute der Magen besonders fettsüchtiger Menschen durch eine Operation verkleinert wird. Ich hebe den Rest für den nächsten Tag auf. Ich finde für die Büchse ein einigermaßen sicheres Versteck unter den Schlafbrettern. Sonst ist die Suppe am Morgen verschwunden. In Utting wechselten David Granat und ich uns mit der Wache ab. Ein Vater und sein Sohn aus dem Ghetto Schaulen hatten uns schon mehrmals in der Nacht bestohlen. Aber in dieser Erdhütte habe ich keinen Freund an meiner Seite.

Ich habe mich getäuscht, und das freut mich sehr. Uri lebt und hat sich sogar ein wenig erholt. Er ist der Bunkerbaustelle entkommen und arbeitet als Läufer für die Schreibstube. Wir drehen uns eine Zigarette aus dem Papier der Zementsäcke. Als Tabak nehmen wir zerkrümelte Laubblätter.

Wer besonders gut arbeitet, bekommt eine russische Machorka. Ich habe schon lange keine mehr erhalten, die letzte tauschte ich gegen eine Scheibe Brot ein. Es gibt etliche Verrückte, die ihre Essensration für die russischen Zigaretten geben. Der SS-Kommandant hat eine Quarantäne über das Lager verhängt, da die Zahl der Fleckfieberfälle stark gestiegen ist. Wir müssen nicht zur Arbeit an den unterirdischen Fabrikhallen. Diese Verschnaufpause habe ich bitter nötig. So kann es nicht mehr weitergehen, auch wenn Uri und ich eines gemeinsam haben: den eisernen Willen zu überleben. Ich berichte ihm von Solly und David. Er erzählt mir, wie er vor meiner Ankunft im Lager von der SS erwischt wurde, als er von einem Karren eine Kartoffel klaute. Auf Befehl des Lagerführers musste Uri mit der rohen Kartoffel im Mund 24 Stunden lang am Lagertor stramm stehen. Wäre er umgefallen oder hätte er die Kartoffel zerbissen, dann hätten sie ihn erschossen. Aber Uri stand aufrecht, auch als ihm Regen ins Gesicht peitschte, und spuckte nach 24 Stunden die Kartoffel heil aus. Niemand hat mich das im Lager gelehrt. Doch ich habe die vielleicht wichtigste Regel rasch begriffen: Nicht nachgeben. Manchmal spüre ich auf der Baustelle, am Morgen beim Appell, wie meine Kraft den Körper verlässt. Sofort sage ich zu mir: «Du gibst nicht nach.» Unter jedem dieser verflucht schweren Zementsäcke, mit denen ich keuchend über die Baustelle renne, sage ich meine Zauberformel auf. Das ist mein Gebet an das Leben.

Vor ein paar Jahren habe ich beschlossen, nie mehr zu einem Arzt zu gehen. Ich habe jetzt im Alter hier und dort Schmerzen. Doch wenn man sie erträgt, dann gehen sie weg. Nun, diesen ärztlichen Ratschlag gebe ich natürlich nur unter Ausschluss jeglicher Haftung. Man mag mich einen starrsinnigen Alten schimpfen. Aber eines weiß ich gewiss: Vor dem Tod kommt die Selbstaufgabe. Ich habe sie gesehen, die endlose Kolonne der Todgeweihten, die aufgegeben haben, die zu ihren Kameraden sagten, ich kann nicht mehr, ich will nicht mehr, es ist sinnlos, und dann zugrunde gingen. Damit ich nicht falsch verstanden werden: Ich verurteile diese Menschen nicht, ein paar Wochen länger in Kaufering I, und ich hätte wahrscheinlich auch so gesprochen. Ich rede auch nicht von jenen Unzähligen, die an Fleckfieber und anderen Krankheiten starben, vergast oder erschossen wurden und bei der Arbeit verunglückten. Deshalb hing das Überleben im Lager vor allem vom Zufall ab. Wer es in ein besseres Arbeitskommando schaffte, hatte größere Chancen. Auch davon, sich möglichst unauffällig zu bewegen, nicht die Aufmerksamkeit eines Kapos oder eines SS-Mannes auf sich zu ziehen. Eine Misshandlung hatte Wunden zufolge, die unter den katastrophalen hygienischen Bedingungen zu einer Infektion und Arbeitsunfähigkeit führen konnte. Das war das Todesurteil. Eine Erkrankung an Fleckfieber oder anderen grassierenden Epidemien war für die allermeisten auch das Ende. Deshalb schleppten sich viele mit Durchfall und Fieber zur Baustelle, weil das Krankenrevier zwar ein, zwei Tage Schonung bot, aber meistens auch die Durchgangsstation in ein Sterbelager oder nach Auschwitz-Birkenau war. Bis heute wundere ich mich jedoch, dass wir so gut wie nie krank wurden. Wir tranken verschmutztes Wasser, standen stundenlang zitternd in der Kälte, schliefen unter Eiszapfen in feuchten Erdlöchern und bekamen doch nie eine Erkältung oder Husten. Offenbar stellte sich der Körper trotz Mangelernährung und Vitaminmangel auf die Umstände ein. Während der gesamten Lagerzeit konnte ich mir nicht die Zähne putzen – aber mein Zahnfleisch war fest und gesund wie nie. Das heißt jedoch nicht, dass wir keine Zahnschmerzen hatten. Einmal habe ich sogar so starke, dass meine Lebensphilosophie des Nichtnachgebens einzustürzen droht. Die Schmerzen vergehen nicht, bis mir ein Häftlingsarzt zwei Zähne mit einer Kneifzange zieht, ohne Betäubung natürlich. Oft werde ich heute gefragt, ob ich nicht an Selbstmord gedacht habe. Kein einziges Mal, wenn ich mich richtig erinnere. Der Tod war immer da, er war einem sicher und man musste ihn nicht suchen.

Nach dem Abendappell rolle ich mich auf meinen 35 Zentimeter großen Schlafplatz ein und schlafe sofort ein. Die Notdurft verrichten wir nachts in der Baracke. Wir dürfen nicht im Lager spazieren gehen. Aber wer könnte oder wollte das schon? Jeder ist froh, wenn ihn der Schlaf umfängt. Für vier, fünf Stunden, so lange dürfen wir ruhen, verstummt die Hölle. Wir schlafen dicht aneinander gepresst. Einer schnarcht mir ins Ohr, Ellbogen und Knie von zwei anderen stechen in meinen Rücken. Eine Wolke von Gestank, viele leiden an Durchfall, hüllt uns ein. Der nächste Tag bringt eine Abwechslung, eine der seltenen schönen in diesen letzten Wochen vor Kriegsende. Fliegeralarm auf der Baustelle. Ich freue mich über die Angst der SS-Männer und Zivilarbeiter. Sie rennen wie die Hasen. Ich nicht. Auch die anderen Häftlinge nicht. Das Bombergeschwader fliegt ruhig und mächtig über uns hinweg. Für uns ist das ein schöner Anblick. Nicht wenige hoffen in diesem Moment, von einer amerikanischen Bombe getötet zu werden. Aber das sagen sie nur so. Ich hoffe, man möge Nachsicht mit mir haben, dass es die Deutschen trifft. Auch in Utting hatte ich schon alliierte Flugzeuge gesehen. Eines wurde abgeschossen und ein Häftlingskommando musste die Teile der zerschellten Maschine im Wald bergen. Die Leiche des Piloten fanden wir nicht. Aber ich entdeckte im Gras ein Päckchen seiner Zigaretten. Ein begehrtes Tauschobjekt, mit dem der unbekannte Kampfpilot, der wahrscheinlich tot war, mir ein paar Tage Leben mehr schenkte.

An Widerstand denke ich in diesem Lager nicht mehr. Oder besser gesagt, der Widerstand besteht darin, die mörderischen Absichten der Nationalsozialisten zu durchkreuzen, indem ich am Leben bleibe. Von einem Aufstand, der im

Ghetto vielleicht noch möglich gewesen wäre, kann keine Rede mehr sein. Alle Konzentration erschöpft sich darin, einen Fuß vor den anderen zu setzen und den nächsten Morgen zu erleben. Dennoch gibt es einige wenige, die unter den furchtbaren Bedingungen die Kraft finden, eine Untergrundzeitschrift herauszubringen. «Nitzotz» (Der Funke) heißt das handgeschriebene Blatt auf meistens 16 DIN A 5-Blättern, das in einer winzigen Auflage unter zuverlässigen Häftlingen kursiert. Abiturienten, Studenten und Oberstufenschüler gründeten im Jahr 1940 in Kaunas nach der Okkupation des Landes durch die Sowjetunion diese zionistische antikommunistische Untergrundzeitschrift. Im Ghetto setzten die Redakteure ihre nun auch antinationalsozialistische Arbeit fort. Der einzige Überlebende, der nach Kaufering gelangte, Selimar Frenkel, später Shlomo Shafir, besorgt sich durch einen Verbindungsmann in der Schreibstube des Lagers Stift, Papier und Durchschlagspapier. In den Kauferinger Außenlagern II und vor allem I entstehen sieben Ausgaben, die zum Teil noch erhalten sind. Es ist doch erstaunlich, dass Einzelne in diesem Elend des kalten Winters 1944/45 über die Nachkriegszeit schreiben, über die Zukunft des jüdischen Volkes in einem eigenen Staat oder die Bestrafung der Täter des Massenmords. Allein dieses Beispiel lässt den großen Verlust erahnen, den Europa sich selbst durch seinen Judenhass zugefügt hat: den Verlust des schöpferischen Geistes der jüdischen Kultur. Im Lager bekomme ich keine Nitzotz-Ausgabe zu Gesicht. Offenbar zähle ich nicht zu den Vertrauenswürdigen. Ich hatte auch in Kaunas keinen Kontakt zu Mitgliedern der zionistischen Untergrundorganisation Irgun Brith Zion. Erstens war ich 1940 zu jung. Selimar Frenkel, der später einige Berühmtheit erlangen sollte, wurde vier Jahre vor mir geboren. Zweitens waren mein Vater und ich keine Zionisten. Dass ich einmal inmitten des Kampfes für Erez Israel stehen würde, lag damals noch in weiter Ferne.

Auf der anderen Seite der Lagerstraße stehen die Baracken der Wachmannschaften und die Gebäude der Kommandantur für den ganzen Lagerkomplex Kaufering/Landsberg. Dort residiert das Arschloch. SS-Männer sehen wir in unserem Lager nur am Appellplatz. Wegen der Läuse und Krankheiten trauen sie sich nicht in die Baracken hinein. Ganz hinten ist das Frauenlager durch einen Stacheldrahtzaun vom Männerlager abgetrennt. Jeder Kontakt ist verboten. In der Ferne sehe ich manchmal Frauen auf dem Weg zur Arbeit innerhalb des Lagers. Sie müssen nicht so hart schuften, recht viel mehr bekomme ich von ihnen nicht mit.

Doch hätte ich nie geglaubt, was ich erst Jahrzehnte später erfuhr. Sieben ungarische Jüdinnen bekamen in diesem Lager Babys. Sie überlebten und wurden am 29. April im KZ Dachau von den Amerikanern befreit – bei der Feier anlässlich des Jahrestags der Befreiung des Konzentrationslagers im Jahr 2010 lerne ich fünf der sieben Kinder und eine Mutter, Eva Fleischmannova, kennen. Wir haben die Kinder als Ehrenmitglieder in unsere Vereinigung der Kaufering-Überlebenden aufgenommen. Es gibt Häftlinge, die sich an die Geburten im Winter 1944/45 erinnern. Uri und ich haben das damals nicht mitbekommen – und das empfinden wir noch im Nachhinein als einen Verlust, einen Betrug an uns. Denn die Geburt von jüdischen Kindern in diesem Todeslager war natürlich ein Ereignis, das denen, die damals davon hörten, Hoffnung auf Leben gab. Mehr als die Nachrichten von der näher rückenden Front es konnten oder der Anblick der alliierten Bomberverbände, die am fernen Himmel über das Lager hinwegzogen. Mein Freund Uri spricht heute von «meinen Kindern», die er am liebsten alle nach Israel holen würde. Die Kinder, heute schon weit in den Sechzigern, leben verstreut in Kanada, Brasilien, Ungarn, der Slowakei – und eines, Hana, lebt tatsächlich seit vielen Jahren in Israel, in der Nähe Haifas. Und noch eine Überraschung barg diese

Geschichte für uns: Im Frauenlager herrschte als Kapo die rote Luba. So nannten wir die Frau mit rotem Haar, die mit einem Kapo aus dem Männerlager zusammen war. Beide stammten aus dem Ghetto Kaunas. Luba war eine unglaublich brutale und erbarmungslose Frau, die bei einer Urlaubsreise in Israel erkannt, verhaftet und für ihre Verbrechen vor Gericht gestellt wurde. Ausgerechnet sie hatte den Frauen und Babys geholfen und dafür sogar Prügel von der SS in Kauf genommen. Menschen sind zwiespältig. Für uns bleibt Luba die rote Hexe.

Der Lagerkommandant sagt auf dem Appellplatz zu uns: «Ihr werdet zur Schweizer Grenze gebracht und gegen deutsche Kriegsgefangene ausgetauscht.» Es ist der 24. April 1945. Die Amerikaner sind nicht mehr fern. Das wissen oder ahnen wir zumindest. Den Worten des Mörders glauben wir nicht. Aber warum sollen wir das Lager verlassen, wohin werden sie uns bringen? Zu Fuß marschieren wir durch die Landsberger Altstadt nach Dachau. Wer zurückfällt oder zu Boden geht, wird von SS-Männern erschossen. Irgendwann treffen wir in Dachau ein. Wir schleppen uns durch eine schmale Straße, die von kleinen Häusern mit Vorgärten gesäumt wird. Trotz der Gefahr verlassen viele die Kolonne und betteln an den Haustüren um Wasser und Brot. Ich gehe einfach in ein Haus, mir ist alles egal, und treffe eine alte Frau: «Brot, Brot.» Sie erschrickt furchtbar und holt mir rasch ein Stück Brot. Vielleicht war sie gar nicht so alt, auf jeden Fall trug sie ein Tuch über dem Kopf und war klein. Ich laufe schnell zurück zu den anderen. Die Wachen schießen nicht, sie treiben uns zusammen und bald schon sind wir im Konzentrationslager. Wir gehen durch das Jourhaus und dürfen uns auf dem Appellplatz niedersetzen. Niemand zählt uns, kein stundenlanges Stehen. In Regen und Schnee übernachten wir auf dem weiten Platz gegenüber den Gebäuden, in denen heute das Museum untergebracht ist. Wenn ich heute über die Kiesfläche gehe, dann sehe ich die Szene wie durch einen Nebel. Und ich will den kleinen, halbverhungerten, frierenden und verlausten Jungen aus Kaunas, der meinen Namen trägt, gar nicht so genau sehen. An vier Dinge erinnere ich mich jedoch klar, und sie sind bezeichnend für den Überlebenskampf im KZ: Ich sehe die Dachauer Baracken, die mir im Vergleich zu unseren Erdhütten wie ein Traum vorkommen. Ich staune über die Häftlinge, die neben unseren verdreckten und ausgemergelten Gestalten fast frisch und sauber wirken. Und ich höre plötzlich meinen Namen: Solly und David, meine Freunde, sind aus Utting auch hierher gebracht worden. Ein unglaubliches Geschenk. Am nächsten Morgen erhalten wir, bevor wir wieder aufbrechen, sogar ein größeres Stück Brot. Leider verliere ich, und das ist die vierte Erinnerung, meinen größten Schatz: Ich trage eine warme Mütze auf dem Kopf. Als wir durch eine lange Reihe von Häftlingen zum Lager hinausmarschieren, dauert es keine Sekunde, und die Mütze ist weg. Ein Häftling hat sie mir vom Kopf gerissen. Ein furchtbarer Verlust.

Durch Wälder, über schmale Straßen, durch viele Ortschaften, an deren Namen ich mich nicht mehr erinnere, führt unser Weg auf dem Todesmarsch, wie man es später nennen wird, nach Bad Tölz. In dieser Stadt will ein Zivilist uns etwas zu Essen geben. Die SS scheucht ihn weg und ein Wächter sagt zu ihm: «Das sind Verbrecher.» Tausende von Menschen starben in den letzten Aprilwochen auf den Todesmärschen. Am Ende der Schlange höre ich wieder und wieder das Knallen von Schüssen. Wer nicht mehr weiterkann, wird ermordet und liegen gelassen. Das Brot ist längst aufgezehrt, wir bekommen keine Verpflegung, und ich rupfe bei den gelegentlichen Pausen Gras aus dem Boden und kaue es. Die Graswurzeln schmecken süß und saftig. Die zwei Decken, die jeder von uns mitnehmen musste, sind im Regen und Schneefall völlig durchnässt. Ich habe keine Kraft mehr,

sie zu tragen, und lasse sie zu Boden gleiten, als die Wach-
männer gerade wegschauen. Plötzlich gehen Rufe durch die
Kolonne: Die Amerikaner! Die Amerikaner! SS-Männer und
Soldaten werfen ihre Gewehre weg und flüchten in den
Wald. Auf unserem Marsch sind auch russische KZ-Häftlinge
dabei. Sie schnappen sich die Waffen. Nach einer Stunde
vielleicht kommt die SS zurück. Von den Amerikanern keine
Spur. Es kommt zu einer wilden Schießerei, bei der die SS leider siegt. Diese Russen: Ein, zwei Nächte davor sitzen einige
bei einem kleinen Feuer und essen. David, mein Freund,
Solly und ich stehen vor ihnen und schauen zu. Offenbar
machen wir einen so bemitleidenswerten Eindruck auf sie,
dass einer aufsteht und jedem von uns zu essen gibt. Wieder
nachts, vielleicht zwei Tage vor der Befreiung, liegen wir in
einem Graben und hören plötzlich gellende Schreie von
Frauen. Neben mir kauern mein Cousin David und sein
Vater, die im Lager in einer Schuhwerkstätte gearbeitet
haben. Dadurch hatten sie Vorteile, ich aber nicht. Wir denken, jetzt ist es aus. Wir werden alle umgebracht. So kurz vor
dem vermeintlichen Ende zieht mein Onkel ein großes Stück
Brot hervor. Er trug es die ganze Zeit bei sich und hatte weder
mir noch seinem eigenen Sohn etwas davon abgegeben. Das
hat Kaufering I aus ihm gemacht. Jetzt winkt er uns heran:
«Kommt meine Kinder», sagt er leise und drückt David und
mir je ein dickes Stück Brot in die Hand. Nie mehr in meinem Leben hat Brot so herrlich geschmeckt. Darüber vergesse ich meinen Zorn auf den Onkel, meine Erschütterung
über seinen krassen Egoismus. Als er merkt, dass das Ende
noch nicht gekommen ist, behält er sein Brot wieder für sich.
Am Waldrand bei Waakirchen liegt ein totes Pferd. Häftlinge
drängen sich um den Kadaver und versuchen, Streifen von
Fleisch herauszureißen. Ich halte mich trotz meines großen
Hungers fern. Das ist mir zu gefährlich. Es dauert nicht lange,
SS-Männer eilen herbei und erschießen sie. An dieser Stelle

müssen wir übernachten. Es ist furchtbar kalt. Am Morgen erwache ich unter einer Decke aus Schnee. Viele stehen nicht mehr auf, sie sind in der Nacht erfroren. Zwischen den Bäumen steht Nebel. Zwei Stunden später sind die amerikanischen Soldaten da.

## Odyssee durch Europa

Es waren Amerikaner japanischer Abstammung, die die Häftlinge gegen zehn Uhr am 2. Mai 1945 bei Waakirchen befreiten. Aber da war ich mit meinem Cousin David schon weg. Wir wussten ja nicht, dass der Tag unserer Befreiung angebrochen war. Aber am Morgen waren die SS-Wachen verschwunden. Deshalb gehen wir zwei einfach los, um nach etwas Essbarem zu suchen. Nach einiger Zeit kommen wir zu einem Bauernhof. Durch ein Fenster sehen wir einen großen Mann, der am Herd der Küche hantiert. Ich klopfe an die Fensterscheibe. Der Mann starrt uns erschrocken an. Er hat Angst. Ich sage zu David: «Das ist bestimmt ein Soldat oder SS-Mann.» Wir haben entsetzlichen Hunger und können uns kaum mehr auf den Beinen halten. Der Fremde gibt uns Kartoffelschalen. Wir dürfen im Hof ein Feuer machen, füllen eine Schüssel mit Schnee und werfen die Schalen in das Schmelzwasser. Der Mann hat uns eine Menge Kartoffelschalen geschenkt, und wir schlagen uns nach einer Ewigkeit den Bauch voll. Ich würde gerne zurück zu David Granat. Aber wir haben Angst. Vielleicht sind die SS-Männer wie schon einmal zurückgekehrt. Wir beratschlagen uns kurz und folgen dann einfach der Straße durch die bayerische Winterlandschaft. Als wir den Lastwagen hören, ist es schon zu spät. Wir können uns nicht mehr verstecken. Der Wagen biegt mit hoher Geschwindigkeit um die Kurve. Auf der offenen Ladefläche stehen Männer in Zivil. Also keine SS. Aber sie tragen Gewehre. Eine Fahne weht neben dem Führerhaus im Fahrtwind. Wir kennen sie nicht, und bewaffnete zivile Männer erinnern uns an die litauischen Nationalisten. Sie haben uns schon gesehen, der Wagen hält, und sie reden in einer unbekannten Sprache auf uns ein. Zwei Männer springen herunter und heben uns, wir sind ja nur Haut und Knochen, mit Leichtigkeit hoch auf die Ladefläche. David und ich stehen Todesangst aus. Doch die Fremden sprechen nicht Deutsch, also können sie so schlimm nicht sein. Sind sie auch nicht. Sie bringen uns zu einem Wirtshaus im Ortszentrum von Waakirchen. Dort sitzt eine fröhlich lärmende Gesellschaft an Holztischen vor gefüllten Tellern und Schüsseln. Die Augen gehen uns bei diesem Anblick über. Wir bringen jedoch kaum einen Bissen hinunter und bereuen jetzt, dass wir zu viele Kartoffelschalen verschlungen haben. Also legen wir uns inmitten des Lärms auf der Bühne in der Gaststätte schlafen, seit langem zum ersten Mal wieder mit einem Gefühl von Sicherheit. So habe ich den Tag der Befreiung erlebt. Die Franzosen, ehemalige Widerstandskämpfer und KZ-Häftlinge, begrüßen uns am Morgen mit einem wunderbaren Frühstück. Und mein Freund David ist inzwischen auch in Waakirchen eingetroffen. Wir können noch nicht richtig begreifen, dass wir frei sind. Es sind immer noch vereinzelt Schießereien im Gange. Auf dem Dorfplatz sehen wir deutsche Soldaten mit erhobenen Händen. Die Franzosen erklären uns, dass wir nach Bad Tölz müssten, ein Militärlastwagen würde uns dorthin bringen. Mein Cousin will auf ihn warten, David und ich wollen aber gleich los.

Auf dem Weg nach Bad Tölz passieren viele amerikanische Militärlastwagen, Jeeps und Panzer die Straße. Aus jedem Fahrzeug werfen uns die Soldaten Päckchen zu. Essen, Kaugummi, Zigaretten, einfach alles. Nach kurzer Zeit sind wir vollbepackt und lassen uns am Straßenrand nieder. Nach-

dem wir eine Dose mit Fisch geöffnet haben, sagt David:
«Jetzt brauchen wir nur noch ein Challe.» Das ist der weiße
Brotzopf zum Sabbat-Essen. David hat den Satz noch nicht zu
Ende gesprochen, als ein Jeep vorbeifährt und ein Päckchen
herausfliegt. Weißbrot. Wir schauen uns ungläubig an. Ist es
wahr? Kann das wirklich sein? Sind wir das? Wir schlingen
das Essen in uns hinein. David übertreibt. Sein geschwächter
Magen verträgt das viele Essen nicht. Er muss sich auf den
Boden legen und braucht lange, bis er wieder auf die Beine
kommt. Viele Häftlinge sind schwer erkrankt und sterben
in den ersten Wochen nach der Befreiung. Ausgemergelte
Männer, die sich nach der Hungerzeit mit allem vollstopfen,
was sie in die Hände bekommen, muten ihrem Organismus
zu viel zu. In den ersten Tagen regiert uns eine unersättliche
Gier nach Essen – das ist die Wahrheit. Ich glaube, niemand
von uns hat philosophische Betrachtungen über das Menschsein angestellt. Wer das behauptet, lügt. Die amerikanischen
Soldaten bringen in dem langgestreckten zweistöckigen Ge-
bäudekomplex der SS-Junkerschule Hunderte von Überlebenden unter. Gleich nach unserer Ankunft beobachte ich
Russen, die mit Schläuchen aus Fässern voll Rum oder Wein,
ich weiß nicht mehr was, trinken. Sie saugen den Alkohol
in sich hinein, bis sie zusammenbrechen. Männer liegen vor
den Fässern, einige sterben an Alkoholvergiftung, während
die anderen nachdrängen. Wir stinken. David und ich gehen
zu den Duschen, das erste Mal nach dem Aufbruch zum
Todesmarsch können wir uns waschen. Saubere, gekachelte
Duschräume, heißes Wasser. Eine unbeschreibliche Wohltat.
Als ich zu dem Duschkopf an der Decke schaue, höre ich
in meinem Kopf die Erzählungen von Auschwitz-Häftlingen
über die Gaskammern. Aber das sind echte Duschen. Wir
sind doch frei. Ich kann mit der Freiheit gar nichts anfangen.
Ich weiß nicht, wie sie sich anfühlt, die SS hat uns gründlich
entwöhnt. In diesem Moment ahne ich nicht einmal, dass

ich künftig meine Freiheit immer wieder aufs Neue behaupten muss gegen die Erinnerung, die mich an die Lager und das Ghetto fesselt. Könnte ich sie vergessen, würde ich auch meine Mutter und meine Brüder vergessen. So unerträglich meine Geschichte ist, gelänge es mir, sie aus meinem Gedächtnis zu streichen, verlöre ich meine Identität. Aus dieser Gefangenschaft führt kein gerader Weg hinaus.

Jetzt denke ich nicht an meine Toten, ich denke überhaupt nichts – mein Kopf ist leer. Und als ich das erste Mal seit langem auf einer Matratze liege, die Beine auf einem sauberen weißen Laken ausstrecke, das Kissen unter meinem Kopf spüre, überkommt mich ein Gefühl von wohliger Müdigkeit. Bin ich glücklich? Ich weiß nicht mehr, wie das Glück schmeckt. Es wird noch Tage dauern, bis ein Gefühl von Glück zaghaft aufscheint. Es erlischt sofort wieder, wenn die Bilder von Stutthof vor mein inneres Auge treten. Meine Mutter mit Berale auf dem Arm. Das Gesicht von Chaim, als er auf die dunkle Ghettostraße trat. All die anderen. Warum, warum nur mussten sie sterben. Und mein Vater? Wo ist er? Lebt er noch?

Ich weiß nicht, welcher Teufel mich reitet. David und ich kleiden uns nach der Dusche neu ein. In dem Haufen Kleidung in einer Halle der Junkerschule entdecke ich die Jacke einer SS-Uniform. Ich ziehe sie über und stolziere mit geschwellter Brust umher, brülle deutsche Kommandos. David lacht Tränen über meine Parodie auf den zackigen Herrenmenschen. Doch nicht lange. Ein Mann findet meine improvisierte Aufführung überhaupt nicht lustig. Er packt mich am Arm und warnt mich, die Uniform sofort auszuziehen, wenn mir mein Leben lieb sei. «Dummkopf, willst Du von einem amerikanischen Soldaten erschossen werden?» Manche zögern nicht lange, nachdem sie das Grauen der Konzentrationslager gesehen haben, und erschießen jeden SS-Mann, den sie zu fassen bekommen. Die Soldaten, zumeist junge

Burschen, fragen David und mich nicht nach unseren Erfahrungen im Konzentrationslager. Das liegt nicht nur an den Problemen der Verständigung. Aber sie behandeln uns sehr freundlich und sind um uns besorgt. Der erste Job in der Freiheit, wir haben uns nicht um ihn bemüht, überfordert David und mich nun wirklich nicht. Ein Offizier ernennt uns in gebrochenem Deutsch zum Aufsichtspersonal für das große Schwimmbecken in einer Halle der Junkerschule. Dafür händigt er uns einen Zettel aus, der uns berechtigt, die amerikanische Feldküche außerhalb der Kaserne zu benutzen. Jeden Tag gehen wir hin und bekommen ein wunderbares Mittagessen. Viel Fleisch, Karotten, Erbsen, Kartoffelbrei – ein Schlaraffenland. Die Soldaten, in der Mehrzahl junge Männer, plaudern, soweit unsere Sprachbarrieren das zulassen, gerne mit uns. Nach jeder Mahlzeit schenken sie jedem von uns eine dicke Zigarre, die wir mit der selbstverständlichen Geste eines Erwachsenen entgegennehmen. Wir sind, auch wenn wir nur 17 Jahre zählen, alte Männer. Diese kampferprobten Soldaten würden entsetzt zurückprallen, wenn David oder ich ihnen von dem Leid der Juden im Ghetto oder in den Vernichtungslagern berichten würden. Wir bleiben nicht lange in Bad Tölz. Im August bringen die Amerikaner uns nach München, in das DP-Camp Freimann. Mein Cousin David Levine und sein Vater, die ich in Bad Tölz wiedergetroffen habe, gehen mit uns. Solly ist schon vor Wochen aufgebrochen. Er begleitete seinen noch immer schwachen Vater in ein Krankenhaus in Geretsried, danach kamen sie in das DP-Lager Feldafing. Auch Solly benötigte ärztliche Behandlung. An seinem Körper wuchsen mehrere schmerzhafte Eiterbeulen. Uri? Wir haben seit der Evakuierung des Lagers Kaufering I nichts mehr von ihm gehört.

München 1945. Ich kann mich nicht erinnern, dass es mir leidgetan hätte um die «Hauptstadt der Bewegung», die nach den Bombenangriffen der Alliierten in Trümmern liegt. Mit David Granat erkunde ich die Stadt, aus der die eintausend Juden stammten, die im November 1941 am Ghetto vorbeizogen und drei Tage später im IX. Fort erschossen wurden. Ganze Stadtviertel liegen in Schutt und Asche. Auf beiden Seiten der Augustenstraße in Schwabing türmt sich das Geröll. Vereinzelt stehen noch Hauswände mit Tapetenfetzen und Fensterlöchern, Kamine ragen über eingestürzte Dächer und Treppenhäuser auf. Die stolzen Bürgerhäuser am Marienplatz um das Rathaus, das seltsamerweise weitgehend unbeschädigt ist, sind zerbombt und bis auf die Grundmauern niedergebrannt. Eine amerikanische Reporterin, die die Streitkräfte begleitete, hörte von den Besiegten bei jeder Gelegenheit: «Ich habe davon nichts gewusst.» Diesen Satz hörte sie so oft, dass sie zunächst meinte, er stamme aus der deutschen Nationalhymne, wie die Journalistin ironisch schrieb. Mit den Deutschen habe ich keinen Kontakt. Ich sehe das einstige Herrenvolk durch die Ruinen umherirren. Mit gebeugten Schultern und resigniertem Blick suchen sie nach Essbarem, nach Brennmaterial oder stehen vor der Freibank Schlange, wenn es ohne Lebensmittelkarten Pferdefleisch gibt. Bis April 1946 bekommt jeder Münchner pro Tag 1550 Kalorien zugewiesen – immerhin mehr als das Fünffache dessen, was wir bei Schwerstarbeit in Kaufering I erhielten. Die Kranken im Sterbelager Kaufering IV bekamen keine einzige Kalorie. Mitleid? Nicht die Spur. Ich bin mit Ausnahme der vielen Momente, in denen die Vergangenheit über mich hereinbricht, vollends damit beschäftigt, mich an das neue Leben zu gewöhnen. Es ist überwältigend. Ich darf nach vier Jahren frei auf der Straße umherschlendern, muss nicht darauf achten, dass ich jede Sekunde erschossen oder zusammengeschlagen werden könnte. Kein Mensch nimmt Notiz von mir. Als ich das erste Mal das DP-Camp verlasse, schaue ich mich rasch um, blicke nach hinten über meine

Schulter, nach rechts und links, als könnte ein Wächter auftauchen. Die Angst in mir hat noch nicht verstanden, dass ich frei bin. Doch Rache nehme ich schon, wie ein Kind eben Rache nimmt. Von den Amerikanern bekommen wir Schokolade und Zigaretten. Manchmal werfe ich eine nur angerauchte Zigarette weg und zertrete sie vor dem gierigen Blick eines Deutschen auf dem Boden. Oder ich sitze in einer überfüllten Straßenbahn und esse ganz langsam und genüsslich eine Tafel Schokolade. Die anderen Fahrgäste starren mich an. Ich meine, das war ein unschuldiges Vergnügen angesichts der Demütigungen und der Angst, des Hungers und der Todesangst, der Sklavenarbeit und der Morde, die wir ertragen mussten. Viele Deutsche fürchteten die befreiten KZ-Häftlinge. Die nationalsozialistische Hetze, wonach wir Abschaum und Verbrecher waren, wirkte nach. Gerüchte von Diebstählen und Übergriffen an der Zivilbevölkerung machten die Runde. Das meiste davon ist erfunden. Ich wundere mich im Gegenteil bis heute, dass Zehntausende von befreiten Juden die Deutschen nicht einmal antasteten. Liegt es an unserer Mentalität und unserem Glauben, der Achtung auch vor dem Leben des Feindes verlangt? Oder waren wir einfach so niedergeschlagen, in unserer Trauer gefangen, dass uns der Gedanke an Rache überhaupt nicht kam? Im umgekehrten Fall, da bin ich mir sicher, hätte man uns geschlachtet.

Ein paar Monate später betreten zwei Männer die DP-Baracke, in der David und ich leben. Mein Vater Hirsch und Davids Vater Melech. Ich traue meinen Augen nicht, dann fliegen wir aufeinander zu, und fast ersticke ich in Vaters wortloser Umarmung. Wir können uns gar nicht mehr loslassen. Unsere Väter waren von Stutthof in das Dachauer Außenlager bei Allach deportiert worden. In Allach wurden sie befreit. Lange suchten sie in dem allgemeinen Chaos nach uns, gaben die Hoffnung nicht auf, ihre Kinder lebend wiederzufinden. Unsere Freude ist unbeschreiblich – und dennoch weckt die ersehnte Wiederbegegnung ein komisches Gefühl. All die Zeit seit unserer Befreiung konnten David und ich machen, was wir wollten. Niemand gibt auf uns acht. Fast jeden Tag laufen wir in die Stadt, gehen ins Luitpold-Kino und schauen uns immer den gleichen Film mit Rita Hayworth an. An den Titel kann ich mich nicht mehr erinnern. Wie in Kaunas fröne ich meiner Leidenschaft fürs Kino. Auch im Leopold in der Leopoldstraße gehen wir ein und aus. Das nötige Geld dafür verdienen wir uns auf dem Schwarzmarkt. Wir fühlen uns erwachsen und, heute würde man sagen, ziemlich cool, wir rauchen – und jetzt kommen die Väter. Zuhause in Kaunas hatten wir Kinder großen Respekt vor den Eltern. Man hat dem Vater nicht widersprochen. Noch 1953, ich war 25 und selbst schon Vater, habe ich nicht gewagt, in seiner Gegenwart zu rauchen. Jetzt, das gefällt David und mir überhaupt nicht, müssen wir uns wieder benehmen, Rechenschaft abgeben über unser Tun und Lassen. «Wo wart ihr, was macht ihr, wo geht ihr hin, passt auf euch auf...» Aber natürlich sind wir froh, wieder mit ihnen vereint zu sein. Denn im Grunde fühlen wir uns verloren und einsam in diesem Land. Außerdem werden wir ihre ständigen Ermahnungen nicht lange über uns ergehen lassen müssen.

Die amerikanische Militärverwaltung informiert die Menschen im DP-Camp: Jeder, der nach Hause will, darf gehen. Natürlich ist es so, dass die Amerikaner diese Menschen los haben wollen. In den DP-Camps herrscht eine wilde Atmosphäre. Irgendwie sind alle verrückt. Die meisten wollen nach Palästina. Doch die Engländer verbieten die Einwanderung, auch der Weg nach Kanada oder in die USA ist nicht einfach. Unsere Väter entscheiden sofort: Wir gehen nach Litauen zurück. Tausende sind im kriegsverwüsteten Europa unterwegs. Flüchtlinge und Verschleppte wollen in ihre Heimat, andere sie so schnell wie möglich verlassen. Überlebende Juden ziehen vom Osten nach Westen. Sie wollen in die amerikanische Zone und von dort nach Palästina ausreisen. Dieser Gedanke spukt in meinem und Davids Kopf auch schon herum. Aber wir werden nicht gefragt. Doch David treibt sogar ungeduldig zum Aufbruch. Ich verstehe ihn nur zu gut: Die Hoffnung, etwas über das Schicksal seiner Mutter und Schwester zu erfahren, treibt ihn an. Vielleicht sind die Verschollenen ja doch am Leben. Ich will in Deutschland auf keinen Fall bleiben und hoffe wie mein Vater, in Kaunas vielleicht doch noch jemanden aus unserer einmal so großen Familie lebend anzutreffen. All unsere Habe passt in zwei Koffer und zwei oder drei Rucksäcke. In der sowjetischen Zone, das merken wir sofort, wird eine andere Musik gespielt. In Meißen werden wir verhört. Warum habt ihr überlebt? Warum habt ihr für Hitlers Kriegsindustrie gearbeitet? Jeder Mann zwischen 17 und 47, wird uns erklärt, müsse zum Militär. David und ich sind 17, unsere Väter 44 Jahre alt. 24 Stunden lang werden wir von den Russen festgehalten, dann können wir gehen. Der Bürgermeister, ein Kommunist, hilft uns. Er gibt uns Papiere in drei oder vier Sprachen, die uns erlauben, nach Litauen weiterzureisen. Mein Cousin David, der auch mit uns geht und eine bessere Nase für die vor uns liegenden Gefahren hat, verabschiedet sich. Er will nach München zurück. Sein Vater, der große Egoist, hatte ihn allein auf die Reise nach Litauen gelassen. Nur verkehren so gut wie keine Züge mehr. Also machen wir uns zu Fuß auf den Weg. Auf den Landstraßen sind viele Menschen unterwegs. Wir ziehen den Handkarren, den mein Vater besorgt hat, durch die Ruinen von bombardierten Städten, kommen durch niedergebrannte menschenleere Dörfer. Die deutschstämmigen Bewohner haben sie verlassen oder sind tot. An diesen Orten herrscht eine gespenstische Stille. Jede Nacht gehen wir in ein anderes verlassenes Haus. Einmal finden wir eine wunderschöne Wohnung, die offenbar erst vor ein paar Stunden aufgegeben wurde. Möbel, Betten, Vorhänge, alles ist noch da. In vielen Wohnungen stehen fast volle Kleiderschränke, in Vitrinen mit Glasfenstern wertvolles Geschirr. In den Dörfern laufen noch Hühner herum, die wir einfangen und schlachten. Wir speisen von feinstem Porzellan und trinken aus Kristallgläsern. Danach werfen wir alles vom Tisch und zerschmettern Teller und Terrinen auf dem Boden. Warum? Vielleicht können wir, die alles verloren haben, den Anblick dieses Wohlstands nicht ertragen. Während die Volksdeutschen in Schlesien oder Preußen behaglich lebten, gingen Millionen von Juden ins Gas. Sehr gut war es dem Tätervolk ergangen, bis seine Verbrechen auf es zurückfielen. Aber: Man hüte sich vor Pauschalurteilen. Es gab unter den deutschstämmigen Bewohnern der Länder, die von der Wehrmacht besetzt wurden, Nazigegner. Auch an den nach Kriegsende Vertriebenen, darunter viele unschuldige Kinder, wurden Verbrechen begangen – die Vertreibung selbst bleibt ein unmenschlicher Akt, auch wenn sie als Reaktion auf die Gräueltaten der Deutschen gesehen werden muss. Aber das rechtfertigt nicht, wie Funktionäre der Vertriebenenverbände es gerne hätten, eine Gleichsetzung mit dem einmaligen Verbrechen des Holocaust.

Wie doch ganze Lebensläufe durch Zufall entschieden werden. In Breslau finden wir einen Zug nach Warschau. Ein Pole sitzt in dem Abteil, in das wir uns drängen. Mein Vater, der Polnisch spricht, schenkt ihm Wodka ein. Der Mann, vielleicht 30 Jahre alt und in einen guten Anzug gekleidet, hat ein selbstsicheres Auftreten und ein sympathisches Lächeln. Vor allem aber ist er offenbar ein nicht antisemitischer Pole. Er neigt sich zu uns und warnt uns in vertraulichem Ton vor der Weiterfahrt in den russisch besetzten Ländern. Als er von uns hört, dass wir nach Litauen wollen, schüttelt er den Kopf.

Alle Juden, die überlebt haben, flüchten vor den Sowjets und gehen nach Lodz, sagt er. Dort helfe ein jüdisches Komitee den Flüchtlingen weiter. Wir wissen schon, dass die Kommunisten uns jüdische Überlebende nicht gerade mit Hurrarufen empfangen werden. Aber kann es wirklich so schlimm sein? Doch unsere Zufallsbekanntschaft spricht mit so viel Überzeugungskraft, dass unsere Väter in ihrem Entschluss zu schwanken beginnen. Ich wäre ohnehin am liebsten schon mit meinem Cousin umgekehrt, habe aber meinen Mund gehalten. Was wäre aus mir geworden, hätten wir Kaunas erreicht und dort unter dem kommunistischen Regime gelebt – unter den Litauern, die begeisterter noch als Slowaken, Ungarn und andere Kollaborateure der Nazis ihrem Judenhass frönten. Die Litauer, die mir noch ekelhafter in ihrem Selbstmitleid als angebliche Opfer sind, als die Deutschen, die Urheber des Massenmords, es seit Kriegsende je waren. Litauen ist kein Ort für Juden mehr. Auch Polen nicht. Eine Welle jüdischer Flüchtlinge schwappt in die amerikanische Zone über, nachdem sie sich in Polen wieder verfolgt sehen. Wie in Ungarn und der Slowakei, damals wieder Teil der Tschechoslowakei, kommt es in Polen zu Ausschreitungen und Pogromen. Allein in Kielce werden im Juli 1946 mehr als 40 Juden ermordet. Die tiefkatholisch geprägte Bevölkerung ist traditionell antisemitisch. Außerdem fürchten viele Polen, die überlebenden Juden würden ihren Besitz zurückfordern, den sie sich inzwischen einverleibt haben. Die zufällige Begegnung im Zug nach Warschau bewahrte mich vor einer wenig erstrebenswerten Zukunft.

In Lodz entdecken wir im Haus der jüdischen Gemeinde meine Tante Elke, die pfiffige und jüngste Schwester meines Vaters, die im Ghetto die Kuh ohne Leber hereinschmuggelte. Meine warmherzige und energische Tante Elke, die auch in Stutthof war, hat also überlebt. Sie arbeitet für das jüdische Komitee und empfängt am Bahnhof eintreffende

Flüchtlinge. Ich kann mich an das Wiedersehen nicht mehr erinnern, glaube aber, es war nicht nur fröhlich – zu viele von unserer Familie sind tot. Aber Davids Freude kennt keine Grenzen. Er weint und lacht, alles zusammen, denn er erfährt von meiner Tante, was aus seiner Mutter Alte und Schwester Dora geworden ist. Das Wunder, das ich so erbeten habe, ist für ihn wahr geworden. Sie leben. Auch sein Vater Melech weint. Was für ein Glück ist dieser Familie zuteil geworden. Es tut mir heute noch leid: Ich hätte mit meinem besten Freund tanzen sollen in diesem Moment des Triumphs und Glücks. Diese eine Familie haben die Mörder nicht zerstören können. Aber unsere Seelen sind zerbrochen. Ich sehe Mutter mit dem kleinen Berale auf dem Arm am Zaun von Stutthof. Ich freue mich für David, lächle ihn an – und er versteht. Wir umarmen uns, und dann müssen wir weiter, in die winzige Wohnung meiner Tante, die für die nächsten Wochen unser Zuhause sein wird. Alte und Dora sind in einem Lager, das die Russen für KZ-Überlebende eingerichtet haben. Unsere Väter holten sie heraus, vermutlich bestachen sie einen russischen Soldaten oder Offizier. Mein Vater kaufte in Danzig Blech ein, das er in Warschau auf dem Schwarzmarkt anbot. Deshalb verfügte er über Geld. Auch Davids Familie war damals bei dem Angriff der deutschen Wehrmacht auf Kaunas in das Feuerwehrhaus geflüchtet. Mein Vater ärgerte sich jedoch über ihre Bemerkung, dass unsere Chancen auf der Flucht durch den kleinen Berale sinken würden. Jedenfalls ging mein Vater allein mit uns los.

David Granat: Die ganze Familie wird nach Baltimore gehen. Viele Jahre werden vergehen, bevor ich ihn 1961 wiedertreffe. Ich reise mit dem Schiff nach New York und rufe ihn wie vereinbart gleich nach meiner Ankunft an. Ich würde viel lieber erst einmal in ein Hotel einchecken, David besteht jedoch darauf, dass ich den nächsten Zug nach Baltimore nehme. Es ist 21 Uhr. «Du wirst mir nach einem schweren Arbeitstag doch nicht zumuten, jetzt noch stundenlang mit dem Auto zu fahren.» Ich weiß, er macht es. Also nehme ich den Zug. Als ich endlich spät in der Nacht in seiner Wohnung ankomme, wirft er doch tatsächlich seine Frau aus dem Ehebett. Die Ärmste muss auf dem Sofa schlafen, damit ich es bequem habe. Meine Einwände lässt er nicht gelten. David hatte sich in München in ein Mädchen verliebt. Ruth hieß sie. Sie gebar ihm Zwillinge, die bei der Geburt starben. Lange Zeit wollte er immer nach München zu Ruth zurück. Aber dazu kam es nicht. Er heiratete in Baltimore und arbeitete für 30 Dollar die Woche im Taxiunternehmen seines Schwiegervaters. Später übernahm er den Betrieb und hatte am Ende 175 Taxen laufen. Ich besuchte ihn und drei andere Überlebende aus Litauen noch sehr oft – bis zu seinem Tod im Jahr 2009.

Ich bleibe mehrere Wochen in Lodz, bis mein Vater gefälschte Papiere für die Ausreise nach Jugoslawien besorgen kann. Dass wir nach Jugoslawien wollten, täuschen wir vor, weil die Sowjets niemand in den Westen ausreisen lassen. Von Lodz wollen wir über Kattowitz, Prag, Bratislava, Wien und Salzburg zurück nach München. Ich ahne ja nicht einmal, dass mit dieser Reise meine Odyssee durch das Nachkriegseuropa noch lange nicht zu Ende sein wird. Viel ist mir von dieser Rückreise nicht mehr in Erinnerung. Eine Zwischenstation habe ich jedoch nicht vergessen. Als ich in feinem Nieselregen vor dem Bahnhofsgebäude in Kattowitz erwache, bin ich allein. Wo ist mein Vater? Am Abend zuvor legte er sich noch neben mich schlafen. Seine Freundin, ein junge Jüdin aus Lodz, ist auch verschwunden. Sie und mein Vater wollen in München heiraten. Das hat er mir gesagt. Der Bahnhof füllt sich mit Menschen. Viele Entwurzelte lagern vor dem Bahnhofsgebäude im Freien, bevor sie sich wieder in alle Richtungen zerstreuen. Ich schlendere durch die Bahnhofshalle. Fauchende Lokomotiven ziehen die Züge herein, die Türen der Waggons schlagen auf, Passagiere, viele wirken verwahrlost, strömen heraus. Ein Sprachengewirr. Ich habe Hunger, aber kein Geld. Nach einer Woche kehrt Vater mit seiner neuen Liebe zurück. Sie haben die Tage und Nächte in einem Hotel in der Nähe des Bahnhofs verbracht. Ich habe in Kaufering weitaus schlimmere Situationen überstanden. Aber dennoch trifft es mich wie ein Schlag. Ich verurteile meinen Vater nicht, aber ich erkenne schlagartig, dass ich auch ihn verloren habe. Das ist nicht mehr der fürsorgliche Hirsch Nauchowicz aus Kaunas, der seine Frau und seine Kinder über alles liebte und sie bis zuletzt zu schützen versuchte. Später wird er wieder zu sich selbst finden. Doch jetzt haben die Lager, der Tod meiner Brüder und meiner Mutter, aus ihm einen verstörten Mann gemacht, der in den Armen einer jüngeren Frau nach Erlösung sucht. Das Mädchen hat es noch nicht einmal ernst gemeint. Sie benutzte meinen Vater nur, um nach München zu kommen. Sofort nach der Ankunft verließ sie ihn und ging zu ihrem Verlobten, der in der Stadt bereits auf sie wartete.

In Kattowitz schließe ich mich mit drei, vier Jungs zusammen. Auch zwei oder drei Mädchen stoßen zu uns. Ohne meinen Vater und seine Braut setze ich mit ihnen die Reise nach Prag fort. Ich habe keinen Pfennig in der Tasche, die anderen auch nicht, doch hatten wir ja im Lager das Organisieren gelernt. In Prag finde ich eine Suppenküche, in der ich umsonst zu essen bekomme. Ein magerer Kerl mit einer schmutzigen Schürze um den Bauch beobachtet mich. Er fragt mich: «Willste auch arbeiten?» Ich will. «Wenn ich einen Schlafplatz bekomme, dann kann ich auch arbeiten», sage ich. Zwei Wochen bleibe ich dort und schenke Suppe aus. Eines Morgens ziehe ich mit den anderen weiter nach Bratislava. Juden aus Polen, Rumänien, Ungarn, Jugoslawien strömen in die slowakische Stadt an der Donau, das Tor nach Österreich und in die westlichen Besatzungszonen Deutschlands. In der Stadt sitzt ein Komitee der Bricha, einer Untergrundbewegung, die Juden aus Mittel- und Osteuropa die illegale Flucht nach Palästina ermöglicht. Ich weiß nicht mehr, wie lange ich in der Stadt blieb. Man schärft uns ein, wir sollen uns als Griechen auf dem Weg in die Heimat ausgeben. Auf keinen Fall sollen wir mit Menschen auf Bahnhöfen sprechen, auf Fragen nur mit einem unverständlichen Gemurmel antworten. So kommen wir schließlich in Wien an und werden in die britische Zone gebracht. Und dann Endstation: Nicht weit von Linz ist ein großes DP-Lager. Die allermeisten wollen nach Palästina, und das wissen die Engländer natürlich. Deshalb gibt es keinen Weg raus. Doch meinen Weggefährten und mir gelingt es. Im Zug nach Salzburg schnappen uns britische Soldaten bereits nach ein paar Stationen. Wir müssen aussteigen. Zwanzig, dreißig Meter vom Schienenstrang entfernt stehen Obstbäume mit Äpfeln und Birnen. Wir werfen Steine nach den Früchten. Ich ziele mit einer zerbrochenen Flasche und reiße mir an dem scharfen, gezackten Glas fast einen Finger ab. Das Blut strömt aus der tiefen Wunde. Ein Soldat eilt herbei und verbindet sie. Sein Mitleid entlohnen wir schlecht. Doch was bleibt uns anderes übrig. Er erlaubt uns, zu den Bäumen zu gehen. Wir pflücken Äpfel und Birnen so viel wir nur tragen können und schleichen uns, als er abgelenkt ist, auf die andere Seite des Zuges. Als der Zug ratternd an Fahrt gewinnt, machen wir uns über das Obst her. Jetzt merke ich erst, wie schmerzhaft meine Verletzung ist. In Salzburg sind die Amerikaner. Ihre Militärpolizei kontrolliert den Zug, bevor er die teilweise gesprengte Brücke von Salzburg passiert. Ich habe keine Papiere. In dem Waggon laufe ich rasch zu der Seite der Fahrgäste, die schon kontrolliert wurden. Die Militärpolizisten bemerken mich nicht. Im Lager habe ich gelernt, mich unsichtbar zu machen. Auch zwischen den Regentropfen zu laufen, um nicht nass zu werden.

Nachts kommen wir in München an. Bei meinem Onkel und Cousin David in Schwabing kann ich meinen Hunger stillen. Dann muss ich in das DP-Camp im Deutschen Museum. Zu Fuß ist mir der Weg zu weit, ich springe auf eine Trambahn auf. Der Schaffner ruft: «Hat alles Fahrscheine?» Ich tue so, als würde ich kein Wort verstehen und zeige ihm das Papier in vier Sprachen, das mich als ehemaligen KZ-Häftling ausweist. Ein junges Pärchen mischt sich ein und liest mein Papier. «Lassen Sie den Jungen, er kommt vom Lager», reden sie auf den Schaffner ein, der brummend davonzieht. Einen oder zwei Monate später, es ist Anfang 1946, treffe ich Solly wieder. Wir nennen ihn Spargel. Eines Abends sitzen wir in unserem Lieblingslokal gegenüber der Ludwigsbrücke, in dem Haus, in dem Jahre später der erste Wienerwald in Deutschland eröffnet werden sollte. Der Kellner, ein Mann namens Benz, empfiehlt uns Spargel. David und ich kennen das blasse Stangengemüse nicht einmal, aber Solly springt freudig erregt auf. «Wirklich? Spargel? Wunderbar. Das ist ein Leckerbissen.» Für meinen Geschmack übertrieb er mal wieder maßlos, aber er hatte seinen Spitznamen weg. Spargel arbeitet für den Geheimdienst der US-Armee und soll Kriegsverbrecher ausfindig machen, die in den DP-Camps untergetaucht sind. Er ist mächtig stolz auf seine Militäruniform und dazu hat er auch allen Grund. Wir sind alle wieder vereint. David Granat, der nach dem Wiedersehen mit seiner Mutter voller Lebensmut ist. Mein Cousin David, dessen Vater das von den Nazis gestohlene Häuschen eines toten Verwandten erhielt. Cousin David wohnt seitdem in Grünwald. Schließlich stößt noch Michael Kurzer zu uns, ein Freund aus dem Ghetto Kaunas, der mit seinem Vater ebenfalls in München gestrandet ist. Wir sind eine richtige Bande von Litauern, bekannt als die «Litwakes». Wir gehen gerne gemeinsam in Restaurants, lachen und reden – aber unsere Fröhlichkeit geht nicht wirklich tief, früher oder später werden unsere Gespräche von den Erinnerungen an die Lager beherrscht. Das wird so bleiben bis ins Alter. Sitze ich mit Uri und Solly zusammen, ist es nur eine Frage der Zeit, bis einer von uns das Ghetto und die Lager anspricht. Auch in Schwabing treiben wir uns häufig herum, gehen in den Englischen Garten, ins Kino und kehren in Restaurants ein. Was vor einem Jahr noch undenkbar gewesen wäre, ist heute nicht einmal mehr der Erwähnung wert: Deutsche Kellner bedienen uns besonders gerne, denn wir haben nicht nur Lebensmittelkarten, sondern stecken ihnen auch Zigaretten zu, die stabilste Währung auf dem Schwarzmarkt. Das Durchschnittsgehalt eines Münchners beträgt zwischen 200 und 500 Mark. Damit kann schon ein Einzelner kaum seinen Lebensunterhalt bestreiten, ganz zu schweigen von einer Familie. Die Menschen sind gezwungen, auf Diebestour zu gehen und notwendige Dinge auf dem Schwarzmarkt zu erstehen. München hungert. Viele erkranken an Tbc und an grippalen Infekten. Im Winter 1946 liegt mehr als ein Drittel der Bevölkerung krank im Bett – und 30 000 Münchner haben sich mit einer Geschlechtskrankheit infiziert.

Im Deutschen Museum auf der Isarinsel mache ich meine ersten Schritte als Kaufmann, wenn man mal von meinem florierenden Bagel-Geschäft im Ghetto absieht. Eigentlich fühle ich mich nicht zu einem Leben als Geschäftsmann bestimmt, obwohl ich in dieser Rolle viele Jahre später als Gastronom in München großen Erfolg haben werde. In den Dächern und Wänden des Museumsgebäudes klaffen große Löcher von den Bombentreffern. Das DP-Lager ist überfüllt. Männer, Frauen, Kinder, Babys – ein Durcheinander und Stimmengewirr, dem ich so oft ich kann entfliehe. Einige Männer schlagen die Zeit mit Kartenspielen tot. Ich habe einen Satz Spielkarten, und sie wollen mir Zigaretten dafür ge-

*Dieses Foto schickte ich 1953 aus Israel meinem Vater nach München. Er erschrak und dachte wohl, ich sei am verhungern. Er schickte mir sofort ein Schiffsticket nach Marseille.*

ben. Ich schlage den Spielern ein anderes Geschäft vor: Ich verleihe die Spielkarten gegen eine Gebühr für jede Runde. Die Männer spielen bis fünf Uhr morgens. Ich sitze dabei und döse immer wieder weg. Von dem Geld besorge ich mir weitere Kartensätze, die ich wiederum ausleihe.

Im Hof des Museums mache ich meine ersten Erfahrungen im Schwarzhandel mit Zigaretten und Kaffee. Später biete ich auch Feuersteine für Feuerzeuge und Süßstoff an, alles Artikel, die schwer zu bekommen sind. Das bringt mir nach ein paar Wochen einen schönen Verdienst. Als mein Vater zurückkehrt, gebe ich ihm stolz 5000 Mark. Das ist zwar nicht viel Geld gewesen, aber immerhin.

Die Stimmung in diesem DP-Lager ist bedrückend. Viele sitzen den ganzen Tag lethargisch auf den hölzernen Stockbetten oder liegen am Boden auf Armeedecken herum. Die Amerikaner und das Rote Kreuz versorgen sie mit Nahrungsmitteln. Die Menschen bewegen sich langsam und gebeugt, vorsichtig, als wären sie noch nicht frei. Das sind sie auch nicht. Im Grunde sind sie noch immer im Lager. Von den

Deutschen haben sie kein Verständnis zu erwarten. Die sind mit ihrem eigenen Überleben beschäftigt und wollen an die Naziverbrechen nicht erinnert werden. Ausgerechnet auf Empfehlung des Münchner Kardinals Faulhaber holt die Militärverwaltung den ehemaligen Oberbürgermeister Karl Scharnagl zurück. Die Nazis hatten 1933 den katholisch-konservativen Politiker der Bayerischen Volkspartei aus dem Amt vertrieben. Aber den Antisemitismus hat er trotzdem offenbar im Blut. Im November 1946 beschimpft er öffentlich die Juden in den DP-Lagern als «arbeitsscheues Gesindel», das sich nicht am Wiederaufbau beteiligen wolle. Nicht alle von uns sind durch das erlittene Trauma derart gelähmt, als dass sie die Haltung der Deutschen nicht genau beobachten würden. In den DP-Camps etablieren sich jüdische Komitees, die zusammen mit den Amerikanern für die traumatisierten Menschen zunächst materielle Hilfe organisieren. Die Menschen leben in den aufgegebenen Wehrmachtsbaracken in großer Enge, zehn und mehr müssen sich einen Raum teilen. Natürlich beherrschen DPs – neben amerikanischen Soldaten – den Schwarzmarkt in München. Was aber sollen sie sonst auch machen? Es fehlt an Nahrung, Betten, Kleidung und Medikamenten in den Camps. Besonders erschreckend sind Zusammenstöße mit der deutschen Polizei, auch mit Soldaten der Siegermächte, die keine Rücksicht auf das Schicksal der Davongekommenen nehmen. Die Komitees bereiten mit Unterstützung der Soldaten der jüdischen Brigade, die auf Seiten der Briten gegen Nazideutschland gekämpft hatten, die Menschen auf die Auswanderung vor. Sie haben die Organisation «Bricha» gegründet, was auf Hebräisch Flucht heißt. Schulen und Werkstätten entstehen in den Camps. Die Komitees organisieren Unterricht in Hebräisch, bauen Kibbuzim auf und vermitteln landwirtschaftliche Kenntnisse. Denn Zukunft kann für uns Juden nach dem Massenmord nur eines heißen: Palästina, der Aufbau eines eigenen Staates, der verhindert, dass unser Volk jemals wieder der Vernichtung preisgegeben wird. Meine Freunde und ich sprechen viel über Palästina. Eine klare Vorstellung von dem, was uns dort erwartet, haben wir nicht. Wir alle entbehren jedoch eine Heimat, in der wir ein normales Leben führen können. Die antisemitischen Ressentiments in der Bevölkerung bleiben uns nicht verborgen. Sie haben Hitler überlebt. Nur trauen sich jetzt die Deutschen unter den Augen der Alliierten nicht mehr. Einige der Täter werden von Militärtribunalen zu Todes- oder Haftstrafen verurteilt. Aber die Mehrzahl kommt ungeschoren oder doch mit sehr milden Urteilen davon. Die Spruchkammern zur Entnazifizierung entwickeln sich, vor allem nachdem darin Deutsche das Sagen haben, zu einer Farce. Von 10 000 Münchner Juden vor dem Krieg kehren ungefähr 260 zurück – der Oberbürgermeister der «Hauptstadt der Bewegung» von 1933 bis 1945, der überzeugte Nationalsozialist Karl Fiehler, wird von der Hauptspruchkammer München zu lediglich zwei Jahren Arbeitslager verurteilt. 1962 wird er die Stadt erfolgreich auf Zahlung einer Pension als Verwaltungsobersekretär verklagen. Sein Anwalt ist der damalige Präsident des Bayerischen Landtags, der CSU-Politiker Rudolf Hanauer.

Kardinal Faulhaber: Die riesigen Türme der Frauenkirche haben die Bombardements überstanden. Aus den Ruinen der umliegenden Häuser ragen sie in den Himmel. Im Rückblick ein schlechtes Omen für den Fortbestand des Antijudaismus in der katholischen Kirche. Überall dort in den postsozialistischen Ländern, wo die katholische Kirche heute wieder im Aufwind ist, also in Litauen, in der Slowakei, in Ungarn oder in Polen, aber nicht im säkularen Tschechien, steht die Judenfeindschaft wieder auf – fast 70 Jahre danach. Faulhaber übrigens versteckt 1945 einen Massenmörder auf der Flucht vor der Roten Armee im Kloster in Altötting. Der mit Hitlerdeutschland verbündete slowakische Priester und

Staatspräsident Tiszo, der 1942 bis zu 58 000 Juden seines Landes nach Auschwitz deportieren ließ, sucht Zuflucht im Schoß seiner Kirche. Aber die Amerikaner holen ihn aus dem Kloster heraus und liefern ihn den Sowjets aus.

Mein Traum von einer Schauspielerkarriere in Hollywood ist verblasst, auch wenn ich nach wie vor viel Zeit im Kino verbringe. Meine Altstimme? Die Freude am Singen ist versiegt. Es ist, als hätten SS und Kapos, für die ich um mein Leben singen musste, sie mir ein für alle Mal genommen. Die meisten meines Chors in Kaunas sind tot, von unserem Lehrer und Dirigenten Gerber habe ich nie mehr etwas gehört. Es werden Jahre vergehen, bis ich wieder singe und dann nur für private Anlässe. Vor allem aber wird ein Wunsch übermächtig: Ich will nach Palästina auswandern, wenn es sein muss, auch auf illegalem Weg. Dann mache ich eine Begegnung, nach der es kein Zaudern mehr gibt. Eines Tages umzingeln Polizisten ein Café, in dem der Schwarzhandel floriert. Sie verhaften alle und bringen sie ins Münchner Polizeirevier in der Ettstraße. Ich bin dabei. Zum Glück war ich gerade auf der Ludwigsbrücke auf dem Weg zu dem Café, als die Polizisten zuschlugen. Ich konnte meine Tasche voll Zigaretten in die Isar werfen. Viereinhalb Tage lang sperren sie mich in eine Zelle, in der ungefähr 20 Männer sitzen. Es ist keine große Sache. Was sollen sie mir schon tun. Mein Vater aber hat Angst um mich und wartet am Tag meiner Entlassung vor dem Polizeirevier auf mich. Als ich die Treppe zum Büro hochsteige, um meine Papiere abzuholen, erstarre ich. Dieses Gesicht kenne ich. «Jordan?» rufe ich dem Polizisten zu, der an mir vorbeigeht. «Du warst doch in Kaunas!» «Der war bei der Schutzpolizei in der Kestucio-Straße», brülle ich aufgeregt. Der Mann erschrickt und rennt davon, die Treppe hinunter verschwindet er in einem Seitenkorridor. Seine verdutzt dreinblickenden Kollegen zucken nur mit der Schulter, als ich ihnen erkläre, wer Jordan ist. Er war wirklich

*Mit meinem Vater
Hirsch Nauchowicz
in den fünfziger
Jahren*

bei der deutschen Schutzpolizei im Ghetto Kaunas, in deren Kfz-Garage ich gearbeitet hatte. Er ist einer von den Mördern, die ein lustiges Wettschießen auf Wasserflaschen veranstalteten, die wir auf dem Kopf balancieren mussten. Manchmal traf eine Kugel auch den Kopf statt der Flasche. Ich zittere, kann es nicht glauben. Erschüttert sage ich zu meinem Vater: «Hier bleibe ich nicht mehr. Wenn es hier dieselben Polizisten gibt, die es schon bei uns im Ghetto gegeben hat, dann ist hier für mich kein Platz.» Vater versucht mich zu beruhigen.

Er will mich nicht gehen lassen, fürchtet, ich könnte in Palästina getötet werden. Aber ich muss gehen. «Dann sterbe ich wenigstens wie ein Mensch», sage ich zu ihm, während wir durch die Kaufinger Straße gehen. Ein paar Tage später sitze ich wieder mit meinen Freunden im Restaurant am Museum zusammen. Ich verstehe sie nicht. Solly macht den Anfang, dann erzählen alle, dass sie sich verliebt hätten – in deutsche Mädchen. Nun, das ist ihre Sache. Aber ich spüre, wie ein bitteres Gefühl in mir aufsteigt. Auch unsere Väter lassen sich, und das finde ich noch schlimmer, mit deutschen Frauen ein. Haben sie denn unsere Mütter vergessen? Vielleicht wäre ich etwas nachsichtiger gestimmt gewesen, wenn ich auch von einem deutschen Mädchen ein Angebot bekommen hätte. Mein Cousin, Solly und Mike vereinbaren, ihre Freundinnen zum nächsten Treff mitzubringen. Mir kann es egal sein. Sie blicken mich einen Moment sprachlos an, als ich ihnen mitteile, dass ich dann schon weg sein werde. Am nächsten Morgen fahre ich in den Kibbuz im DP-Lager in Landsberg am Lech. Dort bereitet das Jüdische Komitee die Überlebenden auf die Auswanderung nach Palästina vor. «In diesem Land kann ich nicht mehr bleiben», sage ich zu ihnen. «Überall sehe ich nur unser Blut.» Sie starren mich stumm an. «Es wird Zeit, nach Hause zu gehen. Das hätten wir mal besser schon viel früher tun sollen, bevor Hitler an die Macht kam.» Warte doch, bis die Briten abgezogen sind, sagt schließlich David. Sie beschwören mich, vorerst hierzubleiben. Wir könnten doch später, wenn die Briten das Land verlassen haben, alle gemeinsam gehen. Sie fangen doch alle illegalen Schiffe ab und stecken die Juden in Lager. «Wir wissen doch alle, dass die einzige Lösung für Juden das eigene Land ist, wo sie sich gegen Feinde verteidigen können. Zweitausend Jahre lang waren wir hier in Europa vollkommen hilflos. Die Welt hat schweigend zugesehen, als uns Hitler auslöschen wollte.» Woher ich die Worte noch so genau weiß? Weil ich in der Nacht einen Brief an meinen Vater schrieb, mit genau diesen Worten. Allerdings lasse ich ihn über den Zeitpunkt meiner Auswanderung im Unklaren.

Ich fürchte, er könnte mich zurückhalten, und lüge ihm vor, ich wollte zuerst im DP-Camp Landsberg einen Beruf erlernen.

Nach seinem Tod fand ich den Brief in seinen Unterlagen. Nur David sagt kein Wort. Er kennt mich von allen am besten und weiß, dass ich nicht lockerlasse, wenn ich mir einmal etwas in den Kopf gesetzt habe. Wir schauen uns über den Tisch hinweg in die Augen. Vielleicht denkt er in diesem Moment an meinen Traum von einer Schauspielerkarriere. Jetzt wird er ohne mich nach Amerika gehen. David Levine wird später in der USA studieren und sich in Cincinnati niederlassen. Er lebt noch und wir telefonieren oft. Damals aber, glaube ich, war er furchtbar enttäuscht von mir. Wir sitzen schweigend vor leeren Gläsern, keiner will nachbestellen, dann stehe ich auf. Es tut weh, mehr als ich geglaubt hätte. Die «Litwakes»-Bande ist zu meiner Ersatzfamilie geworden. Vielleicht sage ich deshalb zum Abschied etwas großspurig: «Wir sehen uns dann in unserem Land.»

## Die Hagana

Der Militärjeep rast mit aufgeblendeten Scheinwerfern auf mich zu. In der Luft liegt der Duft der Orangen und Zitronen, die auf den Plantagen am Stadtrand wachsen. Es ist ein Uhr nachts in Rehovot. Kein Mensch ist mehr auf der Hauptstraße unterwegs, die schnurgerade durch die Ortschaft verläuft. Der Kerl hat bestimmt 90 Stundenkilometer drauf. Die Räder des Armeewagens wirbeln eine Staubwolke auf, die im Mondlicht glänzt. Ich warte noch einen Moment, dann trete ich auf die Straße hinaus und halte die rote Kelle der Militärpolizei hoch. Als ich zu dem Jeep mit aufgespanntem Dach gehe, sehe ich schon, dass hinter dem Steuer ein Offizier sitzt. Das ändert nichts. Ich salutiere vor dem Leutnant, der mich sogleich mit einem Schwall entschuldigender Worte überschüttet. Er weiß, dass er seinen Führerschein los ist. Als ich dem Leutnant, er wirkt auf mich eigentlich sympathisch, einen Strafzettel durch das Wagenfenster reiche, schauen wir uns in die Augen. «Abke. Du bist doch Abke.» «Uri?», sage ich. Er springt heraus. Wir umarmen uns. Ich habe meinen Freund Uri Chanoch wiedergefunden. Ich kann meinen Posten als Militärpolizist nicht verlassen. Also bleibt Uri bei mir. Die ganze Nacht reden wir. Als der Morgen heraufzieht, haben wir uns immer noch nicht alles erzählt.

Bei der Auflösung des KZ-Außenlagers Kaufering I hatten sich unsere Wege getrennt. Uri war zu schwach für den Fußmarsch und fuhr in einem Häftlingszug, der in Schwabhau-

sen bei Dachau von amerikanischen Tieffliegern angegriffen
wurde. Irrtümlich. Er überlebte, flüchtete und kam in das
DP-Lager in Landsberg. Als ich dort eintraf, war er schon
fort. Er ging nach Italien, weil er erfahren hatte, dass sein tot
geglaubter Bruder Danny in Treviso gestrandet war. Danny
war der Gaskammer in Auschwitz-Birkenau entkommen. Im
Landsberger Kibbuz traf ich im Frühling 1946 ein und
brannte darauf, so schnell wie möglich nach Palästina auf-
zubrechen. Eines Tages im April suchte ein jüngerer, mir un-
bekannter Mann nach mir. Ich war allein im Zimmer. Der
Fremde wirkte energisch und verhielt sich wie ein Soldat. Er
verschloss sofort die Tür und legte eine Bibel und eine Pistole auf den Holztisch. Nun war es so weit. Aufgeregt hörte
ich ihm zu. Ich legte, wie er es verlangte, eine Hand auf die
Waffe, die andere auf die Bibel und sprach die Eidesformel
nach. Immer werde ich treu zur Untergrundbewegung stehen, nie ein Wort über sie verlauten lassen und mein Leben
im Kampf für einen israelischen Staat in Palästina geben. An
diesem Tag erfüllte sich mein Traum. Ich gehörte fortan zur
Hagana. Die zionistische, militärische Untergrundorganisation war 1920 zum Schutz der jüdischen Siedlungen in Palästina vor arabischen Übergriffen gegründet worden. Bald
schon wurde ich mit drei weiteren Jungs nach Belgien geschickt. In Frankfurt machten wir zunächst Halt. Wir lernten, wie sich britische Soldaten verhalten, ihr Reglement,
ihre Redewendungen, die Kommandos, ihre Art und Weise
zu gehen, wie sie sich an Tisch benahmen, alles wurde uns
eingebläut. Nach Wochen intensiven Trainings gab ich in
entsprechender Uniform einen etwas wortkargen, da mein
Englisch mich noch verraten hätte, aber glaubwürdigen Soldaten Ihrer Majestät ab. Ich brannte auf den Einsatz. Doch
kurz davor wurden wir zurück nach Landsberg befohlen. Die
jüdische Brigade in der britischen Armee, unsere erste An-
laufstelle, war überraschend aus Belgien abgezogen worden.

Ich blieb nicht lange. Mit mehr als 100 Menschen aus dem Kibbuz reiste ich angeblich nach Bolivien. In Paris verließen wir den Zug und Lastwagen brachten uns zu einer Villa im Zentrum der Stadt, einem Versteck der Hagana. Dort waren schon mehrere junge Männer versammelt. Drei Monate, während der wir das Haus nicht verlassen durften, wartete ich. Jeden Tag drehte ich viele Runden im Swimming Pool im Garten des mondänen Gebäudes, das, wenn ich mich nicht täusche, der Familie Rothschild gehörte. Dann, endlich, war es so weit. In Lastwagen fuhren wir nach Marseille. Auf einem Weingut in der Umgebung der Hafenstadt arbeitete ich ein paar Wochen lang, bis der Tag kam, an dem wir in See stechen konnten.

Drei Jahre ist das her. Wir schreiben 1949. Uri kämpfte wie ich für die Staatsgründung Israels. Er hatte sich der Palmach, einer Eliteeinheit, angeschlossen. Im Mai vorigen Jahres, zwei Wochen nach Ausrufung unseres Staates durch David Ben-Gurion, wurden die Hagana und andere paramilitärische Verbände zur israelischen Armee vereint. Schau dir diesen Uri an: Der fast verhungerte Junge aus dem Lager hat sich in einen hochgewachsenen, charmanten Mann verwandelt und trägt die Schulterklappen eines Leutnants. Uri spricht leidenschaftlich über Israel, als wäre er hier und nicht in Litauen geboren. Seit dieser Nacht in Rehovot haben wir uns nie mehr aus den Augen verloren.

Als die Sonne über das judäische Hügelland im Osten heraufzieht, fahren wir zum «Hawkin». In dem Café trinken wir ein paar Gläser starken Tees. Am Straßenrand bleibt der zerknüllte Strafzettel zurück. Ich fahre auch immer schneller als erlaubt und habe noch nicht einmal einen Führerschein.

Es gab Wichtigeres, nämlich zu überleben. Zuerst als Läufer der jüdischen Polizei und des Untergrunds im Ghetto. Jetzt die Hagana. Schule, Studium, Beruf, womit sich ein junger Mann mit achtzehn beschäftigt, liegen außerhalb meiner

Welt. Es scheint, als werde ich immer im Untergrund leben.
Falls ich am Leben bleibe. Danach sieht es im Moment jedoch nicht aus. Ungefähr 1350 Menschen drängen sich auf
dem alten, rostigen Seelenverkäufer. Für jeden sind 35 Zentimeter Platz vorhanden. Das Schiff, das vor ein paar Stunden
aus dem südfranzösischen Port de Bouc ausgelaufen ist, hat
Schlagseite. Es ist völlig überladen. Der Kapitän brüllt Kommandos: «Dreißig Mann nach links, zehn Mann nach rechts.»
Er versucht die Passagiere so zu verteilen, dass sie mit ihrem
Körpergewicht das gefährlich schwankende Schiff stabilisie-
ren. Gleich wird es kentern. Ich wäre nicht der Erste, der auf
der illegalen Überfahrt ins Gelobte Land im Mittelmeer
ertrinkt. Kurz nach der Ausfahrt haben die Probleme begonnen. Das Schiff schlug leck. Der Kohleofen im Schiffsbauch,
mit dem der Motor geheizt wurde, stand halb unter Wasser.

204

Matrosen flickten das Leck notdürftig und warfen den Ersatzmotor, ein Dieselmodell, auf Deck an. Wir warfen alles, was wir mitgebracht hatten, weg. Alle unsere Bündel und Taschen mit Kleidung, die sich mit Wasser vollgesaugt hatten, flogen über die Reling ins Meer.

Wir segeln unter abessinischer Flagge und transportieren Möbel. So steht es auf den Papieren, die der Kapitän dem französischen Polizeibeamten in Port de Bouc gezeigt hat. Der Kapitän heißt Uri, ist 20 Jahre alt und stammt aus Palästina. Die Schiffspapiere kommen aus einer Fälscherwerkstatt der Hagana. Das Schiff heißt Latrun, und das aus einem besonderen Grund. Die Briten halten fast die gesamte zionistische Führung in einem Lager gefangen, das in der Nähe des Dorfes Latrun liegt. Die Holocaust-Überlebenden bewundern Frauen und Männer wie Uri, die aus Palästina in das kriegszerstörte Europa kommen, um sie nach Hause zu bringen. Uri ist ein gewitzter, entschlossener junger Mann, der den schnaufenden Kahn auf Kurs hält. Die Überfahrt bis Haifa dauert in der Regel drei bis dreieinhalb Tage. Wir brauchen zwei Wochen. Nach ein paar Tagen sind die Lebensmittelrationen aufgebracht. Trinkwasser gäbe es noch. Aber Uri hat den Tank mit zehntausend Liter verschließen lassen. Sein Gewicht soll die Latrun gerade halten. Wir bereiten Kakao mit Salzwasser zu. Er schmeckt noch widerlicher als die fette Brühe aus meinen Kindertagen in Kaunas. Doch die Menschen schlucken das Zeug, ohne zu klagen. Alle drängt es zum Leben, und Leben ist für sie gleichbedeutend mit Palästina. Gestern fanden an Bord Wahlen zur Jewish Agency statt. Es ist verrückt: Diese Davongekommenen mit ihren fahlen, schmalen Gesichtern stehen auf einem Schiff, das jeden Moment auseinanderzubrechen droht, und schwingen politische Reden.

Ich halte auf Deck Wache. Als Mitglied der Hagana gehöre ich praktisch zur Besatzung. Der Nachthimmel ist von Sternen übersät. Der Schiffsbug pflügt durch die schwarze See.

Ein Sturm zieht auf. Eine Böe reißt meinen ledernen Hut vom Kopf. Es dauert nicht lange, und die Wellen schlagen hoch über dem Schiff zusammen. Überall ist Wasser. Es strömt unter Deck, wo die Frauen und Kinder sind. Die Menschen schreien in Panik und werden hin und her geschleudert. Wir fahren in eine Wand aus Wasser, und das Schiff bäumt sich auf. Das ist jetzt wirklich das Ende, denke ich. Seltsam. Nach all diesen Jahren. Der Wind peitscht Wasser in mein Gesicht. Ich kämpfe mich zur Brücke durch. Eine Gruppe Männer schreit auf den Kapitän ein. Er solle SOS funken. Uri, der die Briten nicht auf uns aufmerksam machen will, weigert sich. «Soll geschehen, was geschehen wird», sagt er. Ich friere und klammere mich an einem Rohr fest. Nach sechs Stunden ist es vorbei.

Haifa kommt in Sicht. Der Morgen zieht über eine glatte See herauf. Weiße Wolken ziehen am Himmel vorbei – und englische Militärflugzeuge. Die Piloten geben den Kriegsschiffen unsere Position durch. Über Funk erzählt Uri zunächst noch das abessinische Märchen vom Möbeltransport. Das wollen die Engländer, die sehen können, nicht glauben. Jetzt ist es egal. Uri lässt die israelische Fahne mit dem Davidstern auf weißblauem Untergrund hissen. Sollen sie nur kommen. Auf Deck versammeln sich Hunderte von Männern und Frauen, fest entschlossen, jeden Briten, der unser Schiff entert, ins Meer zu werfen. Ich verteile noch Schlagstöcke an die männlichen Passagiere, als uns die beiden Kriegsschiffe in die Zange nehmen. Fast zerquetschen sie den Rumpf unseres Schiffs. Als die Soldaten unseren Kahn entern, springen sie in einen Hagel aus Stockschlägen. Wir werfen viele ins Meer und triumphieren schon. Doch dann brechen die Soldaten unseren Widerstand mit Tränengas, das eine verheerende Wirkung hat. Vor allem auf die Menschen unter Deck. Kinder, Frauen und alte Männer versteckten sich im Schiffsbauch, ringen nach Luft und meinen zu

ersticken. Manche erblinden vorübergehend. Die Kriegsschiffe geleiten uns in den Hafen von Haifa. Als die Briten an
Bord kommen, legen wir uns alle auf den Boden. Vier Soldaten sind nötig, um einen von uns von Bord und auf ein
bereitstehendes Transportschiff zu schleifen. Es ist der 2. November 1946. Fast auf den Tag genau vor 29 Jahren erklärte
der britische Außenminister Arthur Balfour in einem Brief
an Lionel W. Rothschild, Präsident der Zionistischen Födera-
tion in Großbritannien: Sein Land betrachte «die Schaffung
einer nationalen Heimstätte für das jüdische Volk in Palästina mit Wohlwollen». Das ist die sogenannte Balfour-Erklä-
rung. Die Realität sieht anders aus. Ein Soldat nimmt mir alles weg. Wie die Deutschen, denke ich, damals in Stutthof.
Er stiehlt mir meinen kostbarsten Besitz, einen vergoldeten
Parker, den mir mein Vater schenkte. 24 Stunden brauchen
die Soldaten, bis sie die Latrun geräumt haben. In diesen
Stunden zerbricht unser Traum von der Heimkehr nach Erez
Israel. Ich kann diese Enttäuschung kaum beschreiben. Du
stehst an der Reling und schaust auf die Stadt. Menschen
winken zum Schiff herüber. Du bist wirklich angekommen in
diesem Land. Es ist kein Traum mehr. Doch am Kai stehen
zwei Reihen Soldaten. Sie bringen dich gleich auf ein anderes
Schiff. Wieder bist du einer, der zu niemandem gehört. Wieder bist du Wachen mit Gewehren ausgeliefert. Ein furcht-
bares Gefühl. Noch in der Nacht nimmt das englische Schiff
mit den Holocaust-Überlebenden Kurs auf Zypern.

## Im Internierungslager auf Zypern

Im Hafen von Famagusta im Norden der Insel warten schon viele ausländische Journalisten. Sie fotografieren uns vom Ufer aus und warten, was noch geschehen wird. Wir weigern uns, von Bord zu gehen, und schicken die Vertreter der Jewish Agency, die uns zur Aufgabe bewegen wollen, verärgert weg. Den ganzen Tag streiken wir. Wir haben nichts zu essen. Einige lassen ihrer ohnmächtigen Wut freien Lauf und zerstören Aufbauten und Gerätschaften des Schiffs. Die Soldaten greifen nicht ein. Die Leute von der Agency lassen nicht locker. Sie wollen uns ja helfen und schließlich geben wir nach. Niedergeschlagen gehen wir von Bord. In vielen Augen stehen Tränen der Wut und Verzweiflung. Der Mossad le Alija Bet, eine Gruppe der Hagana, organisiert zwischen Kriegsende und der Staatsgründung Israels 120 Schiffe, mit denen ungefähr 100 000 von 250 000 DPs aus Europa illegal über das Mittelmeer nach Palästina verschifft werden. Nahezu alle werden von britischen Kriegsschiffen aufgebracht. Die Engländer bringen die Holocaust-Überlebenden zum Teil nach Zypern. Mehr als 50 000 Menschen sind im Sommerlager bei Famagusta und in einem zweiten großen Lager bei Nikosia sowie kleineren Lagern interniert. Das Sommerlager bei Nikosia werde ich in den kommenden Monaten noch kennenlernen.

Wieder lebe ich hinter Stacheldraht. Allerdings mit einigem Komfort. Wir haben Zelte, Duschen, Toiletten, und die

Engländer bringen jeden Tag ausreichend Essen an das Tor. In das Lager trauen sie sich nicht hinein, das wäre für sie lebensgefährlich. Sie wollen uns ja nicht vernichten, aber eben nicht nach Palästina lassen. 1939 schlugen die Briten nach Jahren einen blutigen Aufstand der Araber gegen sie und die jüdischen Siedler in Palästina nieder. Die britische Regierung begrenzte – Balfour hin oder her – die Einwanderung der Juden auf 75 000 bis 1944. Am 17. Mai, sechs Monate nach den Novemberpogromen in Deutschland, erklärte London, man wolle aus Palästina keinen jüdischen Staat werden lassen. Wie hätte ich damals in Kaunas ahnen können, dass diese Erklärung im sogenannten Mac Donald Weißbuch den Grund dafür legte, dass ich mich sieben Jahre später auf Zypern wiederfinden sollte. 1939 war Berale gerade mal ein Jahr alt. Mit seinen großen Augen schaute er fröhlich glucksend in die Welt, die ihm bald schon den Tod im Gas bringen sollte. Meine Sorgen, die Sorgen eines Elfjährigen eben, lösten sich im Lachen meiner Mutter auf. Jetzt bin ich achtzehn. Nie mehr werde ich ihr Lachen hören. Durch meine Augen blicken die Toten in eine Welt, die zu einer Ödnis geworden ist. Wären da nicht mein Trotz und meine Überzeugung, ich würde untergehen. Ich weiß nicht, woraus meine Kraft erwächst, doch sie fließt zusammen in einem Wort, das viel mehr ist als nur ein Name: Hagana. Auch als Jude habe ich ein Recht auf Leben und Glück. Im Mai 1948 werden die Briten ihr Palästina-Mandat aufgeben. Juden aus aller Welt können dann frei in den neuen israelischen Staat einwandern. So weit ist es noch nicht. Die Alija (Aufstieg), die Rückkehr des jüdischen Volkes ins Gelobte Land, muss gegen die Briten erkämpft werden. Und als Hagana-Mitglied stecke ich mitten in diesem Kampf.

Auf Zypern werde ich zu einem Instrukteur der Untergrundbewegung ausgebildet. Ich unterrichte die Internierten in allem, was sie für die Flucht nach Palästina wissen und können müssen. Landeskunde, Selbstverteidigung, Gebrauch des Schlagstocks, Hebräisch-Unterricht. Ich wechsle zwischen Winter- und Sommerlager hin und her. In den Lagern hat die Hagana das Sagen. Sie sorgt auch für die Ordnung im Lager. Einmal bin ich beteiligt. Ein ungarischer Jude vermietet alleinstehende Frauen stundenweise an britische Soldaten. In der Nacht fallen einige von uns über den Zuhälter her. Er bezieht harte Prügel. Ich sehe ihn noch vor mir auf dem Boden liegen, einen Schnurrbart im Gesicht, die Haare glänzen von der Brillantine, die er sich dick eingeschmiert hat. Ich schlage auf ihn ein, und er packt mich, zerreißt mir das einzige Hemd, das ich besitze. Nach dieser Abreibung hat er sein Geschäft aufgegeben und die Frauen in Ruhe gelassen.

Die meisten schlafen in dem warmen Klima in Zelten, als Instrukteur bewohne ich in einem Holzhaus ein eigenes Zimmer. In dem Haus übernachten auch jüdische Matrosen der Palmach, bevor sie wieder zu Einsätzen aufs Meer gehen. Sie sind eine lustige Gesellschaft, an die ich allerdings eine qualvolle Erinnerung habe. Einem Brauch der Matrosen zufolge betranken sie sich jeden 13. des Monats. Einer schleppte einen Benzinkanister ins Haus, der mit Whiskey, weiß Gott woher, gefüllt war. Die ganze Nacht lang musste ich mit ihnen trinken. Mir war noch Tage danach übel. Ich spreche dank meiner Mutter hervorragend Hebräisch. Deshalb denken viele, ich sei ein Sabre, ein in Erez Israel geborener Jude. Mit der Zeit nehme ich an den geheimen Besprechungen der Hagana-Spitze teil. In Nicosia, dort liegt das Winterlager, graben wir einen Tunnel vom Lager zum Meer. An der Küste warten in der Nacht kleine Boote und nehmen die Menschen auf. Nach einiger Zeit lassen die Briten jeden Monat etwa 350 Menschen nach Palästina. Das ist zu wenig. Wir organisieren Hungerstreiks und Demonstrationen. Einmal umzingeln Soldaten mit Gewehren im Anschlag die Zelte. Molotowcocktails fliegen durch die Luft. Ich werfe auch. Schreie, Explosionen, Befehle, Schüsse. Es gibt Tote und Verletzte auf beiden Seiten. Ein Mädchen von uns verliert durch eine britische Kugel ein Bein. Die Soldaten geben nach und ziehen sich zurück. Ich hoffe heute sehr, dass keiner von meiner Hand verletzt oder gar getötet wurde. Nie haben wir, die auf Zypern waren, die Griechen vergessen: Sie standen uns immer zur Seite und traten während eines tagelangen Hungerstreiks zu unserer Unterstützung in einen Generalstreik. Gegen Ende April oder Anfang Mai 1947, ich erinnere mich nicht mehr genau, ist endlich meine Zeit gekommen. Auf einem englischen Schiff gelange ich legal nach Haifa. Im Hafen stehen schon Busse bereit. Die Briten bringen uns zu einem Flüchtlingslager bei Atlit, einem Dorf südlich von Haifa.

Das war meine Alija. Sie war einsam. Und zunächst erschien mir dieses Land mit seinen kargen Bergen und Wüsten alles andere als ein Gelobtes zu sein. An die sengende Hitze, die fast das ganze Jahr über vorherrscht, habe ich mich bis heute nicht wirklich gewöhnt. Ich vermisse die grünen Wälder Litauens und den Schnee in den Wintern meiner Kindheit. Auch weckt dieses Land keine religiösen Gefühle in mir, schon gar nicht das Stück historischer Mauer in Jerusalem. Ich möchte niemand – ob Jude, Christ oder Moslem – in seinem Glauben beleidigen. Ehrlich gesagt, beneide ich sogar jeden, der Trost im Glauben findet. Ich kann es nicht. Nicht nachdem, was ich erfuhr und sah im Ghetto und in den Konzentrationslagern. Wo war Gott, als Berale ins Gas ging, als eineinhalb Millionen jüdische Kinder ermordet wurden? Er war nicht da, weil er auch davor nicht da war. Um die ganze Wahrheit zu sagen: Es ist mir unerträglich, diese das Andenken der Toten fast schon beschmutzenden salbungsvollen Reden irgendwelcher Religionsvertreter zu hören – nicht selten auch noch bei Gedenkfeiern für die Ermordeten.

Gerade auch die der jüdisch Orthodoxen, die sich den Massenmord als eine Strafe oder eine Prüfung verdaulich machen wollen. Diese Orthodoxen und Nationalreligiösen, die in ihrem religiösen Eifer für den Staat Israel nicht weniger gefährlich sind als die islamischen Fundamentalisten der Hamas. Und jene Christen mögen schweigen, die sich in eitler selbstanklagender Zwiesprache mit ihrem Gott zur Schau stellen. Weder ehre ich den Sabbat, noch esse ich koscher – die Schekel, die ein Rabbiner für sein Zertifikat auf koschere Lebensmittel einsteckt, gebe ich lieber für die Ausbildung meiner Kinder, Enkel und Urenkel aus. Bin ich dann überhaupt ein Jude? Diese Frage muss ich nicht beantworten – Christen und Moslems lassen mir gar keine andere Wahl als Jude zu sein. Bei meiner Alija dachte ich nicht an Jerusalem, sondern an den zionistischen Traum von einer sicheren Heimat für das jüdische Volk, meine Schicksalsgemeinschaft. Ich war bereit, dafür zu kämpfen, dass meine Familie, nach der ich mich sehnte, nicht bei jedem Schritt vor die Haustür fürchten muss, erschlagen oder verschleppt zu werden. Nach zwei Monaten holte die Hagana mich und andere junge Kämpfer aus dem Lager Atlit heraus. Sie schickte mich in eine Stadt, von der ich noch nie gehört hatte. Rehovot, zwanzig Kilometer von Tel Aviv entfernt gelegen, wurde 1890 von polnischen und russischen Einwanderern auf der Flucht vor Pogromen gegründet. Nach der Jahrhundertwende kamen noch jemenitische Juden. Die ersten Siedler legten Plantagen an. Mandelbäume und Zitrusfrüchte gediehen prächtig in dieser Region.

## Das Café der Spione

Ich stehe, in einen Overall gekleidet und mit einem Gewehr bewaffnet, Wache. Jede Nacht beziehe ich dort Posten,
wo heute das Haus mit unserer Wohnung steht. Ich halte Ausschau nach Dieben, die jede Nacht kommen. Am Morgen
trage ich eine Mütze voller Eier, die ich von einer arabischen
Frau kaufe, in meine Unterkunft und mache mir daraus ein
großes Omelett. Die Briten verlieren die Kontrolle über Palästina, Zusammenstöße mit Arabern und Juden häufen sich.
Vor acht Jahren, 1939, endete der große Aufstand der palästinensischen Araber unter der Führung des Judenhassers
al-Husseini, den die Briten 1921 zum Mufti von Jerusalem
gemacht hatten. Der Kampf gegen die Briten, die von jüdischen Milizen unterstützt wurden, kostete den Arabern Tausende von Toten. Dörfer und Felder waren verwüstet. Der
einzige Erfolg, der aber nicht von Dauer sein sollte: Die Briten begrenzten nach fünf Einwanderungswellen seit 1882 die
Immigration der Juden und untersagten ihnen den Lander-
werb. Das reichte dem geistigen Oberhaupt der palästinensischen Muslime, inzwischen im politischen Exil, jedoch
nicht. 1941 reiste er nach Berlin und bat Hitler um Hilfe für
seine Pläne zur «Endlösung» des Judenproblems in Palästina.
Die britische Kolonialmacht hat es gründlich versaut, und
noch heute ist mancher meiner Landsleute nicht gut auf die
Engländer zu sprechen. Im Ersten Weltkrieg unterstützten sie
den Aufstand der Araber gegen die regierenden Osmanen,

die auf der Seite Deutschlands standen. Ihnen wie den Juden versprach London einen eigenen Staat – und wollte doch diesen Streifen Land, Palästina, auf das Frankreich Anspruch erhob, nicht loslassen. 1918 lebten dort ungefähr 750 000 Menschen, 90 Prozent davon waren Araber zumeist muslimischen Glaubens, der Rest christliche und jüdische Gemeinschaften. Die Balfour-Deklaration von 1922, der Auftritt der Briten als Schutzmacht der Juden in Palästina, wurde von den Zionisten um Chaim Weizmann akzeptiert. Die arabischen Nationalisten fühlten sich jedoch um Palästina betrogen.

Zu viel Blut ist geflossen, zu viel Hass entstanden. Er vergiftet die Menschen. Jeder kämpft gegen jeden. Auch unter den Juden bricht Feindschaft aus. Die Hagana betrachtet die Irgun mit wachsendem Misstrauen. 1991 hatten radikale Zionisten die Hagana verlassen und die Irgun gegründet. Die Terrorgruppe sprengte im Juli 1946 das «King David»-Hotel in Jerusalem in die Luft, den Flügel, in dem die britische Militärverwaltung untergebracht war. Fast einhundert Menschen, Christen, Muslime und Juden, sterben bei dem Anschlag. Noch radikaler ist die Lechi, die sich 1940 von der Irgun abspaltete. Ich bin froh, dem eintönigen Wachdienst entronnen zu sein, habe den lästigen Overall ausgezogen und arbeite als Kellner im Café «Hawkin» in der Hauptstraße von Rehovot. Es ist sozusagen meine erste Rolle als Schauspieler. Das Lokal dient dem Untergrund als Treffpunkt. Die verfeindeten Untergrundkämpfer trinken hier Bier und Tee mit den Agenten des britischen Nachrichtendienstes M 5. Jeder weiß von jedem, ein offenes Spiel. Ich serviere Eier im Glas und versuche, so viel wie möglich aus den Gesprächen der Männer aufzuschnappen. Jeder trägt unter der Jacke eine Pistole. Wahrscheinlich wissen sie, dass ich für die Hagana spioniere. Im oberen Stockwerk treffen sich unsere Leute zu Geheimbesprechungen, dort ist auch unser Waffenlager untergebracht. Die Tür schwingt auf, und ein Mann geht zur Treppe, andere folgen im Abstand von ein paar Minuten. Die M 5-Agenten beobachten auffällig unauffällig, wer alles in das erste Stockwerk verschwindet. Später folge ich mit einem Tablett von dampfenden Teegläsern. Der Wirt gehört ebenfalls zur Hagana. Sie zahlt mir zwölf englische Pfund im Monat. Eine Schachtel Zigaretten kostet zweieinhalb Cent. Ich schlafe in einer Pension. In dem kargen Zimmer mit einem kleinen Tisch, einer Kommode, zwei Stühlen und einem Bett starren mich nackte Wände an. So beginnt mein Leben als ein freier Mensch. Die Vermieterin, eine resolute aber warmherzige Frau mittleren Alters, will nicht glauben, dass ich aus Europa komme. Dazu spreche ich zu gut Hebräisch. Im November lässt die drückende Hitze etwas nach. In Kaunas hätte meine Mutter schon längst die Wintergarnitur aus dem Kleiderschrank geholt. Ich scheuche die Gedanken an früher weg. Ich begeistere mich für die zionistische Ideen, auch wenn mir das Café der Spione so gar nicht als Schauplatz großartiger Umschwünge erscheinen mag. Die Briten wirken eher müde, Palästina ist für sie schon verloren. Jeder wartet, dass etwas geschieht. Ich serviere Tee, stelle meine Ohren auf und warte auch. Und dann beschließt die UN die Teilung des britischen Mandatsgebiets in einen israelischen und einen arabischen Staat. Israel umfasst etwas mehr als die Hälfte des Landes. Die arabische Bevölkerung bekommt das Gebiet des heutigen Westjordanlandes, des Gazastreifens und Teile von Galiläa. Jerusalem, die heilige Stadt der Juden, Muslime und Christen, steht künftig unter internationaler Aufsicht. David Ben-Gurion, Vorsitzender der Jewish Agency, stimmt zu. Doch die Arabische Liga lehnt den Beschluss ab. Auch die Irgun, die alles Land für ein künftiges Israel beansprucht, will ihn nicht anerkennen. Das überrascht mich nicht. Ich konnte mir ihre Reaktion schon aus Gesprächen im «Hawkin» vorstellen.

Mein linker Arm tut höllisch weh. Der Lauf der Spandau,

wie das Maschinengewehr 42 genannt wird, ist im Gefecht so heiß geworden, dass er mir den Arm verbrennt. Hier komme ich ohnehin nicht mehr lebend heraus. Ich decke den Rückzug der anderen, die zu den Transportbussen laufen, und schieße, was das Zeug hält. In der Dunkelheit kann ich die Umrisse der jordanischen Soldaten ausmachen. Es sind zu viele. Wir waren auf dem Weg nach Jerusalem, als wir bei dem arabischen Dorf Dir Ajub auf ihre Einheit stießen. Sie haben sich auf mich eingeschossen und kommen unaufhaltsam näher. Steinsplitter und Dreck regnen auf mich nieder. Das muss schief gehen. In den Schaft meines Maschinengewehrs ist ein Hakenkreuz eingraviert. Die meisten Waffen, mit denen die Tschechoslowakei uns unterstützt, stammen aus Beständen der ehemaligen deutschen Wehrmacht. Ich spüre keine Angst. Mein Zeigefinger klebt am Abzug, das laute Rattern zerreißt mir die Ohren. Plötzlich höre ich nichts mehr. Als wäre ich aus dem Lauf der Zeit herausgeschleudert, schaue ich wie unbeteiligt auf das nahe Mündungsfeuer. Gleich bringt es mir den Tod. Dann dringen Schreie in meinen Kopf. Jakov, der hinter einem anderen Felsbrocken kauert, brüllt zu mir herüber. Die anderen sind schon in den Bussen. Wir rennen in die Nacht hinein, fliegen fast über den steinigen Boden am Dorfrand und werfen uns durch die geöffnete Tür in einen Bus, der mit aufheulendem Motor anfährt. Es dauert lange, bis ich mein Zittern unter Kontrolle bekomme. Am 17. Dezember war ich schon mobilisiert worden. Es gibt noch keine reguläre Armee, wir ziehen in Zivilkleidung, viele sogar ohne Waffen, in den Krieg. Noch ist es kein richtiger Krieg, aber die Hagana errichtet provisorische Lager und Stützpunkte im Land. Die ersten Gefechte mit palästinensischen Arabern finden gleich nach dem UN-Teilungsbeschluss am 29. November statt. Sie blockieren Jerusalem, greifen jüdische Siedlungen an und die Irgun verübt Anschläge. Noch müssen wir vor den britischen Truppen auf der Hut sein. Etwa 100 000 Soldaten sind in dem Land, das kleiner als Brandenburg ist, stationiert. Am 2. April 1948 eröffnet die Hagana eine Offensive, um die Gebiete zu besetzen, die uns von der UNO zugesprochen worden sind. Sieben Tage später verüben Kämpfer der Irgun und der Lechi ein Massaker an den Bewohnern des arabischen Dorfes Deir Jassin, dem mehr als einhundert Männer, Frauen und Kinder zum Opfer fallen. Ich höre davon und bin schockiert. Die gesamte Führung der Hagana ist entsetzt. An diesem Tag vertieft Menachem Begin, der das Kommando in Deir Jassin führt, das Zerwürfnis mit der Hagana und leitet den Untergang seiner Untergrundorganisation ein. Der Oberrabbiner von Jerusalem schließt alle Täter aus seiner Gemeinde aus. Menachem Begin wird 1977 Israels Ministerpräsident werden und ein Jahr später den Friedensnobelpreis erhalten. Doch davon haben die Toten und ihre überlebenden Angehörigen nichts. Auch die Rache der Araber macht sie nicht wieder lebendig. Sie töten vier Tage später 76 Krankenschwestern und junge Ärzte, die auf dem Weg zum jüdischen Krankenhaus auf dem Skopusberg bei Jerusalem sind. Als Ben-Gurion am 14. Mai 1948 die Geburt des Staates Israel verkündet, der auch den Palästinensern das Bürgerrecht garantiert, schwebt uns ein Staat vor, in dem die Menschen ohne Unterschied von Religion, Rasse und Geschlecht gleichberechtigt in Frieden leben sollen. Doch zu diesem Zeitpunkt ist ein großer Teil der arabischen Bevölkerung schon aus Palästina geflohen. In der Nähe meiner späteren Heimatstadt lag das arabische Dorf Sarnuka, dessen Gebiet heute zu Rehovot gehört. 1948 wurden ungefähr 2700 palästinensischen Bewohner vertrieben und die meisten ihrer Häuser zerstört. Als Nakbeh, die Katastrophe, bezeichnen die Palästinenser ihre Vertreibung aus der Heimat.

Ja, zum Teil wurden sie vertrieben. Zum Teil glaubten sie auch den Einflüsterungen der Arabischen Liga, die sie zur

Flucht aufforderte und die Rückkehr in ein «judenfreies» Palästina versprach. Diese Menschen, in der Mehrzahl noch in feudalen Verhältnissen lebend, verstanden nicht, dass sie zum Spielball der Politik arabischer Herrscher wurden, die sich alles andere als einig waren und gegenseitig zu übertrumpfen versuchten. Und Männer wie al-Husseini hielten den Judenhass am Brennen, der lange schon vor Irgun und Lechi loderte. Araber verübten Pogrome und Morde an Juden schon seit der ersten Alija am Ende des 19. Jahrhunderts. Es gibt auch Bewohner arabischer Siedlungen, die überhaupt nicht gegen uns kämpfen wollen. Doch sie werden dazu gezwungen. Die Welt mag keine Juden. Darauf immerhin können wir uns verlassen. Der Fanatiker Begin verweigert die Eingliederung seiner Truppe in die israelischen Streitkräfte. Am 22. Juni wird die Irgun auf Befehl von David Ben-Gurion in Tel Aviv in Straßenkämpfen von Truppen der Palmach aufgerieben. Im September wird die Lechi aufgelöst. Wir sind im Krieg. Einen Tag nach der Ausrufung des Staates Israel, am 15. Mai 1948, greifen Armeen aus Ägypten, Syrien, Transjordanien, Libanon und dem Irak an. Unter den Truppen sind auch ehemalige SS-Männer als Berater. Ein Sprecher der Arabischen Liga hatte zuvor erklärt: «Dies wird ein Ausrottungskrieg und ein Massaker sein, von dem man wie von dem mongolischen Massaker und den Kreuzzügen sprechen wird.» Ich habe nichts gegen Muslime. Doch diese Sprache verstehe ich als 20-jähriger Holocaust-Überlebender nur zu gut. Sie klingt nach der «Endlösung» der Deutschen, die ihrem Gerede Massenmorde folgen ließen. Wir kämpfen um unser Überleben. Es sieht nicht gut aus. Die arabischen Armeen greifen uns mit einer Flotte von Panzern und Flugzeugen an. Ich trage immer eine Patrone in meiner Hosentasche. Unsere Kommandeure ermahnen uns, die letzte Patrone für uns selbst aufzubewahren. Ich sehe die grausam verstümmelten Leichen israelischer Soldaten, denen die Nase, Ohren und Geschlechtsteile abgeschnitten wurden, und befolge den Ratschlag. Ich kämpfe vor Latrun, ein strategisch wichtiger Ort auf halbem Weg zwischen Jerusalem und der Mittelmeerküste. Wieder und wieder greifen wir Latrun an. Unter uns sind auch viele Holocaust-Überlebende, die gerade mit dem Schiff im Land ihrer Träume angekommen sind und keinen Tag überleben. Die allermeisten verstehen nicht einmal die Befehle unserer Kommandeure in hebräischer Sprache, viele sterben am Hitzschlag, bevor sie von einem arabischen Schützen getroffen werden können. Krieg. Das heißt warten, die Befehle der Vorgesetzten befolgen, und plötzlich ist man mittendrin. Da ist keine Wahl, gibt es nicht viel zu überlegen. Leben oder Sterben. Da ist zunächst Angst. Und wenn die Kugeln um den Kopf fliegen, die Granaten einschlagen, ist die Angst weg. Denn Angst bremst. Wer weiter Angst hat, tut das Falsche. Man muss mit offenen Augen schauen, den Kugeln ausweichen, wie wir im Lager den Regentropfen ausgewichen sind. Freude macht das nicht. Ich überstehe auch meine letzte Schlacht des Krieges gegen ägyptische Truppen auf dem Weg in die Wüste Negev. Ich und fünf, sechs andere meiner Einheit. Alle anderen sind gefallen, ihre Namen vergessen.

Damals war ich noch jung und heiß, erpicht darauf, für meine Überzeugung zu kämpfen. Heute denke ich anders: Jeder Krieg ist offiziell sanktionierter Mord. 1948 ging es um das Überleben des jüdischen Volkes, auch 1967 und 1973 noch. Wer sich für Krieg und das dumme Gerede über Heldenmut begeistert, ist krank im Kopf. Auf Dauer kann Israel das nicht durchstehen. Wir kämpfen immer noch um unser Überleben – aber man kann nicht Jahr für Jahr Druck auf ein Volk ausüben. Allein in Ost-Jerusalem leben 250 000 Araber. Sie wollen frei sein. Die Völker haben ein Recht auf Freiheit. Ich würde schreien vor Wut, müsste ich Schikanen wie die Bewohner des Westjordanlands beim täglichen Grenzübertritt zur Arbeit hinnehmen. Wir brauchen die Zwei-Staaten-Lösung. Vor allem aber, viel mehr noch brauchen wir die Einsicht, dass wir alle das einmalige Geschenk des Lebens bekamen, um es zu erhalten. Auf beiden Seiten leben Menschen, die Frieden und Ruhe wollen. Der Schmerz einer palästinensischen Mutter, die ihr Kind bei einem Militärschlag verliert, unterscheidet sich in nichts von dem einer jüdisch-israelischen Mutter, deren Kind bei einem Terrorakt getötet wird. Keine Ideologie rechtfertigt den Tod eines Menschen. Sollen sie ihnen doch Ost-Jerusalem geben. Doch solange die Scharfmacher auf beiden Seiten die Politik bestimmen, wird keine Ruhe im Nahen Osten einkehren.

Hamas, Hisbollah, Moslembruderschaft wollen keinen Frieden mit Israel, sondern unsere Vernichtung. Auch arabische Staatsführer und der Iran folgen in ihrem antisemitischen Furor der alten Vision, die Juden ins Meer zu treiben. Die saturierten Kritiker Israels, die in Deutschland und in Westeuropa in Sicherheit leben, schicken ihren verbalen Attacken auffallend oft ein Bekenntnis zum Existenzrecht Israels voraus. In der Diskussion über andere Konfliktregionen kämen sie nicht einmal auf den Gedanken – etwa das Existenzrecht Serbiens oder Kroatiens zu betonen. Welche Motive sich dahinter verbergen, will ich gar nicht ausbreiten. Doch wir werden nicht gehen. Ganz einfach deshalb, weil wir in unserer 2000-jährigen Verfolgungsgeschichte gar nicht wüssten, wohin wir schon wieder gehen sollten. Das ist unser Problem in diesem Konflikt. Wir wollen überleben, unsere Familien beschützen, die uns schon einmal weggenommen wurden. Und dem Verzweifelten ist dafür jede Methode recht. Die westliche Welt ist dafür taub. Wie schon einmal. Die deutsche Kanzlerin Angela Merkel hat davon gesprochen, dass ein Angriff auf Israel ein Angriff auf Deutschland sei. Worte. Was will sie denn machen? Die Bundeswehr schicken? Wohlmeinende Freunde in Deutschland erklären mir, sie würden mich verstecken, wenn Juden wieder verfolgt würden. Ich will mich nicht verstecken. Ich will ein normales Leben führen. Heute können und werden wir uns selbst wehren. Der Aufruf von Vertretern der Linkspartei im Deutschen Bundestag zum Boykott israelischer Waren hat mich nicht überrascht. Ich will gar nicht die Parallele zum Boykottaufruf in Nazideutschland bemühen. Was wollen sie damit erreichen? Das trifft auch die 1,5 Millionen arabischen Israelis, die Waren für den Export produzieren – und nebenbei erwähnt, es am schlimmsten fänden, würden sie unter einem islamistischen Regime wie dem der Hamas leben müssen. Ich mache mir große Sorgen: Ich will keine toten Helden in meiner Familie. Ich will, dass meine Kinder, ihre Kinder und Enkelkinder glücklich sind und in Frieden leben können.

Ende 1949 denke ich überhaupt nicht an Kinder, das heißt, ich verspüre schon den Wunsch, eine Familie zu gründen. Aber was würden Berale und Chaim dazu sagen? Ich fühle mich einsam. Oft überfällt mich dumpfe Traurigkeit. Die Wochenenden, allein in der Kaserne, sind am schlimmsten. Die anderen sind zu ihren Eltern oder Familien gefahren. Ich habe einen Brief meines Vaters erhalten. Ich kann nicht glauben, was er mir schreibt. Er hat eine Deutsche geheiratet, Annemarie Brehm aus Bad Kissingen. Sie war ein Engel. Aber das sollte ich, verletzt und stur wie ich war, erst viel später erkennen. Jetzt schreibe ich ihm einen wütenden Brief zurück. Ich teile ihm ohne Umschweife mit, dass er nicht mehr mein Vater sei. Ich wolle ihn nie mehr wiedersehen. Meine Reaktion trifft ihn sehr. Es ist grausam von mir. Doch ich empfinde seine Hochzeit mit einer Deutschen als einen Verrat an meiner Mutter und an unserem Volk. Mein Vater ist 48 Jahre alt, seine Frau 21 Jahre jünger. Was ich nicht weiß, ist, dass er ihr das Versprechen abgenommen hat, auf Kinder zu verzichten. Nach Chaims und Berales Tod kann er keine Kinder mehr haben.

Ich habe mich inzwischen zur Militärpolizei versetzen lassen. Jetzt naht der Abschied von der Armee. Ich sehe ihm ängstlich entgegen. Was soll aus mir werden? «Komm Abele», sagt sie zu mir, «komm später in die Küche, ich habe etwas Gutes für dich». Die Mutter eines anderen Soldaten, er wird noch eine wichtige Rolle in meinem Leben spielen, arbeitet in der Küche der Kaserne und verwöhnt mich häufig mit Leckereien. Sie mag mich. Vielleicht hat sie auch Mitleid mit mir, sieht das verlorene Kind in mir, obwohl ich mir einen Schnurrbart stehen lasse. Der macht mich älter und, wie ich finde, männlicher. Ich will beim Militär bleiben. Wohin soll ich auch gehen? Ich habe die Schule nicht zu Ende bringen können, habe keine Berufsausbildung – und die Hagana gibt es nicht mehr. Soll ich vielleicht in der schönen Stadt Tel Aviv am glitzernden Meer in eine Firma spazieren: Bitteschön, brauchen sie nicht jemand mit mehrjähriger Ghettoerfahrung, mit einer soliden Ausbildung im Überleben von Konzentrationslagern? Die Juden, die von Geburt an oder schon länger in Palästina leben, behandeln Holocaust-Überlebende miserabel. Das ist die bittere Wahrheit. Auch wenn uns in Europa gesagt worden war, kommt nach Hause, das ist euer Land, und ihr werdet mit offenen Armen empfangen. Niemand kam zu uns Kindern, die wir doch noch waren, und fragte uns, ob wir vielleicht in die Schule gehen wollten oder etwas anderes brauchten. Liebe oder zumindest Verständnis. Niemand will von unserem Schicksal hören in diesem armen Land. Die Menschen, die mit Lebensmittelkarten einkaufen gehen müssen, schicken sich an, eine Nation aufzubauen. Wer will da schon Geschichten vom Tod in den deutschen Vernichtungslagern hören. Uns haftet der Geruch von schwachen und willenlosen Menschen an, die sich zur Schlachtbank treiben ließen. Das ändert sich erst 1962, nach dem Prozess gegen den Massenmörder Eichmann. Bis dahin erfahren die Holocaust-Überlebenden fast nur Ablehnung.

Diejenigen, die zufällig keine Verwandten im Gelobten Land haben, bleiben Fremde, manche bis zu ihrem Tod. Kein Wort erzähle ich deshalb von meinem Leben in Europa. Ich habe niemand, absolut niemand. Doch ich habe einen großen Vorteil: Ich spreche nicht nur Hebräisch, ich habe mir auf Zypern von den Juden, die von Palästina herüberkamen, den Slang abgehört. Auf der Straße würde niemand vermuten, dass er einem litauischen Juden gegenübersteht. Ich bin eben ein Schauspieler. Und ich konnte immer reden, wenn ich auch sonst nichts zu bieten habe. Mein Trotz und mein Mut erwachen wieder. Was du kannst, sage ich zu meinem imaginären Gegenüber, kann ich auch. Nach vorne gehen, mitspielen, nicht nachgeben. Nicht nachgeben. Das habe ich im Lager gelernt und noch viel mehr Dinge gesehen und gelernt, von denen du nicht einmal träumen könntest.

Und dann verschafft mir der Sohn der Köchin eine große Rolle. «Komm zu uns», sagt er im Januar 1950, «ich besorge dir einen guten Job». Er kannte mich als Kellner der Hagana, arbeitete selbst damals für deren Sicherheitsabteilung. Was genau ich machen soll, weiß ich zunächst gar nicht. Aber es ist wie in einem Traum. So viele Entlassene der Armee stehen ohne Arbeit auf der Straße. Und ich, der kleine ehemalige KZ-ler, werde von einem Tag auf den anderen Beamter des Verteidigungsministeriums mit einem regelmäßigen Gehalt und einen Dienstanzug mit schöner Krawatte. Zuerst schickt man mich mit vier anderen Anwärtern nach Jerusalem zur Ausbildung – so werde ich Agent im Inlandsgeheimdienst Shin Bet.

## Geheimagent im Auftrag
## von David Ben-Gurion

Ein Agent. Das ist aufregend. Aber noch mehr wühlt mich sie auf. Meine Gedanken wandern immer wieder zu ihr. Vor einem Jahr habe ich Lea kennengelernt. Sie ist wunderschön. Ihr mädchenhaftes Lachen verzaubert die Welt. Ich bringe sie oft zum Lachen. Ich bin süchtig nach ihrem Lachen. Ich verliere mich darin und kann vergessen. Wie gut mir das tut, merke ich, wenn ich allein bin und mich meine Erinnerungen heimsuchen. Wenn ich sie betrachte, ihre glitzernden Augen, ihre schmalen Hände und ihre grazilen Bewegungen, steigt in mir ein längst verloren geglaubtes Gefühl auf. Ich empfinde Freude. Vielleicht gibt es das ja doch noch für mich: Freude am Leben. Von meinem Gehalt habe ich ein Fahrrad gekauft. Sie sitzt vor mir auf der Querstange, schlingt einen Arm um meinen Hals, ihr luftiges Sommerkleid weht um ihre schlanken Beine. Wir fliegen durch die Straßen. Die Luft duftet nach Zitronen. Lea beugt den Kopf weit zurück und lacht. Der Fahrtwind zerzaust ihr langes blondes Haar. Das Leben ist schön. Am 7. November 1950 heiraten wir – ohne meine Mutter, ohne meine Brüder. Ich verscheuche die Gedanken an sie. Doch sie kehren wieder. Wenn sie doch nur dabei sein könnten. In der Nacht vor der Hochzeit in Rehovot kann ich nicht schlafen. Ich gehe vor das Haus, rauche eine Zigarette und schaue in den Sternenhimmel. Mein Dienstanzug hängt frisch gebügelt an der Tür des Kleiderschranks. Ich

*Am 7. November 1950 heiraten Lea und ich in Rehovot.*

werde eine Frau und eine Familie bekommen. Das macht mich traurig und glücklich zugleich. Dieses Mal, das schwöre ich meiner Mutter, wird niemand mir meine Familie nehmen. Ich werde ihre Enkelkinder beschützen. Leas Eltern, sie ist das einzige Kind, sind rechtzeitig vor Hitler aus Deutschland nach Palästina ausgewandert. Sie stammen aus Essen und sind sehr religiös. Ich wundere mich insgeheim, dass sie in die Heirat ihrer Tochter mit einem Verlorenen wie mich einwilligen. Ein Nein hätte ich jedoch nicht akzeptieren können.

Zur Hochzeit kommen viele Gäste, alle sind Verwandte oder Freunde von Leas Familie. In den fünfziger Jahren bekommen wir zwei Kinder, einen Sohn und eine Tochter. Chanan nennen wir nach meiner Mutter Chana, unsere Tochter geben wir den Namen Talma. Meine wunderbare Lea. Sie hat mich ins Leben zurückgeholt. Heute entgleitet sie dem Leben. Die Ärzte haben Alzheimer diagnostiziert. Das tut sehr weh. Aber jammern, das habe ich schon als Kind lernen müssen, verändert nichts. Ich werde ihre Hand nicht loslassen.

Mein Partner und ich schleichen durch das gerade erbaute und leere Haus. In den Zimmern, die noch nicht möbliert sind, riecht es nach frischer Farbe. Was wir suchen, ist wirklich da. Die Aktentasche steht an eine Wand gelehnt in einem der hinteren Räume. Ich fotografiere die Liste mit den Namen der Mitglieder der Maki, der Israelischen Kommunistischen Partei, lege sie zurück, und wir verlassen still und leise das Haus. Meistens arbeite ich in der Nacht. In der Ausbildung in Jerusalem habe ich gelernt, wie man unauffällig Menschen observiert oder Schlösser und Briefe öffnet, ohne Spuren zu hinterlassen. Die innenpolitische Lage in dem jungen Staat Israel ist angespannt. Die Agenten des Shin Bet arbeiten für den Premierminister David Ben-Gurion und seine Arbeitspartei Mapai. Der Geheimdienst geht gegen Araber vor, ich arbeite – und darüber bin ich im Rückblick sehr froh – gegen die innenpolitischen Gegner Ben-Gurions. Das sind israelische Kommunisten, darunter allerdings viele Araber, die sich über den Zionismus bald entzweien werden und wegen des sowjetischen Antisemitismus bald spalten sollten. Vor allem aber sind da die ehemaligen Aktivisten der Lechi und Menachem Begins Herut, die Nachfolgeorganisation der Irgun. Ben-Gurion rechnet mit Umsturzversuchen dieser Gruppierungen, die seinen und den Machtanspruch der Mapai anfechten. Das Land ist nach dem überstandenen Krieg von 1948 arm, Schwarzmärkte und Korruption blühen, die Menschen sind in einer verzweifelten Lage. Politische Extremisten rechnen sich große Chancen auf eine Machtübernahme aus. Offiziell existiert der Shin Bet überhaupt nicht. Die Beamten sind dem Verteidigungsministerium unterstellt. Bei Einbrüchen laufen die Agenten Gefahr, von aufgeschreckten Hausbewohnern oder Nachbarn verprügelt zu werden. Das geschieht nicht nur einmal. Ich werde auch von

Polizeibeamten verhaftet, die mich nach einem Telefonat erstaunt und unwillig entlassen müssen. Meine dienstfreie Zeit verbringe ich mit Lea in Rehovot. Aber einmal, ich weiß nicht mehr warum, bleibe ich in Jerusalem. Im King David Hotel spielt wunderschöne Musik, Klavier und Geige, die Gespräche des Publikums sind verstummt. Kein Zweifel: Einen der Männer auf der Bühne kenne ich aus meinem früheren Leben. Hofmekler, der Dirigent des litauischen Symphonieorchesters und späteren Polizeiorchesters im Ghetto Kaunas, hat wie viele andere Musiker Kaufering I überlebt. Dem sympathischen Hofmekler steht noch eine Tragödie bevor, die er an diesem Abend im Jahr 1950 nicht einmal erahnt. Unser Gespräch kommt sehr rasch auf die Toten unserer Familien. Hofmekler ist überzeugt davon, dass seine Frau und Tochter nicht mehr am Leben sind. Mehr als zwanzig Jahre später in München, er lebt schon lange mit seiner zweiten Frau zusammen, erfährt er durch einen Zufall das Unglaubliche. Seine Frau und Tochter haben überlebt. Jahrelang hatte er auf diese Nachricht gewartet, alle Versuche, sie zu finden, waren gescheitert, und irgendwann verlor er jede Hoffnung. Seine Frau, inzwischen nicht mehr am Leben, und sein Kind wanderten nach Israel aus. Hofmekler, der schwer erkrankt ist, bittet mich, die Tochter nach München zu bringen. «Abke, bevor ich sterbe, will ich sie noch einmal sehen.» Sie kommt zu spät. Hofmekler ist eine Woche zuvor gestorben.

Ich habe die Nase voll davon, wie ein Dieb durch die Nacht zu schleichen oder Zielpersonen zu beschatten. Ich will bei Lea in Rehovot sein und bekomme die Stelle als Sicherheitschef des Weizmann-Instituts. Chaim Weizmann, Präsident der Zionistischen Weltorganisation und von 1948 bis 1952 erster israelischer Staatspräsident, hatte das Institut für naturwissenschaftliche Forschung und Ausbildung 1934 gegründet. Die weltweit berühmte Einrichtung war in der

Krebsforschung erfolgreich, fand Medikamente gegen Multiple Sklerose, entwickelte 1954 einen der weltweit ersten Großrechner des Landes, die Abteilung für Kernphysik konstruierte 1976 einen Teilchenbeschleuniger. Von der wissenschaftlichen Arbeit, die für unser Land so wichtig ist, verstehe ich nicht viel. Doch besser als die Chemiker, Physiker und Biologen weiß ich, dass das Institut und seine Forschungsergebnisse Begehrlichkeiten wecken. Zum Beispiel beim sowjetischen Botschafter, der angeblich um kulturelle Kontakte zu Israel bemüht ist und sich bei einem Besuch von einer Sekretärin durch das Haus und aufs Dach führen lässt. Von hier aus kann man die gesamte Anlage überblicken. Nur kann er sich nichts einprägen oder gar fotografieren. Ich begleite ihn Schritt auf Schritt und komplimentiere ihn sofort wieder hinunter. Er versteht sofort und lächelt sauer. Ein Nachtwächter, der sich auffällig für den Großrechner interessiert, geht mir ins Netz. Er gesteht. KGB-Leute hatten ihm eine Reise in die Schweiz bezahlt und seinen Sohn aus Russland mitgebracht. Ein bitteres Wiedersehen. Wenn er nicht für sie spioniere, würden sie seinen Sohn ermorden. Der Mann wurde zu zehn Jahren Gefängnis verurteilt. Die Wissenschaftler, mit einigen verbinden mich bald Freundschaften, wissen nicht, dass ich im Auftrag des Shin Bet im Weizmann-Institut arbeite. Spionage und Geheimdienste sind eine fremde Welt für sie. Direktor Benjamin Bloch, ein begnadeter Physiker, erklärt: «Damit wollen wir nichts zu tun haben.» Sie verstehen nicht, dass nicht sie das entscheiden. Das Weizmann-Institut steht im Fokus der Geheimdienste ausländischer Staaten und seine Mitarbeiter sind gefährdet. Doch es gibt auch Besucher ohne finstere Absichten: Praktisch alle Naturwissenschaftler von Weltrang. Gut erinnere ich mich an Niels Bohr, Robert Oppenheimer und natürlich Marlene Dietrich, die in der Realität nicht weniger beeindruckend als auf der Leinwand, aber nicht so hübsch wie Lea ist. Und einmal kommt zu einer Tagung auch ein ehemaliger SS-Sturmbann-führer, Wernher von Braun, Konstrukteur von Hitlers so-genannten Wunderwaffen. Das wird aber mit keinem Wort erwähnt, solange der jetzt für die amerikanische NASA ar-beitende Wissenschaftler in Rehovot weilt. Lea und ich be-ziehen ein Fünf-Zimmer-Haus mit Garten auf dem großen Gelände des Weizmann-Instituts.

Es hätte so bleiben können, doch ich spielte mit dem Ge-danken, mich selbständig zu machen und eröffnete in Reho-vot ein Reisebüro. Es lief nicht gut. 1965 lud mein Vater mich und meine Familie nach München ein. Er war erfolg-reich und hatte Geld. «Sicher helfe ich Dir. Aber ich will auch etwas von Dir, ein bisschen Familienleben», sagte er. Seit seiner Hochzeit mit einer Deutschen 1949 hatte ich vier Jahre lang keinen seiner Briefe beantwortet. Dann jedoch be-suchte ich ihn, wollte ich mich mit ihm aussöhnen, und er ging darauf ein. Ich sah es an seinem Blick. Er konnte nicht über meine Mutter und meine Brüder sprechen. Die Anwe-senheit der Enkelkinder bei unseren gegenseitigen Besuchen hatte eine heilende Wirkung auf seine verwundete Seele. Und seine junge Frau wurde für meine und Leas Kinder die beste Oma, die man sich nur wünschen kann. So blieben wir 13 Jahre lang in München.

Israel und die Bundesrepublik Deutschland nahmen dip-lomatische Beziehungen auf, und ich wechselte wieder mal die Rolle und wurde Juwelier. Neben dem Kaufhaus Ober-pollinger in der Neuhauser Straße arbeitete ich in einem Schmuckgeschäft. Eine langweilige Sache. Der Laden lief nicht so gut, nur an Ostern und Weihnachten kamen viele Kunden. Ich traf einen alten Bekannten aus Litauen, der Israel verlassen hatte. Rosmarin war Klarinettist und Pianist, ein musikalisches Wunderkind, der auf dem Konservato-rium in Jerusalem unterrichtet hatte und mit einem Steinway-Flügel in München eintraf. Allerdings spielte er nicht mehr, nichts und niemand konnte das Genie dazu bewegen, sich jemals wieder an einen Flügel zu setzen. Rosmarin hatte das Lager Kaufering I überlebt und auf den Todesmarsch ein Akkordeon mitgeschleppt, das er in einem Dorf einem Deutschen für ein Stück Brot überließ. Auch die Musik erlöste das traurige Genie nicht von seinen Erinnerungen.

Nach zwei Jahren erwarb ich einen Imbissstand in der Landwehrstraße. Später wurde ich Teilhaber des «Stop-In» in der Türkenstraße. Die preisgünstige Pizza lockte Studenten an. Das Haus war immer voll, eine Goldgrube. Unter meinen Gästen mit langen Haaren und Parkas saßen gelegentlich auch Männer, die sich in der legeren Kleidung offenkundig nicht ganz so wohl fühlten. Mir, dem ehemaligen Shin-Bet-Agenten, konnten diese Typen nichts vormachen: Der Verfassungsschutz beobachtete die Studenten der linkspolitischen Szene im Umfeld der Ludwig-Maximilians-Universität. Schließlich wurde ich noch Teilhaber des noblen Café Annast am Hofgarten, ein ungefähr 220 Jahre altes Haus mit barockem Interieur und einer großen Sommerterrasse. Dann kam noch das Lokal Ritter von Lohengrin dazu. Mit Lea und den Kindern, Talma und Chanan, zog ich in ein Haus in Allach nahe Dachau. Mit Berek Rajber und Jakob Nussbaum saß ich im Vorstand des TSV Maccabi und leitete die Basketball-Abteilung. Für mich war die entscheidende Frage, wie meine Kinder in der deutschen Schule aufgenommen würden. Sie erfuhren keine Ablehnung. Anne-Marie machte mit ihnen Hausaufgaben und half den jungen Israelis, Deutsch zu lernen. Es ging ihnen gut. Also fühlte auch ich mich wohl in München. 1973 wurde unsere Enkeltochter Dana geboren. Idam kam 1980 in Israel auf die Welt.

Die Erinnerung, ich war jetzt schon über die vierzig, war immer gegenwärtig. Ich sah jedoch nicht mehr in jedem Deutschen einen Nazi und Begegnungen mit der Generation der Täter ging ich aus dem Weg. Ich werde in den Schulen nach John Demjanjuk gefragt. Der ukrainische Helfer der SS in mehreren Vernichtungslagern wurde 2011 wegen Beihilfe zum Mord an 28 060 Juden zu fünf Jahren Gefängnishaft verurteilt. 2012 starb der 91-Jährige in einem oberbayerischen Pflegeheim. Für mich war das ein politischer Schauprozess. Die deutsche Justiz wollte ihr Desinteresse an der Strafverfolgung von NS-Tätern in den Nachkriegsjahren vergessen machen. Ich hätte diesen alten Mann nicht mehr vor Gericht gestellt. Man sollte aus dieser schrecklichen Zeit keine Show machen. Es geht auch nicht um Rache. Darum ging es auch dem hessischen Generalstaatsanwalt Fritz Bauer nicht, der 1963 im Frankfurter Auschwitz-Prozess als Chefankläger auftrat. Es ging diesem Juristen, einem deutschen Juden, um das Recht. Dieser Prozess war auch deshalb wichtig, weil er die Deutschen zwang, sich mit dem Holocaust auseinanderzusetzen. Wir sollten aus dieser schrecklichen Zeit Konsequenzen ziehen: gegen das Böse angehen und das Gute tun. Eines Tages im Jahr 1977 kam Dana weinend aus dem Kindergarten. Sie war auf der Toilette eingesperrt und wohl öfters schon gequält worden. Es gab Anzeichen auf eine antisemitische Erzieherin. Talma verließ mit Dana sofort München. Nach einem Jahr hielt ich es nicht mehr aus. Ich kam um vor Sehnsucht nach meiner Enkeltochter. Mit großem Verlust verkaufte ich meine Lokale. Was bedeutete schon Geld, wenn in Israel Dana auf mich wartete?

## Operation Moses im Sudan

Sie kommen aus der Nacht. Wir sind zu fünft und warten am Rand des Feriendorfs. Das Meer ist ruhig und glänzt silbern im Mondlicht. Die drei Lastwagen fahren mit abgeblendetem Licht heran. Zwei Tage waren sie mit ihrer menschlichen Fracht in der Wüste unterwegs. Zwischen den Felsen haben wir mit Leuchtkerzen eine Piste bis fast ans Wasser markiert. Am Strand treffen die Schlauchboote ein. Alles ist über Funk koordiniert. Es muss sehr schnell gehen. Ein Verbindungsmann hat die Falaschen vor ihrer Flucht aus dem Lager in der Wüste genau instruiert. Lautlos gehen Frauen, Männer und Kinder, die nie das Meer gesehen haben, mit ihren Bündeln zu den Booten. Einige sind fast nackt. Niemand spricht. Auch die Kinder sind still. Die abgemagerten Menschen erinnern mich an die Häftlinge in Kaufering I. Sie sehen furchtbar aus. Manche sind zu schwach, um selbst zu gehen. Wir müssen sie zu den Schlauchbooten tragen. Der Junge in meinen Armen, seine knochendünnen Beine baumeln herab, ist vielleicht fünf, sechs Jahre alt. Er schaut mich aus großen, fiebrigen Augen an. Er war dem Ende nahe. Nach zwanzig Minuten ist die Aktion für uns vorbei. Die Schlauchboote bringen 270 Falaschen zu Marineschiffen, die auf dem Roten Meer weit vor der sudanesischen Küste warten. In sechs, sieben Stunden werden sie in Eilat sein. Die einheimischen Mitarbeiter des Feriendorfs haben wieder einmal nichts mitbekommen. Sie schlafen. Wenn doch, dann stellen sie keine Fragen. Vielleicht überlebt er, der kleine schwarze Berale. Ich habe es nie erfahren. Aber ich möchte glauben, dass er heute irgendwo in Israel lebt und selbst schon Kinder hat.

Am Ende der Operation Moses, zu der Premierminister Menachem Begin 1977 den Befehl gab, wird der Mossad ungefähr 30 000 äthiopische Juden nach Israel geholt haben. Aber jetzt, Frühling 1980, stehen wir noch am Anfang. Meine Chefs zögerten, ob sie mich in den Sudan schicken sollten. Ich bin 50 und damit eigentlich schon zu alt für eine derart gefährliche Aktion, noch dazu unter extremen klimatischen Bedingungen, die auch den jüngeren Agenten zu schaffen machen werden. Aber sie brauchen mich, einen, dem die sudanesischen Behörden die notwendige Tarnung abnehmen. Als Reiseunternehmer mit falschem Pass treffe ich im Herbst mit einem Linienflug der Swiss Air aus Zürich in Khartum ein.

Ich passiere ohne Probleme die Passkontrolle, hole meinen Koffer und verlasse sofort das Flughafengebäude. Morgen habe ich einen Termin beim Tourismusminister der Regierung.

Die Landeshauptstadt des Sudans am Zusammenfluss des Weißen und Blauen Nils hat zu dieser Zeit ungefähr eine halbe Million Einwohner. In die Slums in den Außenbezirken strömen seit den siebziger Jahren Flüchtlinge aus den Kriegsgebieten im Tschad, in Uganda und Äthiopien. In diesem Land leben unter der Herrschaft des sozialistischen Diktators Mengistu die Falaschen, die von griechischen Quellen aus dem 2. Jahrhundert vor Christus erwähnt werden. Sie werden von ihren christlichen Nachbarn als Christusmörder verfolgt und ausgegrenzt, dürfen von alters her kein Land besitzen. Das marxistische Regime, das nach dem Sturz des Kaisers Haile Selassie 1974 zunächst den Minderheiten Gleichberechtigung garantierte, verfolgt die Falaschen und

*Ich als angeblicher Hoteldirektor am Roten Meer*

verbietet ihnen jede Religionsausübung. Einer populären
Theorie zufolge sind die äthiopischen Juden einer der verschollenen Stämme Israels. Wie auch immer. Auf jeden Fall
folgen sie seit Jahrhunderten den Regeln der Thora und
widerstanden protestantischen Missionaren, die sie zum
Christentum bekehren wollten, ebenso wie der langen gewalt-
samen Unterdrückung ihres Volkes. Und dieses arme jüdische Bergvolk gibt von einer Generation auf die andere seinen großen Traum weiter: die Rückkehr nach Jerusalem. Entscheidend ist für mich, und inzwischen glücklicherweise für
meine Regierung, dass die äthiopischen Juden unter antisemitischen Übergriffen leiden und um ihr Leben fürchten
müssen. Denn es hat lange gedauert, bis der oberste Rabbiner die Falaschen als Juden anerkannt hat und damit der
Weg nach Israel frei war. Ich bin der einzige Holocaust-Überlebende bei dieser Operation und weiß nur zu gut, was es be-

deutet, wenn Juden schutzlos der Vernichtung preisgegeben sind. Diesmal aber gibt es Israel. Und den Mossad. Deshalb spiele ich jetzt diesen Geschäftsmann aus dem Ausland, der an der Küste des Sudans ein Vermögen machen will. Welches Land das war, kann ich heute noch nicht preisgeben. Auf dem Vorplatz des Flughafens tauche ich in eine Wolke aus Straßenlärm und feuchtheißer Luft ein. Ich muss, um Atem ringend, stehenbleiben. 40 Grad Celsius.

Der Minister bietet mir nicht einmal ein Glas Wasser an. Keine Manieren. Eine Stunde hat er mich auf dem Korridor warten lassen. Die Unterredung in seinem winzigen Büro dauert jedoch nicht lange, und der rotierende Ventilator an der Zimmerdecke kühlt die Luft. Nach ein paar Minuten habe ich ihn, ich merke es an seinem aufflackernden Blick in dem ausdruckslosen Gesicht. «Wir werden Khartum auf der internationalen Landkarte des Tourismus bekannt machen», sage ich. «Ihr Land, verehrter Herr Minister, wird einen gro-ßen Nutzen haben.» Meine Firma, die nicht existiert, aber im Tourismusgeschäft viel Erfahrung und Erfolg hat, baut das Feriendorf Auros am Roten Meer, ein paar Autostunden von Port Sudan entfernt gelegen, wieder auf. Viel größer und schöner, als die früheren italienischen Investoren es je ge-plant hatten. Und es muss ja in ferner Zukunft nicht bei die-sem einen Projekt bleiben. Der Frage, warum die Italiener Pleite gingen, weiche ich mit gespielter Begeisterung über die zu erwartenden Heerscharen von Touristen aus aller Welt aus. Natürlich liegt das alles seinem Büro schon seit Wo-chen schriftlich vor. Doch es kommt auf den persönlichen Eindruck an. Der Minister begleitet meine Ausführungen mit einem Kopfnicken. Dann lächelt er. Beim Abschied schlägt er einen vertraulichen Ton an. Auf dem Weg zur Hotelanlage, erzählt er, liegt ein großer Schrotthaufen. Pum-pen, Rohre, Stahlbehälter – Teile einer Entsalzungsanlage für Meerwasser, die der schwedische Staat seinem armen Land geschenkt hat. Nur, leider, habe man es irgendwie versäumt, die Fabrik zur Herstellung von Trinkwasser aufzubauen. Jetzt sei alles schon verrostet. Ob er auf meine Verschwiegenheit in dieser Sache zählen könne? Ich schaue ihm in die Augen und verspreche es ihm mit einem kräftigen Händedruck. Er scheint erleichtert zu sein. Ich stelle keine Frage. Das ist eine Grundregel in meinem Geschäft. Fragen ermuntern dein Gegenüber nur zu Gegenfragen, und die können gefährlich werden. Ich räume mein Hotelzimmer auf Staatskosten. Das fast leere Gebäude, das der Präsident für seine Offiziersclique erbauen ließ, bietet unerhörten Luxus. Davon kann die Masse armer Menschen in der Metropole nicht einmal träumen.

Ich ziehe ins Hilton um. Als ich den vollen Speisesaal betrete, höre ich ein Lied, das ich in Khartum nun wirklich nicht erwartet hätte. Eine Kapelle ungarischer Musiker spielt Hava Nagila, ein jüdisches Volkslied. Fast stockt mein Schritt, aber ich habe mich sofort wieder unter Kontrolle und lasse mir meine Überraschung nicht anmerken. Ich betrachte dieses Ereignis als ein gutes Omen für einen glücklichen Ausgang der Operation. Am nächsten Morgen fliege ich weiter nach Port Sudan, wo mich ein anderer Agent mit dem Auto abholen wird. Der Hotelinhaber in Port Sudan verwickelt mich in ein Gespräch. Er ist neugierig auf den Fremden, der in dieser Hitze einen weißen Anzug und Krawatte trägt. Ich gebe ihm Ratschläge für die Führung seines Betriebs, wirkliche Tipps, schließlich bin ich aus der Branche, führte Lokale und Restaurants in München und hatte mich 1960 in Atlantic City in einem 1000-Zimmer-Hotel zum Hotelier ausbilden lassen. Wo bleibt mein Verbindungsmann? Es reicht, doch der Hotelbesitzer will seinen vermeintlichen Kollegen nicht gehen lassen. Immer wieder werfe ich einen Blick durch die Eingangstür des Hotels auf die Straße. Plötzlich sagt der Mann: Vor ein paar Tagen ist eine Frau aus ihrer Stadt bei mir abgestiegen. «Ich mache Sie mit ihr bekannt. Ich hole die Dame rasch.» Was nun? Soll alles umsonst gewesen sein? Ich habe mich monatelang auf meine Tarnidentität vorbereitet, in der ausgewählten Stadt eine Wohnung bezogen, mit den Nachbarn bekannt gemacht, trage einheimische Markenkleidung, kenne mich aus, wie man sich eben auskennt in seiner Geburtsstadt. Nur eine Sache habe ich nicht so richtig hinbekommen: den Akzent. Während ich noch überlege, wie ich mich einer möglichen Enttarnung entziehen kann, hält ein Pickup vor dem Hotel. Das muss der Mann sein. Mein Gefühl sagt es mir. Ich renne zur Tür hinaus, werfe den Koffer auf die Ladefläche, springe auf den Beifahrersitz, und schon brausen wir los. Vorbei an dem kolonialen Postgebäude mit grünen Fensterläden, durch das lärmende Marktviertel mit seinen Arkaden und die Straße hinaus in die Wüste. Die Dame möge mir meine Unhöflichkeit verzeihen. Sie hätte jedoch keine wirkliche Freude an der Bekanntschaft mit mir gehabt.

Die meisten machen sich völlig falsche Vorstellungen von der Arbeit der Geheimdienste. Das Agentenleben hat absolut nichts von der Aura der James-Bond-Filme. Der Mossad und die anderen israelischen Geheimdienste, Shin Bet und Aman (der militärische Abschirmdienst), gelten als besonders geheimnisumwittert. Das liegt auch daran, dass ihre Mitarbeiter und Agenten wirklich schweigen. Zu meiner Zeit galt bei uns zum Beispiel der amerikanische CIA als Schweizer Käse: zu viele Löcher im Apparat, zu viele Mitarbeiter, die aus Eitelkeit oder warum auch immer sich aufspielten, sogar um Kopf und Kragen redeten. Deshalb werde ich hier nichts enthüllen. Ich könnte es auch gar nicht, denn im Mossad galt ein besonderes Prinzip: Nicht einmal die Kollegen wussten untereinander, wer gerade an welcher geheimen Operation arbeitete, eingeweiht waren immer nur die unmittelbar Beteiligten und die Führung natürlich. Dass zwei meiner besten

240

Freunde den Nazi-Massenmörder Adolf Eichmann aus Argentinien entführt hatten, erfuhr ich erst, als ihm 1962 der Prozess in Jerusalem gemacht wurde. Den Großteil ihrer Zeit verwenden Mossad-Mitarbeiter auf eine graue Routinearbeit am Schreibtisch. Sie tragen geduldig Informationen jeder Art, inklusive natürlich des Materials der Spione, zusammen und werten es aus. Es war mir eine willkommene Abwechslung, als ich einmal aufgrund meiner Erfahrungen in der Gastronomie gebeten wurde, für den Bau der neuen Kantine im Zentralgebäude als Berater tätig zu werden. Auch Spione müssen essen. Die mühselige Kleinarbeit ist die Basis der spektakulären Erfolge des Mossad. Über die bekannten muss ich nicht schweigen. Seine Agenten haben das Manuskript Chruschtschows gestohlen, bevor er mit seiner Rede vor dem Zentralkomitee der KPdSU das Ende der Stalin-Ära einleitete. Unsere Leute haben die Produktionspläne für den Kampfjet Mirage in der Schweiz gestohlen, den Luftschlag der israelischen Armee im Juni 1967 vorbereitet und damit den größten Sieg in der israelischen Geschichte ermöglicht. Der Mossad hat eine sowjetische Radarstation in Ägypten zerlegt und die Einzelteile mit Hubschraubern nach Israel geflogen, 1976 die berühmte Rettungsaktion in Entebbe geplant und 1981 die Bombardierung des irakischen Atomreaktors vorbereitet. Shin Bet und Mossad verhindern viele Terroraktionen im In- und Ausland, gerade der deutsche BND ist in dieser Hinsicht auf viel Amtshilfe angewiesen, und die Öffentlichkeit erfährt davon so gut wie nichts. Ganz entscheidend für den Erfolg der israelischen Geheimdienste ist ein Vorteil, über den andere nicht verfügen: Sie setzen Leute ein, die sich als Angehörige jeder Nation ausgeben können und deren Sprache perfekt beherrschen. Auch wenn es mal mit dem Akzent nicht so hundertprozentig klappt. In die Zentrale laufen viele Hilfeersuchen ein. Woher soll der CIA zum Beispiel auch einen Afghanen nehmen? Übrigens, man kennt sich natürlich, trinkt auch mal gelegentlich einen zusammen, stattet sich gegenseitige Besuche ab – und, wenn es nötig ist, sticht man den anderen ohne Zögern aus. Menschen, das lernt man in diesem Beruf, werden von drei Motiven angetrieben: Geld, Sex und Eitelkeit.

Im Grunde dreht sich alle israelische Geheimdienstarbeit um eine Frage: Was denken und planen die Gegner Israels? Für die richtige Antwort darauf lügen, betrügen und täuschen wir – und das häufig etwas besser und geschickter als die Nachrichtendienste anderer Länder. Moralische Erwägungen? Israel befindet sich seit 1948 im Krieg mit arabischen Nachbarstaaten und palästinensischen Terrorgruppen. Unser Land wird von mächtigen arabischen beziehungsweise muslimischen Staaten bedroht. Ja, der Mossad schickt auch Mordkommandos zu Gegnern, die für besonders gefährlich gehalten werden, zum Beispiel gegen Ali Hassan Salameh, der 1979 einem von der Premierministerin Golda Meir befohlenen Anschlag zum Opfer fiel. Salameh war ein führender Kopf des «Schwarzen Septembers», der PLO-nahen Terroristengruppe, die im Olympischen Dorf in München 1972 elf israelische Sportler ermordet hat. In den achtziger Jahren, als ich in der sudanesischen Wüste sitze, beginnt der Mythos Mossad zu bröckeln. Skandale und Affären werden bekannt, Morde und Folterungen bei Verhören an Palästinensern, israelische Gerichte sind belogen worden – in der israelischen Öffentlichkeit wird die Frage diskutiert, wie eine Demokratie ihre Geheimdienste kontrollieren kann. Eine Frage, die auch andere Länder betrifft und von großer Bedeutung ist. 1982 der Libanonkrieg, eine politische Entscheidung gegen die ablehnende Haltung des Mossads, fünf Jahre später die erste Intifada, auf die Israel reagieren muss – in der Logik des Krieges mit Gewalt. Ich verurteile die israelischen Geheimdienste nicht. Nicht deshalb, weil ich selbst zu ihnen gehörte, sondern weil Israel den Mossad braucht, solange wir keinen wirklichen Frieden haben. Ich kenne seine Leute. Sie wollen keinen Krieg, sie gehen in den Geheimdienst – anderswo würden sie das Doppelte oder Dreifache verdienen –, um Israel zu verteidigen. Das mag den Kritikern nicht gefallen, aber so ist es. Sie haben die Opfer der Selbstmordattentäter nicht gesehen. Jugendliche in Diskotheken, Hochzeitsgesellschaften, Busfahrgäste, Menschen auf dem Markt. In Israel schicken Eltern ihre Kinder auf verschiedenen Wegen zur Schule, damit wenigstens eines gesund zurückkommt. Islamistische Antisemiten wollen Israel vernichten. Das ist die Wahrheit. Wahr ist aber auch, dass uns der Sieg von 1967, der unser Land rettete und Jerusalem zurückbrachte, zu einer Besatzungsmacht werden ließ. Die Spirale der Gewalt muss beendet werden – beide Seiten müssen sie beenden. Wir müssen uns, so bitter das jedem ankommt, über den Streit erheben, wer wem welches Unrecht zugefügt hat. Im Dezember 2013 sprach ich vor Lehrern und Universitätsprofessoren aus Ägypten. Tränen standen ihnen in den Augen, als ich meinen Zeugenbericht aus dem Holocaust beendet hatte. Sie luden mich nach Kairo ein. Unsere zivilisierte Welt ist von der Verachtung des menschlichen Lebens vergiftet. Es hört nicht auf. Genozide, Terroranschläge, Krieg – und die Welt schweigt dazu, wie damals, als die Nationalsozialisten sich anschickten, die Juden Europas zu vernichten. Deshalb darf die Erinnerung an den Holocaust nicht versiegen. Vielleicht die Jugend. Vielleicht besinnt sie sich auf das Wichtigste: die Achtung vor dem Leben. Soll sie auf die Politik vertrauen, die seit mehr als 60 Jahren in dem Konflikt im Nahen Osten versagt hat und von den Scharfmachern auf beiden Seiten gesteuert wird? Oder soll sich die Jugend – die israelisch-jüdische wie palästinensische – endlich in einem Ruf vereinen: Nein! Schluss mit dem Hass! Ein naiver Gedanke. Doch der Krieg wird auf Dauer beide zerstören: die Feinde ebenso wie uns.

Mossad le-Alija Beth hieß die Organisation der Hagana, die nach dem Zweiten Weltkrieg die Holocaust-Überlebenden aus Europa illegal nach Palästina brachte. Diese Aufgabe, den Schutz und die Rettung von Juden in der ganzen Welt, hat der israelische Geheimdienst von Anfang an übernommen. Der Mossad holte 50 000 Juden aus dem Jemen heraus, fast 150 000 aus dem Irak, 200 000 aus Rumänien und bis 1962 rund 100 000 aus Marokko. Die Operation Moses knüpft Jahre später daran an. Für mich schließt sich damit ein Kreis. Ich kann jetzt etwas von der Hilfe zurückgeben, die mir nach Ghetto und Konzentrationslager zuteilgeworden ist. Wir bringen die schwarzen Juden Äthiopiens nach Israel – und schreiben eine Seite im Buch unserer jahrtausendealten Geschichte von Verfolgung und Diaspora in aller Welt. Aber zuerst einmal muss ich, als ich im Feriendorf Auros am Roten Meer eintreffe, den strengen Direktor vor der einheimischen Belegschaft spielen. Das ist auch nötig. Speisesaal, Küche, Toiletten und Duschen in den Gästezimmern der aufgegebenen Hotelanlage starren vor Dreck. Ich ordne umgehend an, dass sich das Personal sofort zu versammeln hat. Zwei Tage lang lasse ich die Männer und Frauen schrubben, putzen, reparieren und aufräumen. Das war es dann aber auch schon. Touristen verirren sich nur in kleiner Anzahl und auch das nur selten nach Auros. Meistens haben der Koch, die Kellner und Zimmermädchen nichts zu tun und kassieren dafür ein regelmäßiges Gehalt. Das Geld kommt, was sie nicht ahnen können, vom Mossad. Mit der Zeit merken sie natürlich, dass an der Geschichte etwas faul sein muss. Doch sie sind mehr als zufrieden mit ihrem geruhsamen Job und stellen nie Fragen. Ab und zu kommen doch Gäste ins Taucherparadies und nehmen Tauchunterricht bei den Mossad-Agenten. Einmal empfange ich eine Delegation des sudanesischen Parlaments und halte einen Vortrag über die extrem guten touristischen Möglichkeiten, die das Land biete. Danach gibt es reichlich Whiskey und Zigaretten, auf Kosten des Hauses versteht sich. Regelmäßig fährt mich ein Chauffeur auf den Markt in Port Sudan. Der Schein muss gewahrt bleiben. Ich kaufe Lebensmittel, Öl, Brot, Hühner, für die Gäste, die nicht kommen. «Für die Gäste nur das Beste», erkläre ich wieder und wieder dem Fahrer den Grundsatz erfolgreichen Wirtschaftens in der Gastronomie. Der gibt nicht einmal mehr vor zuzuhören. Das Trinkwasser ist ein Problem, bis das sudanesische Militär uns damit beliefert. In Port Sudan gibt es einen Spezialladen nur für ausländische Kunden. Dort beschaffe ich Zigaretten und Spirituosen, die wir benötigen, um Beamte und Soldaten zu bestechen. Zum Beispiel den Kommandanten der nächsten Militärbasis, der uns aus Beständen der Armee ausreichend mit Benzin versorgt. Den Treibstoff brauchen wir für die Lastwagen, mit denen wir die Falaschen aus den Lagern an der äthiopischen Grenze zu unserer Operationsbasis bringen. Auf den Straßen kontrolliert das Militär. Mehrere Päckchen Zigaretten halten die Soldaten davon ab, einen Blick unter die Planen der Lastwagen zu werfen, wo die Flüchtlinge aneinander gepresst kauern und ängstlich auf die Stimmen draußen lauschen.

Sie nehmen tagelange Fußmärsche durch Wüste und Gebirge auf sich, um auf die sudanesische Seite zu gelangen. Ganze Dörfer folgen dem Exodus ins Gelobte Land. Sie kommen aus der äthiopischen Provinz Gondar, aus den Bergen nördlich des Tana-Sees und der Quelle des Blauen Nils. Wer Banditen, Hunger, Hitze und Wassermangel übersteht, trifft in Um Raquba, ungefähr 30 Kilometer vor der Grenze, ein. Die Falaschen kommen ausgehungert, krank und fast verdurstet in das Lager, in dem ungefähr 20 000 Flüchtlinge leben. Dort warten sie – nicht wenige vergeblich. 15 bis 20 Menschen sterben jeden Tag in dem Lager an Krankheiten und Unterernährung. Das Bergvolk leidet auch unter den klimatischen Bedingungen der Steinwüste. Viele erkranken an Malaria. Die anderen, christlichen Flüchtlinge feinden sie an. Die schwarzen Juden isolieren sich und misstrauen auch den Absichten der Helfer. Falaschen, die für den Mossad arbeiten, bereiten ihre Glaubensbrüder auf den Tag vor, an dem die Lastwagen kommen und sie abgeholt werden. Einmal sind wir völlig niedergeschlagen: In der Nacht zuvor, jede Aktion wird monatelang geplant, blieb ein Lastwagen liegen. Die Flüchtlinge mussten kilometerweit zu Fuß ins Lager zurücklaufen. Niemand durfte sie entdecken. Israel befindet sich offiziell mit dem islamischen Sudan, einem Mitgliedsstaat der Arabischen Liga, im Krieg.

Die Luft scheint zu stehen, so heiß ist es. Nur um fünf Uhr morgens ist es einigermaßen erträglich. Ich räkele mich in einem Liegestuhl unter dem sternenfunkelnden Himmel. Mir macht das Klima zu schaffen, auch den anderen Agenten, obwohl sie zehn, fünfzehn Jahre jünger sind als ich. Zu unserem Kommando gehört auch ein Arzt, der sich um uns und, soweit bei den Aktionen Zeit dafür ist, um die erkrankten Falaschen kümmert. Die Operation wurde lange und gut vorbereitet. Meine wahre Identität könnte nur durch einen dummen Zufall auffliegen. Darum mache ich mir keine Sorgen. Das Touristikunternehmen, das ich vertrete, hat mit vielen Reisebüros in Deutschland, Österreich und der Schweiz Kontakt aufgenommen, falls der sudanesische Geheimdienst nachforscht. Die Firma ist bekannt. Einmal laden wir sogar ein Ehepaar ins Feriendorf ein, das ein Reiseunternehmen in Nürnberg betreibt. Das Paar ist sehr angetan und nimmt Auros in sein Programm auf.

Und dann, eines Nachts, verlässt uns das Glück: Der sudanesische Geheimdienstler richtet am Strand von Auros den Lauf seiner Kalaschnikow direkt auf meinen Bauch. Das Feriendorf liegt an einer Schmugglerküste. Am Anfang beäugten uns die Schmuggler, die auf ihren kleinen Schiffen Falken, Gänse, Ziegen und andere Waren nach Saudi-Arabien brachten, argwöhnisch. Doch bald schon lebten wir in gutem Einvernehmen. Jeder lässt den anderen in Ruhe seinen Geschäften nachgehen. Vor vielleicht zwei Minuten haben die Schlauchboote mit den Falaschen abgelegt, in den Lastwagen liegen noch Decken und Bündel, die in der Eile zurückgelassen wurden. Der Trupp Soldaten und Geheimdienstler, die eigentlich auf der Jagd nach Schmugglern sind, haben uns umzingelt und halten uns mit ihren Waffen in Schach. Im Mondlicht sehe ich den Finger des Sudanesen, der unruhig am Abzug der Maschinenpistole spielt. Ich habe keine Chance. Er braucht nur abzudrücken. Und das wird er aus Nervosität in der nächsten Sekunde tun. Dann zerfetzt ein Kugelhagel meinen Bauch. Ich werde an diesem gottverlassenen Ort sterben. Lea wird nicht einmal wissen, wo meine Leiche begraben liegt. Neben mir liegt auf dem Boden unser Funkgerät. Wenn sie es entdecken, dann sind wir geliefert. In diesem Moment brüllt einer unserer Agenten den Offizier der Truppe in gespielter Verärgerung an. Wie er es nur wagen könne, uns zu bedrohen. Wir hätten doch nur englischen Touristen geholfen, die sich auf dem Meer an unseren Strand verirrten, schreit er den verblüfften jungen Mann an. «Auros bringt dem Land größten Nutzen. Ich werde mich über Sie beim General beschweren!» Er ist großartig, tobt und schimpft, als wäre dem unschuldigsten Menschen auf der weiten Welt das größte Unrecht widerfahren. Der Offizier zögert. In seinem Gesicht stehen Argwohn und Angst geschrieben. Wer weiß, es könnte sein, dass er sich an diesen Ausländern die Finger verbrennt. Die Sudanesen rücken ab. Unser Führungsoffizier in Tel Aviv entscheidet, dass wir vorerst bleiben sollen – und deshalb müssen wir das Spiel auf die Spitze treiben. Am nächsten Morgen fährt der Agent zum Militärstützpunkt und reicht offiziell im Namen unseres Reiseunternehmens Beschwerde ein. Aber natürlich hat er Verständnis für die großen Schwierigkeiten bei der Bekämpfung des Schmugglerunwesens und nimmt die Entschuldigungen des Generals versöhnlich lächelnd an.

Das Ende unseres Einsatzes naht. Es dauert zu lange, zu viele sterben in den Lagern, bevor wir sie herausholen können. Nach fünf Monaten werde ich abgelöst. Ich fliege noch zweimal in den Sudan, dann verlassen die Agenten eines Nachts unbemerkt vom Personal und den paar Touristen das Feriendorf. Auros gibt es nicht mehr. Zwischen 1984 und 1985 fliegen wir, unterstützt von den USA, aus Karthum 7000 Juden aus. 1991 holt der Mossad nach erfolgreichen Geheimverhandlungen mit der äthiopischen Regierung 15 000 Falaschen direkt aus Addis Abeba nach Israel. Ein paar Jahre davor hatte ich den Mossad schon verlassen, ging mit meiner Familie nach Hannover und leitete ein Altersheim der Jüdischen Gemeinde. Es gibt auch für mich gute Erinnerungen. Mossad le-Alija Beth: Ich konnte den verzweifelten Juden aus Äthiopien helfen. Das macht mich glücklich und stolz. Wo ist meine Heimat? Ich habe einmal den litauischen Botschafter gefragt: «Wir waren doch alle Litauer, standen auf, wenn die Nationalhymne gespielt wurde. Mein Vater war Soldat und hat für Litauen gekämpft. Warum habt ihr uns verfolgt und ermordet?» Er gab mir keine Antwort und schwieg.

Das Leben ist das Wichtigste. Ideologen aller Art, auch die unseren, werden mir widersprechen. Heimat ist für mich dort, wo meine Kinder und Enkelkinder in Frieden und Sicherheit leben können – ob das nun in Israel oder Alaska ist. Ich trage immer Fotos meiner Familie bei mir. Zwei Kinder, fünf Enkel, sechs Urenkel. Sie sind mein persönlicher Sieg über die Nazis. Ich mache mir große Sorgen um meine Kinder, alle Kinder. Alles andere ist mir egal. Der Nahe Osten ist, wie man so sagt, ein Pulverfass. Ein Funke würde genügen, und sie gingen alle unter in dem Brand. Am liebsten würde ich meine Familie nach Deutschland bringen, denn dieses

Land dürfte für die nächsten hundert Jahre am sichersten für Juden sein. Sie wollen nicht. Vielleicht denke ich nur deshalb so, weil ich ein Holocaust-Überlebender bin, dem Verfolgung und Tod in den Knochen stecken, mit seinem Blut durch seinen Körper fließen, bis das Herz aufhört zu schlagen. 1988 war es schon fast so weit. Doch die Ärzte in Hannover setzten mir vier Bypässe, die bis heute halten. Ich sagte zu Lea: «Sollte ich es überleben, dann gehen wir nach Israel, oder die gesamte Familie kommt zu uns. Ich mag ohne die Kinder nicht mehr sein.» Alle, Kinder und Enkelkinder, kamen sofort nach Hannover. Dort brachte mich dann mein Enkelsohn Daniel, damals war er 15 Jahre alt, dazu, in seiner Klasse im Gymnasium erstmals meine Geschichte zu erzählen. Seitdem habe ich vor Abertausenden von Schülern, Studenten und Erwachsenen als Zeitzeuge gesprochen. Ich habe keine Wiedergutmachung vom deutschen Staat angenommen. 6000 Mark für meine geraubte Kindheit und Jugend, für meine Mutter und meine Brüder? Allein schon der Begriff: Niemand kann wiedergutmachen, was die Nazis mir angetan haben. Meine «Wiedergutmachung» ist das Gespräch mit den Schülern – und die Briefe, die ich von ihnen erhalte. In meinem Koffer habe ich ein schwarz eingebundenes Buch. Auf dem Einband prangt in goldenen Lettern nur ein Wort: Danke. Die Schüler des Maristen-Gymnasiums in Furth haben mir diese Sammlung ihrer Briefe geschenkt. «Sie verwandelten meine Scham, die ich als Deutscher in Zusammenhang mit dem Holocaust empfinde, in das Erstaunen darüber, wie jemand, der so viel Leid ertragen musste, so unvoreingenommen und freundschaftlich der Jugend seines ehemaligen Peiniger-Volkes gegenüber eingestellt sein kann», schreibt Robert. Wir – sie vor allem – können der Welt zeigen, dass es auch anders geht. Auch wenn ich mit Religion nichts zu tun habe, zitiere ich einen Satz aus der Bibel: «vehayitem or lagoyim.» Ihr sollt das Licht für die Völker sein. Deshalb trete ich seit 18 Jahren als

Am 3. 12. 2009 bei der Verleihung des Bundesverdienstkreuzes durch
Bayerns Ministerpräsident Horst Seehofer

Zeitzeuge an Schulen auf und habe vor neun Jahren einen
deutsch-israelischen Schüleraustausch begründet. Dafür ver-
lieh mir Bayerns Ministerpräsident Horst Seehofer 2009 das
Bundesverdienstkreuz. Wenn ich am Flughafen Ben-Gurion
bei Tel Aviv sehe, wie stürmisch sich die jungen Leute begrüßen, dann möchten meine Tränen fließen. Ich mache
das auch für Israel. Wir sind ein kleines Volk und brauchen
Freunde.

Begonnen hat es 1992. Ich fahre mit Lea gerade auf der
Autobahn von Hannover nach München, als ich einen Anruf
aus Dachau erhalte. Man lädt mich zur internationalen Ju-
gendbegegnung ein. Ich sage zu Lea noch: «Stell dir vor, wir
sind nach Dachau eingeladen – aber diesmal mit Ticket zurück. Das muss ein Traum sein». Drei Jahre später lerne ich
einen erstaunlichen Mann kennen, Ekkehard Knobloch. Als
Bürgermeister von Gauting hat er die Aufstellung von Mahn-
mälern entlang der Strecke des Todesmarsches im Frühjahr

*Mit meinen beiden Urenkeln Michael und Jayael in Rehovot in Israel*


1945 initiiert. Er holt erstmals eine große Gruppe von Kaufering-Überlebenden nach Bayern.

1992 ist auch das Todesjahr meines Vaters.

Hirsch Nauchowicz stirbt im Alter von 91 Jahren in München. Wir begraben ihn auf dem neuen Jüdischen Friedhof. Im Sterben hat ihn der Schrecken eingeholt. Er war wieder im Ghetto. So viele Jahre sind vergangen. Mein Hass ist vergangen, auch das Gefühl von Schuld, überlebt zu haben, lässt nach. Nicht alles war düster. Ich hatte meinen Anteil an Lachen und Freude – und mich für das Leben entschieden. Doch die Zeit heilt keine Wunden.

Ich denke an meine Mutter jeden Tag – auch als alter Mann mit 85. Und an Chaim und Berale. Sie warten. Bald.

*Abbildungsnachweis*

Seite 25, 30,31, 66, 108, 115, 192, 196 , 198, 204, 228, 237, 251: privat
Seite 73: United States Holocaust Memorial Museum
Seite 161: Niels Jörgensen
Seite 250: Bayerische Staatskanzlei

Eva Gruberová und Helmut Zeller
Geboren im KZ
Sieben Mütter, sieben Kinder und das Wunder
von Kaufering I

Mit einem Nachwort von Max Mannheimer
2011. 208 Seiten mit 20 Abbildungen

Als am 29. April 1945 die Amerikaner das KZ-Lager Dachau befreiten, fanden sie zu ihrer größten Überraschung auch sieben Frauen mit Babys. Es war ein Wunder inmitten der Zerstörung und der Gewalt. Dieses Buch erzählt die unglaubliche Geschichte von Eva und Miriam, zwei dieser sieben jüdischen Mütter, wie sie sich verliebten, hoffnungsvoll ihr Leben planten und dann als Schwangere nur durch die unwahrscheinlichsten Glücksumstände Auschwitz und weitere KZs überlebten.

«Mit dem ‹Wunder von Dachau› haben die Autoren ... ein Stück Zeitgeschichte aufgeschrieben.» *Augsburger Allgemeine*

«Das große Verdienst dieses Buches ist die erfreuliche Tatsache, dass es die Ereignisse im KZ nicht isoliert betrachtet, als hätte davor und danach kein Leben jenseits dieser furchtbaren Realität existiert.» *Jüdische Zeitung*

«Eine unaufgeregt geschriebene und gerade deswegen so bewegende Recherche.» *FAZ*

Verlag C.H.Beck München